MARCHÉS
ET INSTRUMENTS FINANCIERS

L'importance des produits dérivés

2e édition

LES ESSENTIELS
DE LA GESTION
COLLECTION DIRIGÉE PAR
G. CHARREAUX / P. JOFFRE
G. KŒNIG

MARCHÉS ET INSTRUMENTS FINANCIERS

L'importance des produits dérivés

2e édition

Patrick NAVATTE

éditions
ems
MANAGEMENT
& SOCIETE
17 rue des Métiers
14123 Cormelles-le-Royal
www.editions-ems.fr

ISBN : 978-2-84769-128-3

INTRODUCTION

Les marchés financiers ont eu, depuis leur origine, pour objet d'assurer le financement de l'économie en approvisionnant en fonds, les entreprises qui en ont besoin pour investir. Ceci s'est réalisé par le biais des marchés au comptant (augmentations de capital, ...), à l'aide de ressources que souhaitent placer sur le marché certains agents en situation excédentaire. Bien sûr, les marchés sont aussi le lieu de la formation des prix qui véhiculent de l'information à tous les agents sur la situation des entreprises, et sur l'équilibre des différents marchés, si l'efficience est une réalité. La liquidité des marchés financiers est également devenue l'une de leurs qualités essentielles. Elle permet aux intervenants de revendre leurs positions immédiatement sans subir les effets d'un décalage de prix, ce qui peut les encourager à entreprendre des activités risquées, dont ils pourront se défaire aisément à tout moment. Les marchés financiers sont encore censés jouer un rôle disciplinaire par le jeu des *OPA / OPE* (Offre publique d'achat / offre publique d'échange), ou des opérations de fusion absorption vis-à-vis des équipes dirigeantes de grandes sociétés, qui pourraient poursuivre d'autres objectifs que la maximisation de la richesse des actionnaires de l'entreprise. Finalement, les marchés financiers sont censés permettre l'allocation intertemporelle des ressources individuelles, en fournissant aux ménages des possibilités de prêt de leurs ressources présentes, et des possibilités d'emprunts immédiats adossées à des rentrées futures.

Les objets d'échange sur le marché au comptant sont, par exemple, les actions, les obligations qui représentent des droits sur des chroniques de flux futurs. Ce sont des titres « primaires ». L'acheteur du titre paie au vendeur un montant d'argent égal à la valeur présente de la somme des flux associés, si bien qu'au moment de la transaction, la valeur nette présente de l'investissement réalisé, est nulle. Dès le lendemain, le prix payé peut ne plus représenter exactement la valeur présente des flux futurs calculés le jour précédent, car des nouvelles ont pu parvenir au marché, et modifier quelque peu son appréciation de l'avenir. Un marché efficient intègre immédiatement toute l'information pertinente dans les prix. Pour être efficace, un marché doit être liquide, et tout éventuel déséquilibre créé doit être rapidement éliminé. C'est pourquoi, au-delà des stratégies possibles de spéculation et de couverture sur les marchés, les opérations d'arbitrage sont importantes, puisqu'elles font converger les prix vers l'équilibre.

Depuis un certain nombre d'années, on a pu parler d'une globalisation des activités financières, en ce sens que l'interconnexion des différents marchés est devenue croissante, et que l'on va vers un marché de plus en plus unifié des capitaux, au niveau de la planète. Le système financier fonctionne en effet *24* heures sur *24*, les différentes places financières mondiales se relayant en permanence (Orient, Europe, États-Unis), les transactions pouvant prendre place de manière ininterrompue. Si à une époque, le financement du commerce mondial et des opérations d'investissement internationales, constituait l'essentiel du flux de transactions, aujourd'hui, il n'en représente plus qu'une faible part, certaines opérations de nature purement financière, ayant leur logique propre (anticipations liées à l'évolution de certains cours d'actifs par exemple), étant venues constituer l'essentiel du marché. Le rôle des marchés d'actifs dérivés ou marchés à terme, est essentiel dans cette évolution, puisqu'ils permettent aux opérateurs de se couvrir contre les risques de fluctuations de prix, mais aussi de spéculer, et encore de réaliser des arbitrages. Ces derniers devraient pouvoir garantir que les prix cotés représentent bien des « signaux » efficaces d'allocation de ressources.

Le développement récent des marchés de produits dérivés a été considérable, ce qui a permis une réallocation des risques supportés par les intervenants sur les marchés, et c'est d'ailleurs devenu une de leurs fonctions essentielles. Les produits dérivés possèdent tous un actif sous-jacent : une action, une obligation, une marchandise, un indice boursier, un taux d'intérêt ou de change. Leur prix dépend du comportement de leur titre sous-jacent, et est souvent peu important par rapport au prix comptant de leur support, d'où un effet de levier non négligeable. Il faut préciser de suite que les produits dérivés sont (quasiment) des jeux à somme nulle, en ce sens que ce que l'un gagne, l'autre le perd. On peut donc transférer des risques à des contreparties multiples en intervenant sur ces marchés dont les volumes de transactions ont « explosé » ces dernières années, et ont de loin dépassé les montants d'opérations traitées sur les marchés au comptant… À titre d'exemple, on peut considérer les transactions moyennes journalières au comptant qui prennent place sur les marchés des devises en avril 2007, soit *1005 milliards d'us$*[1], et les comparer aux montants journaliers des

[1] *Triennal Central Bank Survey: Foreign exchange and derivatives market activity*, Banque des Règlements Internationaux, décembre 2007.

transactions à terme sur la même période, soit *2205 milliards us$* ! En outre, les opérations à terme qui s'effectuent sur les marchés de « gré à gré », sont bien plus importantes que celles qui prennent place sur les marchés dits « réglementés ». Il faut donc s'intéresser à ces marchés de gré à gré. Les actifs dérivés comprennent des contrats à terme ferme (*swap, contrat forward* ou de *future*) qu'il faut impérativement dénouer à l'échéance ou avant, et des contrats conditionnels qui donnent le droit à l'acheteur, mais non l'obligation, d'exercer une option en contrepartie du versement immédiat d'une prime (options). En plus, des contrats relatifs aux devises, aux taux d'intérêt, aux actions, et aux marchandises, de nouveaux contrats sont venus récemment enrichir la palette des outils existants, ils ont trait à la gestion du risque de crédit (voir tableau 1), à la gestion du risque climatique (classés dans les « autres contrats »), et peuvent impliquer aussi des clauses « exotiques ».

De 2004 à 2007, la plus forte progression des encours est à mettre à l'actif des dérivés de crédit, qui sont passés de *4 474 milliards d'us$* à *51 095 milliards*. Les encours concernant les dérivés de matières premières ont été multipliés par six durant cette même époque, pour atteindre *8 255 milliards d'us$*. Les positions ouvertes, ou encours de contrats à terme, concernant les taux d'intérêt ont augmenté de *119 %* à *388 627 milliards d'us$,* celles relatives aux dérivés de produits actions de *111 %* pour représenter *10 760 milliards d'us$*. Seuls les contrats de dérivés de devises n'ont progressé que de *83 %*, pendant ce même laps de temps.

tableau 1

Progression 2004- 2007 des encours sur différents instruments dérivés concernant les marchés de « gré à gré » en *milliards d'US$*

	Montants notionnels	
	Fin juin 2004	**Fin juin 2007**
Total des contrats de dérivés de change	31 500	57 597
Contrats de type *forward* et *swaps FX*	16 764	29 771
Swaps de devise	7 939	14 127
Options	6 789	13 662
Autres	8	37
Total des contrats de dérivés de taux d'intérêt	177 457	388 627
FRAs	14 399	25 607

Swaps de taux d'intérêt	137 277	306 438
Options	25 757	56 575
Autres	25	7
Total des contrats de dérivés d'actions	5 094	10 760
Contrats de type *forward* et *swaps*	773	3 426
Options	4 321	7 333
Total des contrats de dérivés de marchandises	1 354	8 255
Or	359	1 051
Autres marchandises	995	7 204
- Contrats de type *forward et swaps*	541	3 480
- *Options*	454	3 724
Total des contrats de dérivés de crédits	4 474	51 095
Contrats de type *forward et swaps*	3 842	49 974
Credit Default Swaps	…	45 179
- Nom simple	…	25 104
- Multi-noms	…	20 075
Options	631	1 121
Total des autres contrats de dérivés	191	78
- Contrats de type *forward et swaps*	139	72
- *Options*	52	6
Total général des contrats de dérivés	220 070	516 411

Source : BRI

Globalement, on peut noter l'importance des contrats dérivés de taux d'intérêt qui représentent *75 %* des encours, et la forte progression des dérivés de crédits. On insistera donc particulièrement dans cet ouvrage sur l'analyse de ces deux types de risque. De plus, la *BRI* (Banque des Règlements internationaux) indique que les *389 000 milliards* d'encours sur les marchés de gré à gré sont à comparer avec le montant de *86 000 milliards d'us$* qui représente au même moment la position ouverte sur les marchés dits réglementés de taux d'intérêt. Ceci est à nouveau supérieur aux montants existants sur les marchés au comptant… Cette très forte progression a été stoppée durant le second semestre 2008 du fait des turbulences intervenues sur les différents marchés, mais a repris sur un rythme à nouveau élevé dès le premier semestre 2009 (voir tableau 2), sous l'impulsion des contrats de taux.

tableau 2

Progression 2007-2009 des encours de contrats d'actifs dérivés sur les marchés de « gré à gré »

Marchés OTC (de gré à gré) des produits dérivés Encours par catégorie d'instruments, en *milliards de dollars US*	*S2* 2007	*S1* 2008	*S2* 2008	*S1* 2009
TOTAL GENERAL	**595738**	**683 814**	**547 371**	**604 622**
A. Total des contrats de dérivés de change	**56 238**	**62 983**	**44 200**	**48 775**
Contrats de type *forward* et *swaps FX*	29 144	31 966	21 266	23 107
Swaps de devise	14 347	16 307	13 322	15 072
Options	12 748	14 710	9 612	10 596
B. Total des contrats de dérivés de taux d'intérêt	393 138	458 304	385 896	437 198
FRAs	26 599	39 370	35 002	46 798
Swaps de taux d'intérêt	309 588	356 772	309 760	341 886
Options	56 951	62 162	41 134	48 513
C. Total des contrats de dérivés d'actions	**8 469**	**10 177**	**6 159**	**6 619**
Contrats de type *forward* et *swaps*	2 233	2 657	1 553	1 709
Options	6 236	7 521	4 607	4 910
D. Total des contrats de dérivés de marchandises	**8 455**	**13 229**	**3 820**	**3729**
Or	595	649	332	425
Autres marchandises	7 861	12 580	3 489	3 304
- Contrats de type *forward et swaps*	5 085	7 561	1 995	1 772
- *Options*	2 776	5 019	1 493	1 533
E. Total des contrats de dérivés de crédits	**58 244**	**57 403**	**41 883**	**36 046**
- Nom simple	32 486	33 412	25 740	24 112
- Multi-noms	25 757	23 991	16 143	11 934
Divers (non classés)	**71 194**	**81 719**	**65 413**	**72 255**

Source : BRI Légende S1, S2 : semestre 1, semestre 2

On constate quand même, en 2009, la décroissance significative du nombre de contrats de dérivés de risque de crédit.

Récemment les marchés se sont fortement sophistiqués, et la raison première de cette évolution est due à la concurrence effrénée qui a lieu tous les jours sur les marchés. Les produits classiques dont l'ingénierie est connue de tous, ne rapportent presque plus rien, mais couvrent en fait, juste les coûts qu'ils génèrent. Par contre, les produits innovants et sophistiqués, dans la mesure où ils correspondent réellement à un besoin, peuvent créer de la valeur pour le client, et fournir des marges plus importantes aux banques. C'est pourquoi la lutte concurrentielle est si sévère sur les dérivés climatiques, les dérivés de crédit, ou sur les produits exotiques en général. Or, la réglementation a du mal à suivre les évolutions profondes du *front office* ! En effet, la technicité requise a fortement augmenté tout d'un coup. La sophistication est du reste elle-même source de risque, quand par exemple, il s'agit d'estimer à l'aide des « copules » (voir glossaire), la probabilité de « défaut conjoint » de plusieurs dettes. La complexification de la réglementation devient alors inévitable, et les stratégies de contournements ne doivent pas être sous-estimées (*Hedge Funds*). Sans doute, faut-il essayer de trouver un bon équilibre entre réglementation et sécurité du système financier.

Dans le même temps, une concentration des marchés a pu être observée, et la concurrence farouche qui s'exerce entre eux, en est sans doute l'un des déterminants majeurs. Ainsi, un accord est intervenu en octobre 2006 entre le *CME* (*Chicago Mercantile Exchange*) et le *CBOT* (*Chicago Board of Trade*). Le *CME* a racheté et absorbé le *CBOT* en juillet 2007. Spécialisés au départ dans les denrées alimentaires, le *CME group* a élargi le spectre de ses activités aux produits financiers, aux dérivés climatiques, aux dérivés de crédit et aux produits exotiques. On parle aujourd'hui des activités du « *CME group* », qui regroupent en plus les produits du *NYMEX* (*New-York Mercantile Exchange*) spécialisé dans les métaux et les produits énergétiques, et qui fournit une palette très complète de services et de produits de couverture. Il faut noter que le *NYMEX* avait précédemment fusionné avec le *COMEX*, le *New York Commodities Exchange* avant d'être acquis par le « *CME group* » en 2008.

Dans le même ordre d'idées, à Paris[2], le 21 février 2005, *Euronext* a fusionné les marchés réglementés existants pour former *Eurolist,* un marché unique réunissant les premier, second et nouveau marchés. La cote distingue les compartiments *A* (plus d'un *milliard*), *B* (entre *150 millions* et un *milliard*), *C* (moins de *150 millions*) selon la taille de la capitalisation boursière impliquée. *Alternext* créé en 2005, est destiné à coter les *PME.* C'est un marché non réglementé, où les exigences en matière d'information sont moindres. Par ailleurs, un marché libre existe, où les niveaux de liquidité, de sécurité et d'information sont plus

[2] E. Le Saout, *Introduction aux Marchés Financiers*, Economica, Collection « Techniques de Gestion », Paris, 2006.

faibles. Enfin, d'autres compartiments ont été créés, dont un marché obligataire et d'actifs dérivés. Plusieurs milliers d'emprunts sont inscrits à la cote d'*Euronext*. L'ensemble des marchés dérivés d'*Euronext* est regroupé sous la bannière *Euronext –Liffe* (Offre d'achat de 2001 sur le *London International Financial Futures and Options Exchange*), et bénéficie du label de marché réglementé.

Mais, la fusion du *NYSE* (*New-York Stock Exchange*) et d'*Euronext* a été décidée en avril 2007. *NYSE–EURONEXT* est devenu le premier opérateur au niveau mondial. À peu près à la même époque, des tentatives de regroupements entre la bourse de Londres et celle de Francfort n'ont pas abouti. Aujourd'hui, certains produits dérivés de taux sont donc cotés par la *Deustche Börse,* et ses associés suisses (*SWX Swiss Exchange*) qui forment l'*EUREX,* et qui, tous ensemble en 2007, ont racheté l'*ISE* (*International Securities Exchange Holdings INC*). Ils pilotent l'*EUREX* (*European Exchange*) qui est l'opérateur de plusieurs plateformes d'échanges électroniques, dont l'*Eurex Bonds*, une *ECN* (*Electronic Communication Network*), en charge notamment du contrat phare long terme à dix ans, l'*Euro-Bund FGBL.* Cette plateforme fournit un lien direct entre les marchés du physique et des contrats de *futures*, permettant ainsi directement aux opérateurs, de spéculer sur le niveau de la base.

D'autres chocs sont intervenus récemment sur les marchés financiers. L'un d'entre eux est réglementaire puisqu'il fait référence à l'entrée en vigueur récente de la directive européenne *MIF*. La *Dmif* (Directive marchés d'instruments financiers du 21 avril 2004, publiée le 30 avril 2004) a eu pour objectif, lorsqu'elle s'est appliquée en novembre 2007, de supprimer le monopole de cotation des bourses de valeurs (marchés de titres nationaux jugés trop captifs), et, donc, de promouvoir le décloisonnement des marchés, la concurrence, tout en favorisant la baisse des coûts de transaction. D'autres plateformes de cotation sont donc apparues, notamment les *SMN* (Systèmes Multilatéraux de négociation) ou *MTF* (*Multilateral Transaction Facilities*) comme *Turquoise*, ou *CH-X* par exemple. Il devient donc possible de passer un ordre de bourse pour acheter des actions, soit sur le marché central, soit sur une plate-forme satellite ou, enfin, par le biais d'une banque ou d'un groupe de banques « internalisatrices ». Dans ce dernier cas, la confrontation des ordres ne se fera pas sur le marché, mais en « interne » aux organisations participantes qui croiseront seulement les différents ordres de leurs clientèles. Un risque de fragmentation des flux d'ordres pourrait en résulter, et donc une moindre liquidité.

En France, l'*AMF* (l'Autorité des Marchés Financiers) qui a été créée fin 2003, est en charge de la promotion de la transparence de toutes ces opérations, ainsi que de la surveillance et de la réglementation des marchés.

Mais d'autres chocs se sont produits sous forme d'innovations. Il s'agit de nouveaux produits, comme les dérivés climatiques, les dérivés de crédit, certaines options exotiques, et des produits plus simples tels que les *trackers*, les *ETF* (*Exchange Traded Funds*), ou les certificats. Quant aux *trackers,* il s'agit de fonds cotés répliquant des indices sectoriels ou géographiques. En fait, en une seule transaction, le *tracker* offre le bénéfice de la performance d'un panier de matières premières, ou d'obligations. L'achat d'un tel outil permet d'investir, et de se diversifier, plusieurs centaines d'indices sous-jacents étant disponibles (indices actions pays, mondiaux, obligataires, sectoriels, stratégiques, sur matières premières, sur pays émergents). Les *ETF* « actifs » sont des « *trackers* » qui présentent un profil de risque différencié (effet levier, protection du capital, exposition inverse à l'indice). Les certificats correspondent à des valeurs mobilières cotées qui possèdent un actif sous-jacent, mais se distinguent des *warrants*, bien qu'émis aussi, par des institutions financières qui assurent la liquidité de leur marché.

L'innovation constitue aussi sans doute le fer de lance des stratégies gagnantes sur les marchés d'actifs dérivés. Ainsi, ces derniers se sont considérablement développés ces dernières années en mettant à disposition des investisseurs des produits non standards ou « exotiques » sur les marchés de gré à gré. Le flux terminal associé à ces produits peut être fixé dès le départ (*binary option*), le prix d'exercice être constitué par une moyenne de cours passés (*asian* option), l'option apparaître ou disparaître selon qu'un seuil déterminé à l'avance a été franchi ou non (*barrier option*) par l'actif sous-jacent au cours de la période de vie de l'option,... Des options d'échange d'un actif contre un autre existent également ainsi que des options à départ différé (*forward-start options*). Mais, certains contrats d'options ont été cotés sur de nouveaux sous-jacents : le risque climatique, le risque de prix de l'énergie par exemple. Ils constituent vraiment de nouveaux marchés.

Bien sûr, on ne saurait enfin passer sous silence, l'onde de choc créée par la crise des *subprimes* (emprunts hypothécaires risqués) qui a déferlé en 2007 sur les marchés mondiaux. Suite à des problèmes de liquidités et de financement à trop court terme d'actifs « longs », ainsi qu'à une chute du prix des actifs immobiliers, des pertes considérables ont dû être comptabilisées, ce qui a fragilisé les bilans bancaires. La conjoncture se dégradant, les perturbations se sont étendues au marché interbancaire. Le 15 septembre 2008, la faillite de *Lehman Brothers* a été l'origine d'une perte de confiance générale, qui, pour être enrayée, a nécessité de multiples interventions des autorités monétaires, budgétaires et politiques. La faillite d'autres institutions financières n'a pu être évitée que de justesse, ce qui pose, entre autres, à nouveau la question du niveau de fonds propres souhaitable pour les institutions financières (accords de *Bâle II*). Durant cette période, on a aussi pu remarquer les limites de la diversification internationale, tous les compartiments des marchés étant « touchés », du fait des nombreuses interconnexions existant entre eux. Dans la même lignée, on a pu mettre en doute l'efficacité des modèles de type *VaR* (*Value at Risk*), censés évaluer les risques courus par les établissements financiers. Pour le moment, cette crise a déjà provoqué des restructurations importantes dans le monde bancaire, qui a été mis rudement à l'épreuve. Mais de profondes modifications du paysage financier, sont sans doute encore à venir. Des changements réglementaires affecteront sans doute le fonctionnement futur des différents marchés, surtout ceux dits de gré à gré, où les relations entre intervenants sont purement bilatérales (un acheteur face à un vendeur), et la liquidité très faible voire inexistante. Une plus forte standardisation des produits devrait aussi intervenir, et la gestion pour compte de tiers devrait être soumise à des règles plus rigoureuses (problèmes d'agence)[3].

Dans cet ouvrage, trois objectifs principaux seront poursuivis. Ils sont complémentaires et font chacun l'objet d'un chapitre :

- Le premier d'entre eux a pour objectif de présenter succinctement le fonctionnement, et l'activité des marchés financiers. Leurs principales composantes vont être décrites, ainsi que la récente période délicate qu'ils ont traversée.
- Le deuxième chapitre a pour principal but, l'exposé des principes d'évaluation des grandes familles d'instruments financiers (obligation, action, contrat à terme ferme, option). L'accent est mis sur la notion de risque, ainsi que sur les aspects dynamiques de la valorisation des actifs dérivés.
- Le troisième chapitre focalise ses développements sur l'utilisation des instruments financiers étudiés précédemment. Après avoir

[3] G. Charreaux, *Finance d'entreprise*, 2000, Éditions EMS, Collection « Les essentiels de la gestion », deuxième édition.

exposé l'intérêt de ces outils en matière de couverture du risque de taux et de change, lors d'opérations isolées, ils seront appliqués de façon plus systématique au problème de la gestion de portefeuille. L'intérêt des options exotiques sera également exposé.

Signalons qu'un glossaire a été ajouté à la fin de cet ouvrage, pour permettre au lecteur de comprendre la signification des mots appartenant au vocabulaire spécialisé de la Finance de marché.

chapitre 1

présentation générale des marchés financiers

Aujourd'hui, du fait de la concurrence qui prévaut entre les marchés, les bourses gérant les marchés d'actions et autres, sont devenues des entreprises. C'est un changement majeur qui est intervenu, puisqu'elles se doivent d'être des firmes rentables, de renforcer leurs parts de marché au niveau mondial, de chercher à diminuer constamment leurs coûts, et d'innover technologiquement pour rester compétitives. Elles sont cotées sur le même marché qu'elles gèrent, et doivent rendre des comptes à leurs propres actionnaires.

La rapidité d'exécution des ordres devient par ailleurs un enjeu majeur pour ces entreprises de marché, tant les arbitrages exécutés automatiquement par des logiciels spécialisés nécessitent que l'on bénéficie des meilleures conditions possibles. Ainsi, une fois un arbitrage gagnant décelé, c'est dans la microseconde qui suit, qu'il faut faire exécuter les ordres qui permettent de réaliser un profit. Des investissements très importants en informatique sont donc impératifs. En 2009, l'entreprise *Nyse-Euronext* a utilisé une nouvelle plate-forme de négociation (*UTP: Universal Trading System*) capable de traiter des ordres trois fois plus nombreux qu'avant, environ dix fois plus vite (environ *300* microsecondes).

Au niveau obligataire, l'éventail des possibilités de placement et d'emprunt est considérable, mais la liquidité est beaucoup plus faible, car on fait souvent face à des marchés de gré à gré. Cependant, les sommes en jeu, notamment en termes de capitalisation, sont beaucoup plus importantes qu'en ce qui concerne le marché des actions. Bien sûr, la catégorie des obligations à taux fixe est toujours la plus importante. En dehors des emprunts d'État, ce marché est cependant parfois très peu liquide. Les dérivés de taux d'intérêt (*swaps*, options) représentent aujourd'hui des montants de transactions extrêmement importants.

Les marchés des changes sont évidemment ceux qui enregistrent les montants de transaction journaliers les plus élevés, et ce sont à nouveau des marchés de gré à gré qui permettent aux différentes grandes banques de contracter chaque jour entre elles, pour des montants supérieurs à *3000 milliards €*. Il s'agit donc d'un marché où se traitent tous les jours, des transactions qui dépassent le montant du *PIB* (Produit intérieur brut) annuel de la France.

Les marchés de marchandises ont pris de l'importance (pétrole, aluminium, plomb, nickel...), et ont évolué technologiquement en passant d'un mode de cotation à la criée au mode de cotation électronique, *CME* (*Chicago Mercantile Exchange*) *group* devenant le leader mondial, et la bourse la plus innovante. L'innovation n'a pas concerné que les produits, mais aussi les modalités de transaction (Introduction du système *GLOBEX*). Le *CME* fût la première bourse américaine à être cotée.

Mais pour survivre, les bourses doivent aussi développer les services rendus à la clientèle (vente de nouveaux contrats, de base de données, de systèmes clés en main à d'autres bourses, etc.) ainsi qu'améliorer leur qualité. L'importance des marchés dérivés mérite d'être soulignée, ils peuvent rapporter plus d'argent aux entreprises qui gèrent les bourses que les marchés au comptant, et ce fut le cas pour les activités européennes de *Nyse –Euronext*[4] en 2008.

Dans le cadre de cette présentation succincte, un rapide panorama des marchés va être d'abord esquissé (section 1), puis l'accent sera mis sur une nouvelle composante des marchés, celle relative au risque de crédit, ainsi qu'au choc intervenu sur les marchés en 2008 (section 2).

section I
l'interconnexion des différents marchés

Les marchés financiers sont devenus sophistiqués et interconnectés. Ils permettent la confrontation de l'offre et de la demande d'épargne à l'aide de mécanismes de cotation permettant de fluidifier les échanges. Pour autant, la transparence n'est pas toujours de mise, ni la sécurité des transactions. Des formes d'organisations de marché très différentes co-existent, et il est parfois difficile de faire évoluer les habitudes dans le sens d'une sécurisation accrue des transactions, tant la souplesse offerte par certains marchés est appréciée des opérateurs. Une courte présentation des marchés de taux d'intérêt, des actions, des changes et des marchandises illustrera ces propos. Mais les marchés financiers autorisant la gestion de différents risques (risque de fluctuation des taux d'intérêt, ou risque de change, …) auxquels s'exposent les entreprises, les banques, et autres organismes dans le cadre normal de l'exercice de leurs métiers, il sera fait référence aux composantes à terme de ces marchés. L'interpénétration des marchés domestiques et mondiaux étant plus forte que par le passé, chaque marché sera présenté, aussi

---

[4] C. Emonet-Fournier, L. Sayegh et Y. Simon, *Les marchés européens de Nyse-Euronext*, Economica, 2009, Coll. « Gestion poche », p. 19.

souvent que possible, à l'aide de références faites à ses composantes au comptant, à terme ferme et conditionnelle, sans oublier les aspects internationaux.

§ 1. – les différentes formes d'organisation de marchés

Après avoir recherché à concentrer les ordres sur quelques bourses de valeur pendant plusieurs décennies, de manière à diminuer les coûts, et à fournir la meilleure liquidité possible aux intervenants, on assiste aujourd'hui à l'éclatement des lieux où peuvent se traiter des opérations. Au nom de la « sacro-sainte » concurrence, on vient de mettre fin au monopole de cotation des bourses, en permettant à des plates-formes, et à des marchés non réglementés d'exister et de se développer plus encore, dans l'espoir de faire encore baisser les coûts de transactions. Cette réforme laisse cependant à l'écart une autre forme de marché qui prolifère, et qui, en termes de montants de transaction, domine tous les autres : le marché de gré à gré ou *OTC* (*Over The Counter*).

Au-delà des marchés d'actifs primaires, tels que ceux des devises, ou des marchandises par exemple, on trouve des marchés d'actifs dérivés qui, eux aussi, sont dits réglementés ou de gré à gré. Ils ont évolué ces dernières années, dans un contexte de concurrence acharnée. Les marchés *OTC* traitent un montant de transactions beaucoup plus important (de l'ordre de dix fois) que les marchés réglementés. Cependant, aucune transparence ne prévaut sur les marchés de gré à gré, où les opérations sont bilatérales, sans intervention d'une Chambre de compensation. Les marchés réglementés sont, en outre, beaucoup plus liquides. L'étude de ces différentes formes de marché s'impose donc.

A. – la distinction marchés de gré à gré, marchés réglementés

Les marchés au comptant (*spot*) impliquent que la négociation, le règlement, et la livraison des titres soient quasi-simultanés, à la différence des marchés à terme, où le règlement et la livraison des titres ou contrats concernés sont décalés dans le temps par rapport à l'époque de la négociation.

Les marchés « réglementés » voient leurs fonctionnements organisés par une entreprise de marché, c'est-à-dire une société commerciale dont l'activité principale est dédiée au fonctionnement de ce dernier. Tous les autres marchés sont à considérer comme non réglementés. On peut cependant opérer une distinction entre les marchés dits « organisés » et les marchés réputés être « de gré à gré ». Les marchés organisés, bien que ne faisant pas l'objet d'une déclaration de marché réglementé, voient leur fonctionnement encadré par une autorité de marché, à l'inverse des marchés de « gré à gré » qui se caractérisent par une absence de réglementation, ainsi que par l'absence d'autorité de tutelle.

Du fait de leur transparence, les marchés réglementés présentent trois types d'avantages :

- Un mécanisme efficace de formation des prix, puisque la confrontation des ordres d'achat et de vente est organisée, et la procédure codifiée.
- Une liquidité suffisante, ce qui est important et possible, si une certaine centralisation des ordres est effective.
- Un accès égal au marché pour tous, et une garantie de bonne fin des transactions, ce qui n'est pas le cas sur les marchés de « gré à gré ».

Bien sûr, il existe certaines règles de fonctionnement sur les marchés de gré à gré, mais les transactions se font de manière bilatérale, dans une certaine opacité concernant les conditions pratiquées (prix, quantité...), et sans garantie de bonne fin autre que les clauses figurant dans les contrats signés entre les protagonistes.

Selon la directive Européenne *2004/39/CE*[5] concernant les marchés d'instruments financiers, un marché réglementé est « un système multilatéral, exploité et/ou géré par un opérateur de marché, qui assure ou facilite la rencontre (en son sein même, et selon ses règles non discrétionnaires) de multiples intérêts acheteurs et vendeurs exprimés par des tiers pour des instruments financiers, d'une manière qui aboutisse à la conclusion de contrats portant sur des instruments financiers admis à la négociation dans le cadre de ses règles et/ou de ses systèmes, et qui est agréé, et fonctionne régulièrement, et conformément aux dispositions du titre *III* ». Ce dernier précise comment l'autorité compétente délivre l'agrément, puis effectue la surveillance des opérations prenant place sur le marché réglementé. Les États membres imposent, par exemple, que les marchés réglementés définissent des règles claires et transparentes concernant l'admission

---

[5] Directive Européenne publiée le 21 avril 2004 au J.O.U.E (Journal Officiel de l'Union Européenne), et rentrée en vigueur après transposition dans les différents États membres de l'Union Européenne en 2007.

d'instruments financiers (une valeur mobilière comme une action) à la négociation, c'est-à-dire à la cote.

Les *MTF (Multilateral Trading Facilities)* ne sont pas tenus de gérer un système technique pour la confrontation des ordres concernant des actions par exemple. Un marché qui se compose uniquement d'un ensemble de règles, régissant les aspects liés à l'admission des membres, à l'admission des instruments de négociation entre les membres, à la notification des transactions, et aux obligations de transparence (fourchette des prix acheteurs et vendeurs, ou des prix proposés par les teneurs de marchés, taille des ordres) est un marché réglementé, ou un *MTF,* au sens de la présente directive, et les transactions conclues sous l'empire de ces règles sont réputées conclues en vertu d'un système de marché réglementé, ou d'un *MTF*. Les États membres exigent que les marchés réglementés rendent publics, les prix acheteurs et vendeurs, ainsi que l'importance des positions de négociation exprimées à ces prix, affichés par leurs systèmes pour les actions admises à la négociation. Une fois les transactions effectuées, les États membres imposent aux marchés réglementés de rendre compte des prix, des volumes, et de l'heure des transactions effectuées sur les actions admises à la négociation, et ceci en temps réel si possible.

Il est important de noter, que les décisions d'admission à la cotation (listage) de sociétés, restent l'apanage des marchés réglementés. Ces derniers disposent donc d'un rôle de certification de la qualité de l'entreprise et de l'information qui sera véhiculée par elle, puisque des standards devront être respectés. On peut alors se demander quels niveaux de standards, une entreprise de marché doit exiger des « entrants potentiels » pour maximiser son profit[6]. Par ailleurs, l'intensification de la concurrence fait que les titres d'une firme ne seront pas forcément négociés sur le marché où elle a été admise. Il y a donc déconnexion entre la fonction d'échange et la fonction d'admission sur les marchés financiers. Enfin, des possibilités de cotations multiples existent. Tous ces changements soulèvent la question de l'efficacité avec laquelle, les bourses vont pouvoir continuer d'exercer leurs fonctions.

Si les caractéristiques distinctives sont importantes sur des marchés au comptant, elles apparaissent vraiment déterminantes concernant les marchés d'actifs dérivés. Ces derniers sont dits « réglementés » ou de

---

[6] S. Kraus, « Organisation et réglementation des bourses : la gestion de l'admission et de la négociation des valeurs, et son impact sur la gestion financière des entreprises », *Thèse* 2009, Université de Paris-Dauphine.

gré à gré, et permettent de transférer les risques ou d'en prendre, si on le souhaite. Ils ont évolué ces dernières années dans un contexte de concurrence sévère. Cependant aucune transparence ne prévaut sur les marchés de gré à gré, où les opérations sont bilatérales, sans intervention aucune d'une Chambre de compensation. Les marchés réglementés d'actifs dérivés sont, en outre, beaucoup plus liquides. Le volume de transactions constitue un indicateur de la liquidité d'un marché, mais *l'open interest*, qui représente la position ouverte, indique le nombre de contrats qui a été acheté et vendu, mais qui ne sont pas encore clôturés. On peut donc le considérer comme un indicateur de profondeur du marché. Sur les marchés de taux d'intérêt, voire de *commodities*, bon nombre d'options négociées ont pour sous-jacents des contrats de *futures.* L'échéance des options sur de tels contrats se situe avant celle des contrats de *futures* correspondants, de manière à ne pas perturber l'équilibre des prix du sous-jacent, et des contrats de *futures* à leurs échéances. En ce qui concerne les options sur indices boursiers, leur support est plutôt la valeur de l'indice repérée sur le marché au comptant.

À titre d'exemple, nous allons détailler en ce qui concerne les marchés d'actifs dérivés, les différentes caractéristiques impliquées par ces deux types d'organisation.

Les contrats de type *forward* sont négociés sur un marché dit « de gré à gré ». Ce marché rassemble les meilleures signatures de la place, et les cocontractants sont censés avoir confiance les uns envers les autres. Au cas où une contrepartie serait défaillante, le marché en lui-même n'offre aucune procédure de secours. Il n'est pas donc pas « organisé » pour faire face au risque de contrepartie généré. C'est en fait à chaque intervenant de prendre contact (éventuellement par le biais d'intermédiaires) avec une contrepartie, et de passer ou non contrat (par fax, télex, ...) avec cette dernière. De plus, pendant toute la durée du contrat, aucun mécanisme ne vient assurer qu'à l'échéance les paiements seront régulièrement effectués, et les livraisons de contrats effectuées. En effet, lorsqu'on conclut un contrat, on ne fait qu'apposer une signature, et il n'y a qu'à l'échéance, c'est-à-dire en général, trois, six, neuf mois plus tard que l'on en contrôle la bonne fin. Cette absence de contraintes est ressentie par certains comme étant le témoignage de la grande souplesse du système, par d'autres comme étant très dangereuse. Il est en effet possible que durant les neuf mois du contrat, la situation d'un intervenant se dégrade du fait de prises de positions spéculatives sur ces marchés. Des défaillances en chaîne peuvent alors se produire.

Supposons le cas d'un spéculateur qui est convaincu que le prix d'un contrat à terme *Y* va baisser dans les mois qui viennent. S'il vend ce contrat à découvert, c'est-à-dire sans le posséder à l'époque t au prix coté de *100* unités, alors que ce contrat est livrable en $t + n$ périodes, il doit entre t et $t + n$ l'acheter pour pouvoir le livrer à l'échéance $t + n$. Si le prix du contrat diminue, il l'achète alors à un prix inférieur (*90* unités par exemple), à celui auquel a été conclue la vente. En $t + n$, il paie *90* à celui à qui il a acheté le contrat, livre sa contrepartie à qui il a vendu *100*, et enfin se fait payer. Il gagne donc dix unités de cotation hors frais de transaction sur le contrat. Pour connaître le gain plus précisément réalisé, il faut savoir sur combien porte le nominal d'un contrat (100 000 €, un million de $, etc.).

Les marchés réglementés traitent eux de contrats de *futures*. Ils tentent d'assurer au maximum la sécurité des transactions, et leur bonne fin. Un organisme central appelé Chambre de compensation (*clearing office*) s'interpose entre tout acheteur et tout vendeur de contrats à terme. Il assure en outre la bonne fin des opérations, si l'une des contreparties est défaillante. Cet organisme central agrée des membres négociateurs (banques) qui sont les intermédiaires par lesquels doivent passer les clients qui veulent opérer sur le marché. Chaque membre agréé possède un compte à la Chambre de compensation, et la consolidation des transactions s'y effectue journellement. Cette dernière est en charge du développement de ces marchés (création de nouveaux contrats) et doit faire respecter une réglementation assez lourde aux intervenants. Elle dispose en outre de fonds propres importants apportés par les membres négociateurs. Sans la détailler, on peut citer les éléments suivants de la réglementation applicable :

- Chaque intermédiaire financier voulant intervenir sur ce marché doit faire auditer sa situation par la Chambre de compensation. L'entrée sur le marché n'est donc pas libre.
- Chaque intervenant désirant ouvrir une position sur le marché doit effectuer un dépôt de garantie au minimum égal à x % des sommes en jeu (en général, aux environs de *3* à *4 %*), mais pouvant fluctuer avec les conditions de marché, auprès d'un membre négociateur agréé.
- Des limites à la hausse ou à la baisse des cours journaliers existent, et peuvent provoquer un arrêt des cotations.
- Chaque jour en fin de séance, on calcule le « cours de compensation » ou *settlement price* à l'aide des dernières transactions effectuées (moyenne), puis on simule la clôture de l'opération. Si elle dégage des pertes potentielles (l'échéance n'étant pas encore arrivée), il

est demandé à l'intervenant de répondre à un « appel de marge » de manière à ce que les pertes soient immédiatement couvertes. Au cas où l'argent n'est pas déposé de suite, la position est soldée autoritairement par la Chambre de compensation, dès le lendemain matin à la première heure.

En reprenant l'exemple précédent, et en supposant que les anticipations du spéculateur soient cette fois ci déjouées par les faits, on obtiendrait l'enchaînement d'opérations suivantes :

– Époque t: vente à terme (à découvert) à un prix coté *100* d'un contrat livrable en $t + n$ et mise en garantie d'un certain montant (environ *4 %*, d'où une somme égale à *4*).
– Époque $t + 1$, $t + 2$: supposons que contrairement à l'anticipation du spéculateur, le prix du contrat commence par augmenter. En $t + 2$, le prix est de *104*. Si on clôturait l'opération à cette époque-là, l'intervenant devrait acheter *104*, ce qu'il a vendu *100*, d'où une perte de *4*. Des appels de marge vont donc intervenir en $t + 1$ et $t + 2$, pour compenser la perte éventuelle.
– Époque t^* avec $t + 2 < t^* < t + n$: Si le prix du contrat continue d'augmenter, chaque jour l'investisseur doit répondre aux appels de marge pour limiter le risque assumé par la Chambre de compensation. Si le prix du contrat devient égal à *105,50*, l'appel de marge sera de *1,5*. En cas de non-respect de cet appel, le contrat sera immédiatement soldé par la Chambre de compensation, dès l'ouverture de la prochaine séance, et on fera jouer le dépôt de garantie.
– Époque $t + n$: A l'échéance, la bonne fin de l'opération est quasi-certaine, la simulation effectuée en $t + n - 1$, « ayant été répondue » en termes d'appel de marge. L'opération est soldée, l'opérateur rachetant son contrat, et empochant éventuellement la différence entre le cours de vente et le prix d'achat qui doit être plus faible pour qu'un profit apparaisse.

La lourdeur de la procédure et le risque de trésorerie font que certains intervenants hésitent à prendre position sur ce marché plus fiable, mais dont les règles de fonctionnement sont strictes, et dont les échéances et les montants sont standardisés.

B. - les marchés dirigés par les prix et par les ordres

Les marchés diffèrent selon la nature des intermédiaires en charge de confronter l'offre à la demande. Les contrepartistes prennent position pour leur propre compte. Ce sont les teneurs de marché qui jouent un rôle essentiel en affichant des fourchettes de prix, auxquelles ils doivent servir tous les opérateurs qui se présentent. On parle alors d'un marché dirigé par les prix.

Par contre, s'il s'agit de courtiers qui ne font que mettre en contact des opérateurs désirant prendre des positions en sens inverse (achat, vente), on parle de marché d'agence, le marché étant dirigé par les ordres puisqu'aucun prix n'est révélé, ou affiché *a priori*. Le prix s'ajuste simplement en fonction des variations de l'offre et de la demande. Dans la pratique, on peut trouver des organisations mixtes, chaque catégorie d'intermédiaires amenant sa contribution à la création d'une plus importante liquidité.

– Quand un marché est gouverné par les prix, on fait donc face à des *market-makers* qui sont contraints d'afficher en permanence une fourchette « acheteur - vendeur » ou *bid-ask spread*. Le teneur de marché est alors en charge de la formation des prix. Le *bid* constitue le prix d'achat le plus élevé (limite basse du carnet d'ordres), le *ask* le prix de vente le plus bas (limite haute), le tout étant considéré du point de vue de l'opérateur sur les marchés et non de l'intermédiaire.

L'intervenant trouve donc en permanence une contrepartie au prix affiché, et une certaine liquidité puisque le *market-maker* est supposé détenir un certain stock de titres. L'opérateur obtient ainsi la garantie de déboucler sa transaction quasi-immédiatement, et sans variation intempestive de prix. Cependant, une certaine opacité peut régner dans ce type d'organisation dans la mesure où les *market makers* peuvent bien connaître leurs clients, et ne pas forcément toujours respecter les règles de priorité d'exécution des ordres. De plus, plusieurs sont en concurrence sur chaque titre, d'où une inévitable fragmentation du flux des ordres. Une réduction de l'opacité peut toutefois intervenir par une contrainte d'affichage centralisée, qui diminue le coût d'obtention de l'information pour l'investisseur.

– Lorsque le marché est gouverné par les ordres, le carnet d'ordres est centralisé, on parle de marché d'agence (*Nyse-Euronext*). La concurrence entre les donneurs d'ordres à cours limités a pour effet de réduire le montant de la fourchette, et les intervenants à prix de marché sont servis immédiatement. La confrontation des ordres permet d'établir le prix d'échange. Ce marché d'agence est idéal pour promouvoir une automatisation intégrée du traitement des ordres, allant de leur routage, en passant par la fixation des prix, pour aller jusqu'au règlement – livraison, et la conservation des titres.

L'influence des modes de cotation intervient alors. Ils conditionnent les échanges, les modes de négociation, et même la liquidité des marchés. Ils sont aussi très importants vis-à-vis de l'information véhiculée, de la volatilité des marchés, et donc de leur efficience. Il existe aujourd'hui deux modes principaux d'organisation : les marchés « de *fixing* », et les marchés « continus ».

– En ce qui concerne les « marchés de *fixing* », la cotation a lieu chaque jour à des moments bien identifiés dans le temps, laissant à chaque opérateur le temps de passer ses ordres, de telle sorte que l'offre se confronte vraiment totalement à la demande de titres. L'agrégation des flux d'ordres a pour effet de réduire la volatilité, et de fournir de la liquidité. On accumule donc les ordres d'achat de vente dans le carnet, puis *in fine*, on détermine un cours d'équilibre qui permet de maximiser le volume de transactions. Plusieurs *fixings* peuvent intervenir chaque jour (cours d'ouverture et de clôture par exemple).

Dans l'exemple traité ci-dessous, le prix d'équilibre obtenu du *fixing* est de *99,10 €*, il maximise le nombre de titres échangés au nombre de *2900*. Après le *fixing*, on peut constater que *50* titres n'ont pu être vendus au prix d'équilibre, et donc qu'ils restent inscrits dans le carnet d'ordres. Ne sont cotés qu'au *fixing*, que les titres les moins liquides.

Exemple de détermination de prix de *fixing*

Carnet d'ordres avant le *fixing*

Achat			Vente		
Prix	Quantité	Cumul Q	Prix	Quantité	Cumul Q
Sans limite	800	800	Sans limite	800	800
99,25 €	300	1100	98,90	400	1200
99,20	300	1400	99	600	1800
99,15	600	2000	99,05	500	2300
99,10	**900**	**2900**	**99,10**	**650**	**2950**
99,05	900	3800	99,15	1000	3950
99	1500	5300	99,20	500	4450

Carnet d'ordres après le *fixing*

Achat		Vente	
Prix	Quantité	Prix	Quantité
		99,10	50
99,05	900	99,15	1000
99	1500	99,20	500

– Pour ce qui est des marchés dont la cotation s'effectue « en continu », les transactions peuvent prendre place à tout moment lorsque le marché fonctionne, mais en outre des *fixings* d'ouverture et de clôture peuvent prendre place. Dans le cas de la cotation en continu, tout nouvel ordre est enregistré dans le carnet, et toute vente ou achat est associé à un nouveau cours proposé par une contrepartie. De façon habituelle, on sert en priorité les intervenants en fonction du prix et de l'instant de la passation de l'ordre. Les titres cotés en continu appartiennent aux plus grosses capitalisations boursières de la place. Sur *Nyse-Euronext* en 2008, les phases de cotation en continu et de fixage, se sont enchaînées tout au long des journées. Ainsi, le premier *fixing* a eu lieu chaque matin à *9H00* après une période d'accumulation des ordres. Est venue après, une période de cotation en continu de *9H00* à *17H25*, puis en fin de journée, a lieu un dernier *fixing* à *17H30*. Des transactions restaient possibles après la clôture du marché.

C. – les nouveautés réglementaires

En mettant fin au monopole des bourses, la directive européenne *MIF* a promu en 2007 une concurrence encore plus forte entre les différentes places financières, et les autres endroits où l'on vend et achète des titres ou contrats financiers. On peut ainsi aujourd'hui transmettre et faire exécuter des ordres sur des plates-formes électroniques de négociation *(MTF)* ou à des internalisateurs qui sont en général des banques, et qui disposent de la possibilité d'apparier les ordres d'achat et de vente de leurs clients sans avoir recours au marché central ou à une plate-forme quelconque. Si « l'internalisation » n'est pas systématique, on recourt tout de même au marché central ou à une plate-forme, mais si elle l'est, l'internalisateur agit pour son compte propre, et garantit la bonne fin des opérations. Il développe alors une activité de *trading*, et économise les coûts d'exécution sur le marché. Puisque plusieurs prix pourront prévaloir pour un même titre dans différents endroits, il était indispensable que la directive *MIF* impose la règle de la « meilleure exécution » possible aux opérateurs, et que la transparence des conditions de transaction prévale. Ces principes réglementaires devraient donc permettre aux investisseurs de bénéficier des meilleurs prix à l'achat, et à la vente de leurs titres ou contrats, l'affichage des conditions étant obligatoire. Cependant tout ceci ne vaut que pour le marché des actions.

La mise en place de la directive *MIF* a provoqué l'apparition de plates-formes ou marchés satellites comme *Turquoise*, *Chi-X*, etc., mais aussi l'émergence de *darkpools* qui sont des plates-formes d'un type un peu particulier, puisqu'elles ont pour objet de permettre l'achat ou la vente de blocs de titres sans révéler d'information aux tiers. Dans ce cas, l'obligation de transparence est levée, ce qui interdit aux autres intervenants d'observer trop précisément le prix et la quantité de titres échangés. L'avantage de ce dispositif est d'éviter les fluctuations de prix qui pourraient intervenir du fait de la transaction de bloc. Par ailleurs, il faut noter que les *darkpools* n'ont pas pour objet d'établir des prix qui sont repérés ailleurs (marchés satellites ou central), mais de fournir une liquidité suffisante aux transactions importantes entreprises par des investisseurs institutionnels.

Notons qu'un internalisateur qui met systématiquement en relation ses propres clients sur la base d'un prix observé de référence, par exemple sur *Nyse-Euronext*, économise un certain nombre de coûts et redevances. Par ailleurs, l'analyse du fonctionnement actuel des marchés européens, nous pousse à conclure qu'ils procèdent d'un mélange entre marché d'agence (gouverné par les ordres) et de contrepartie (gouverné par les prix). Si le système de l'agence semble dominant, il peut être très utilement complété par le recours à des *market makers* qui contribuent à la formation d'une liquidité plus importante du marché dans son ensemble.

§ 2 – les différents marchés de taux d'intérêt et contrats obligataires

On peut vouloir emprunter, ou prêter de l'argent à court terme ou à plus long terme sur le marché domestique, ou vouloir faire de même sur d'autres marchés étrangers (éventuellement dans une autre devise), ou encore sur le marché international des capitaux. Les possibilités sont nombreuses, mais les émetteurs doivent en général recourir aux sociétés de *rating* pour faire noter leurs émissions. Il est également possible d'intervenir sur les marchés à terme de taux d'intérêt, en ce qui concerne les opérations à terme ferme et conditionnelles réalisées sur des marchés de gré à gré ou réglementés. En fait, sur le marché français comme ailleurs, on est de plus en plus face à un grand marché unifié de l'argent, où prévaut un continuum d'échéances.

A. – le marché monétaire

En France, le marché monétaire est l'endroit où se confrontent l'offre et la demande de capitaux à court terme, c'est-à-dire d'une échéance allant du jour le jour, jusqu'à deux ans. Il comprend deux compartiments dont le marché interbancaire réservé aux établissements de crédit, à l'*Agence France Trésor*, à la *Banque de France*, et le marché des Titres de Créances Négociables (*TCN)* qui lui est accessible en plus aux entreprises. Deux principaux taux de référence existent sur le marché interbancaire.

– Le premier est l'*EONIA* (*L'Euro Overnight Index Average*). Il représente le taux moyen pondéré des opérations interbancaires réalisées au jour le jour entre une cinquantaine de grandes banques européennes. Il est diffusé à *19H* chaque soir, depuis le 3 septembre 2007.

– Le second est l'*EURIBOR* (*Euro Interbank Offered Rate*). Il correspond à toute une palette de taux interbancaires européens allant d'un mois à un an. Lui aussi est estimé comme une moyenne pondérée de transactions interbancaires. Il est diffusé de façon journalière, et est calculé avec trois décimales. Le plus réputé, est l'*Euribor* trois mois.

On peut à l'aide de ces références, calculer d'autres taux par exemple le *TAM* (Taux Annuel Monétaire). Il représente l'équivalent d'un placement mensuel renouvelé chaque mois pendant douze mois, et dont les intérêts ont été capitalisés. Le *T4M* ou taux moyen mensuel du marché monétaire est la moyenne des différentes valeurs de l'*Eonia* pendant un mois.

Depuis 1998, le Système Européen des Banques Centrales *(SEBC*) intervient, avec en tête, la Banque Centrale Européenne *(BCE*), appuyée par toutes les Banques Centrales Nationales (*BCN*) pour réguler la liquidité bancaire à court terme dans les pays de l'*UE*[7]. Trois types d'instruments sont principalement utilisés pour y parvenir : les appels d'offres hebdomadaires portant sur des durées courtes, les prêts au jour le jour, et le système des réserves obligatoires dont le niveau peut varier en fonction des besoins de la politique monétaire. Des opérations supplémentaires peuvent bien sûr intervenir en cas de besoin (volonté de réduction de la masse monétaire, ou volonté de distribution massive de liquidités, comme en 2008).

---

[7] À l'intérieur de la zone euro, les banques centrales et les autres banques échangent entre elles des flux monétaires importants, en temps réel, *via* le système *Target 2 (Trans-European Automated Real Time Gross Settlement Express Transfer)* interconnecté avec *SWIFT*.

figure 1.1.

l'évolution récente de l'*Eonia*

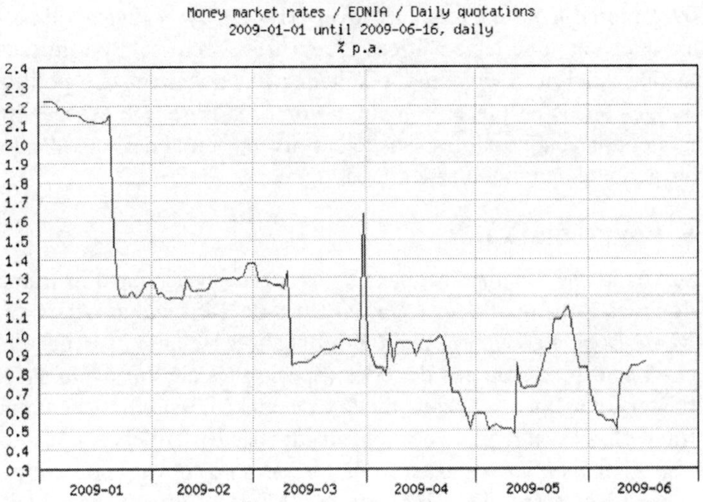

figure 1.2.

l'évolution récente de l'*Euribor* 3 mois

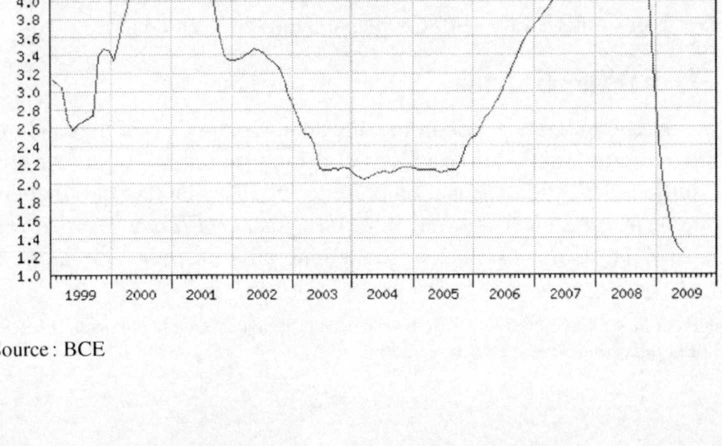

Source : BCE

Sur les figures 1.1 et 1.2, on peut noter les discontinuités intervenues fin 2008 dans l'évolution des taux du fait de la crise. On peut aussi remarquer le niveau « historiquement bas » atteint par les taux courts en 2009. Comme le note Christian Noyer[8] (fin 2009) : « Il est évident aux yeux de chacun que les bénéfices enregistrés récemment par le secteur financier, quoique bienvenus, résultent principalement des politiques publiques mises en place pour lutter contre la crise. De tels bénéfices n'auraient pas été possibles sans le bas niveau actuel des taux d'intérêt, et les garanties publiques encore en vigueur ».

B. – le marché des *TCN*

Sur le marché des titres négociables, on trouve beaucoup d'instruments tels que les Bons du Trésor (*BTF* ou Bons du Trésor à taux fixe <*1* an, et *BTAN* Bons du Trésor à intérêts ANnualisés >*2* ans) émis par l'État. Ceux-ci sont placés auprès des *SVT* (Spécialistes en Valeur du Trésor), établissements financiers qui, du fait de leurs réseaux, en assurent la distribution. Les entreprises peuvent émettre des *BT* (Billets de Trésorerie, ou *Euro commercial paper*) jusqu'à un an, ou à moyen terme, c'est-à-dire jusqu'à cinq ans, des *BMTN* (Bons à Moyen Terme Négociables, ou *Euro Medium Term Notes*) sur les euromarchés. Les *CDN* (Certificats de Dépôt Négociables) eux, sont émis par les banques. Ces différents titres représentent pour les entreprises un accès direct au marché, et sont synonymes de désintermédiation bancaire, donc de meilleures conditions de financement (absence de marges bancaires). Cependant, seules les meilleures signatures (en termes de notation) peuvent émettre de tels types de créances. Pour le *commercial paper* émis par les entreprises par exemple, les notations utilisées par l'agence *Standard and Poor's* sont les suivantes : *A-1, A-2, A-3, B, B-1, B-2, B-3, C, D*. À partir de la notation *'B'*, on rentre dans la catégorie impliquant des aspects spéculatifs. Notons qu'à l'inverse des obligations, les *TCN* peuvent être émis en continu.

C. – le marché obligataire

Le marché obligataire est un marché au comptant des capitaux à long et moyen terme, où les transactions et capitalisations sont plus élevées que sur le marché des actions. La présence de l'État en tant qu'émetteur anime le marché par l'intermédiaire de l'*Agence France Trésor* (voir tableau 1.1), mais les entreprises y ont aussi recours (obligations

---

[8] Intervention de Christian Noyer, Gouverneur de la Banque de France, Forum financier Paris-Europlace Singapour, 26 octobre 2009.

corporate) comme certaines grandes entreprises publiques telles que la *SNCF* et l'*EDF*, sans oublier les collectivités locales.

Le marché obligataire traite des échéances allant de deux ans à trente ans. Toute émission obligataire (marché primaire) fait l'objet d'un prospectus décrivant les conditions de l'opération, et doit s'insérer dans un calendrier. L'État émet périodiquement des *OAT* (Obligations Assimilables du Trésor) par l'intermédiaire de l'*Agence France Trésor*. Leur rémunération est en général fixe, le remboursement s'opérant *in fine*, c'est-à-dire en totalité à la fin de la période de vie. Le marché secondaire (revente, ou achat une fois l'émission réalisée) de ces obligations est assez liquide, ce qui n'est pas forcément le cas pour toutes les obligations *corporate* émises.

Une obligation est une valeur mobilière. Cette dernière représente donc une créance sur un émetteur particulier. Son prix d'émission peut être égal au « pair », c'est-à-dire à sa valeur nominale ou de remboursement. Si le prix d'émission est inférieur au « pair », on peut parler de prime d'émission. Dans le cas où la valeur de remboursement est supérieure au « pair », on considère qu'il y a prime de remboursement. Le taux facial est le taux de coupon qui est multiplié par la valeur nominale de l'obligation, pour calculer le montant du coupon annuel ou semestriel. Le taux de coupon peut être fixe ou variable. Enfin, l'échéance de l'obligation est importante puisqu'en général, on perçoit les coupons durant toute la vie de l'obligation, mais que le remboursement et le versement du dernier coupon n'interviennent qu'en fin de course. Bien sûr, dans certains cas, des modalités différentes d'amortissement du capital peuvent prévaloir. La cotation des obligations s'effectue en général en pourcentage du nominal, et « au pied du coupon », c'est-à-dire sans comptabiliser le montant du coupon couru. Bien entendu, en cas d'achat, il faut le payer en plus.

Il existe beaucoup de différentes sortes d'obligations : les obligations à taux fixe, à taux variable ou révisables, les obligations indexées, les obligations convertibles, remboursables en actions, les obligations sans coupon provenant du démembrement d'obligations existantes (*strips: separate trading of registered interest and principal of securities*), etc. Dans ce qui suit, on focalise l'attention sur les obligations sans coupon, à taux fixe et à taux variable ou révisable. Dans le cas du taux variable, le coupon est *post* déterminé, tandis que dans celui du taux révisable, il est prédéterminé. Ainsi, pour une obligation à taux révisable, on connaît le taux du coupon applicable le lendemain même du précédent coupon. Par contre, en cas de taux variable, il faut attendre que le coupon ait couru durant presque toute sa durée de vie, pour pouvoir déterminer son montant à chaque fois.

tableau 1.1.

la structure de la dette négociable de l'État français

Au 31 octobre 2009

Encours total : **1 140 505 572 926 euros**

Durée de vie moyenne : **6 ans et 253 jours**

Encours de la dette négociable depuis 2002

Dette négociable de l'Etat et swaps en milliars d'euros

	fin 2002	fin 2003	fin 2004	fin 2005	fin 2006	fin 2007	fin 2008	fin sept. 2009	fin oct. 2009
Encours de la dette négociable	**717**	**788**	**833**	**877**	**877**	**921**	**1017**	**1134**	**1141**
OAT	478	512	552	593	610	641	681	715	708
BTAN	151	168	184	189	200	202	198	209	212
BTF	88	109	97	95	66	79	138	211	221
Encours de swaps	**61**	**61**	**61**	**52**	**44**	**42**	**28**	**23**	**22**
Durée de vie moyenne de la dette négociable									
avant swaps	5 ans	5 ans	6 ans	6 ans	7 ans	7 ans	6 ans	6 ans	6 ans
en jours	343	297	79	267	45	51	292	242	253
après swaps	5 ans	5 ans	6 ans	6 ans	7 ans	7 ans	6 ans	6 ans	6 ans
en jours	265	235	34	228	16	29	276	229	240

Source : Bulletin mensuel de l'Agence France Trésor.

Les taux de référence sur le marché obligataire français sont les *TEC* (Taux à Échéance Constante), dont les plus connus sont les *TEC-5, TEC-10, et TEC-30,* qui correspondent aux taux de rendements annuels d'une *OAT* « fictive » qui aurait exactement *5*, *10*, *30* ans à vivre, au moment considéré (le *TEC-10* du 7 décembre 2009 valait 3,47 %). Ces taux sont estimés à l'aide d'une interpolation des rendements de deux *OAT* dont la durée de vie encadre l'échéance retenue. Comme on peut le constater sur le tableau 1.2, Londres est la place européenne la plus importante en matière de transactions obligataires.

tableau 1.2.

montants des transactions obligataires *en milliards d'us$* effectuées sur les bourses les plus actives au monde en 2008

	Marché	Milliards USD Année 2008	Milliards USD Année 2007	% variations en USD
1.	*BME Spanish Exchanges*	6389	5863	16,7 %
2.	*London Stock Exchange*	6567	3603	82,3 %
3.	*NASDAQ OMX Nordic Exchange*	2923	2798	4,5 %
4.	*Colombia Stock Exchange*	466	530	– 12,2 %
5.	*Istanbul Stock Exchange*	390	467	– 16,4 %
6.	*Korea Exchange*	336	381	– 11,8 %
7.	*Tel Aviv Stock Exchange*	263	196	34,1 %
8.	*Borsa Italiana*	258	206	24,3 %
9.	*Six Swiss Exchange*	185	144	28,2 %
10.	*Deutsche Börse*	182	316	– 42,2 %

Source : *WFE (World Federation of Exchanges)*

Les taux d'intérêt sans risque de défaut s'appliquaient en général à la dette d'État (dite souveraine) censée n'impliquer aucun risque de défaut, mais les crises financières successives n'ont pas épargné le crédit de certains États, dont récemment ceux de l'est, mais aussi de l'ouest Européen[9]. Les entreprises, elles aussi, sont sujettes au risque de non-remboursement total ou partiel de leurs dettes. Des agences de *rating* étudient donc la capacité, et la volonté de remboursement des émetteurs et leur attribuent des notes. En fonction de celles-ci, les émetteurs paient un *spread* (écart) de taux, c'est-à-dire une prime par rapport aux conditions obtenues sur une *OAT* supposée libre de défaut ayant les mêmes autres caractéristiques que le titre à l'étude, qui se mesure en points de base (*basis points*). Notons qu'un point de base représente un centième de pourcent.

Les agences de notation (*Standard and Poor's, Moody's*) répartissent les différentes obligations émises en deux catégories : celles qui sont considérées comme étant de bonne qualité (*investment grade*), et celles

[9] La crise Mexicaine de 1982 avait déjà interpellé la communauté financière. Mais en juin 2009, les notations *S&P* de différents États étaient les suivantes : Ukraine *B-*, Japon *AA*, France *AAA*, Argentine *B-*, Hongrie *BBB-*, Espagne *AA+*, États-Unis, *AAA*. Il n'y a plus que deux pays notés « *AAA* », dans cette courte liste.

dont le risque de défaut est plus important (*speculative grade*). Les notes inférieures à *BBB* ou à *Baa* conduisent à appartenir à la seconde catégorie. Les notations attribuées aux entreprises sont périodiquement revues (publication de *watch lists*), et des changements peuvent intervenir à la hausse comme à la baisse. Des notations existent également concernant les titres émis à court terme, par exemple à moins d'un an.

Les notations octroyées par *Standard & Poor's* (tableau 1.3) décrivent la capacité, et la volonté des institutions concernées à faire face à leurs obligations financières.

– Certaines notations d'émissions obligataires peuvent en outre tenir compte des caractéristiques de l'emprunt (créance senior, junior, dette garantie ou non). Les notations pour le long terme sont présentées par ordre décroissant de qualité: *AAA, AA, A, BBB, BB, B, CCC, CC, C, D, NR*. La catégorie *investment grade* comprend les notations suivantes: *AAA, AA, A, BBB*. Toutes les entreprises qui font partie de cette catégorie, disposent d'une forte, voire très forte, capacité à faire face à toutes leurs obligations financières. Les autres notations appartiennent à la catégorie des *speculative grade*. Les trois notations *C* concernent, elles, des entreprises considérées comme « vulnérables » voire très en danger, et donc très dépendantes de la conjoncture économique. *D* indique l'occurrence d'une situation de défaut. Des « + » et des « - » peuvent être ajoutés aux notations allant de *AA* à *CCC* pour permettre de distinguer les situations à l'intérieur d'une classe de notation. *NR* indique que la notation n'existe plus, ou que l'information à disposition est insuffisante, pour que l'on puisse coter.

– Quelques éléments supplémentaires d'information peuvent être inclus dans la notation. Par exemple l'indice *i* s'il existe, indique que les notations ne concernent que le paiement des coupons, et non du principal *p*. Ainsi la notation *AApNRi* d'une obligation indique que le remboursement du capital implique une notation *AA*, mais que concernant les coupons aucune notation n'a été demandée. Les lettres *pr* indiquent que la notation est provisoire. On attend, par exemple, le bouclage d'une opération importante en cours pour statuer. Les lettres *pi* signifient que la note obtenue n'est pas le résultat d'une étude approfondie de *S&P*, mais plutôt issue des comptes publiés par l'entreprise et d'autres informations publiques sur sa situation. Pour certaines émissions obligataires, on peut disposer d'un indicateur de taux de recouvrement en cas de défaut. Il va de *1* à *6*. Le chiffre *1* signifie alors que l'on doit s'attendre à un taux de recouvrement allant de *90 % à 100 %*, tandis que le chiffre *6* implique un taux compris entre *0 et 10 %*.

– Les fonds communs de placement sont également notés avec une hiérarchie similaire pour leur capacité à se préserver des risques de prix (perte sur le principal), de liquidité, ou de crédit : *AAAm, AAm, Am, BBBm, BBm, Dm*. La lettre *G* indique que le fonds ne comprend que des titres de l'État américain.

tableau 1.3.

les différentes échelles de notations des Agences de *rating*

<table>
<tr><th></th><th colspan="2">Standard & Poor's</th><th colspan="2">Fitch Ratings</th><th colspan="2">Moody's</th></tr>
<tr><th></th><th>LT</th><th>CT</th><th>LT</th><th>CT</th><th>LT</th><th>CT</th></tr>
<tr><td rowspan="4">Catégorie Investissement</td><td>AAA
AA+
AA
AA-</td><td>A-1+</td><td>AAA
AA+
AA
AA-</td><td>F-1+</td><td>Aaa
Aa1
Aa2
Aa3</td><td rowspan="2">P-1</td></tr>
<tr><td>A+
A</td><td>A-1</td><td>A+
A</td><td>F-1</td><td>A1
A2</td></tr>
<tr><td>A-
BBB+
BBB</td><td>A-2</td><td>A-
BBB+
BBB</td><td>F-2</td><td>A3
Baa1
Baa2</td><td>P-2</td></tr>
<tr><td>BBB-</td><td>A-3</td><td>BBB-</td><td>F-3</td><td>Baa3</td><td>P-3</td></tr>
<tr><td rowspan="3">Catégorie Spéculative</td><td>BB+
BB
BB-</td><td>B</td><td>BB+
BB
BB-</td><td>B</td><td>Ba1
Ba2
Ba3</td><td rowspan="3">Not Prime</td></tr>
<tr><td>B+
B
B-</td><td rowspan="2">C</td><td>B+
B
B-</td><td rowspan="2">C</td><td>B1
B2
B3</td></tr>
<tr><td>CCC+
CCC
CCC-</td><td>CCC+
CCC
CCC-</td><td>Caa1
Caa2
Caa3</td></tr>
</table>

Source : Gerst C., Groven D., (2004), *To B or not to B, le pouvoir des agences de notation en question*, Village Mondial, Paris.

D. – la composante internationale

La globalisation des échanges et transactions financières a permis la constitution d'un réel marché international des capitaux, où tous les compartiments du court au long terme sont représentés. Sans avoir aucune volonté d'exhaustivité, on signalera l'existence à court terme de l'*Eurocommercial paper,* des possibilités offertes par les *euro medium notes à moyen terme,* avant de décrire succinctement, les marchés des euro-devises et euro-obligations.

1°). Le marché des euro-devises

Le marché des euro-devises représente en quelque sorte l'ossature du système. On peut définir une euro-devise comme étant une monnaie enregistrée dans les comptes d'un établissement financier installé hors du pays d'émission de ladite monnaie. Ainsi, tout dollar américain figurant dans les comptes d'une banque européenne est-il un euro-dollar. Historiquement, les premiers dépôts en monnaie américaine furent effectués en Europe, ce qui justifie le préfixe « euro » du vocable « euro-devises ». Aujourd'hui il faudrait mieux parler du marché des xéno-devises. Il s'agit fondamentalement d'un marché interbancaire, où quelques centaines de banques organisées en réseaux interviennent. Sur ce marché, le dollar est toujours la monnaie la plus importante, ce qui justifie l'utilisation du vocable « marché des euro-dollars » pour désigner le marché des euro-devises. Ce dernier est approvisionné par des dépôts, dont l'échéance est dans la plupart des cas inférieur à six mois. Aussi pour stabiliser leurs ressources, certaines banques ont été amenées à émettre des certificats de dépôts en euro-devises. Ils constituent le lien entre les marchés à court et à long terme.

Les entreprises peuvent également obtenir des euro-crédits, sur le marché international des capitaux. Ces euro-crédits sont le plus souvent libellés à taux variable et constituent la composante à moyen et long terme du marché des euro-devises. Ils sont alors octroyés par des syndicats ou pools bancaires, qui ainsi partagent le risque. Mais comme il existe un risque de crédit non négligeable, un *spread* (une prime de risque) est pratiqué, et seules les meilleures signatures y ont accès. Il existe plusieurs formes d'euro-crédits : le *term loan*, le crédit *stand by* et le crédit *roll over.* Le crédit *term loan* implique d'abord une phase de tirage de fonds, puis une phase de différé d'amortissement, et enfin une phase de remboursement. Le crédit *stand by*, lui, s'apparente à une ligne de crédit sur laquelle des tirages peuvent être effectués. Le crédit *roll over* est matérialisé par des billets renouvelables à chaque échéance, jusqu'à la fin du crédit. Le montant des euro-crédits est très variable : d'une cinquantaine de millions de dollars à peine, à plusieurs milliards (*jumbo-loans*). La création de ce marché est la conséquence de réglementations nationales qui restreignaient l'octroi de crédits aux non-résidents, ainsi qu'à l'étroitesse de certains marchés locaux incapables de répondre aux besoins exprimés par les opérateurs. Aujourd'hui, du fait de l'interconnexion croissante entre les différentes places financières dans le monde, la distinction entre marchés financiers nationaux et internationaux devient plus ténue. On assiste en effet à l'apparition d'un système financier mondial beaucoup plus intégré, et donc, peu à peu, à la naissance d'un vaste marché unique international des capitaux. Ce marché échappe encore très largement à toute réglementation internationale.

2°). Le marché euro-obligataire

Le marché euro-obligataire ne doit pas être confondu avec celui des obligations étrangères. Les euro-obligations peuvent être cotées sur différentes places internationales et sont, en général, commercialisées par un syndicat international de banques. Ce marché est réservé aux émetteurs de qualité. Si la croissance des émissions a été très importante, le nombre d'intervenants n'a pas beaucoup augmenté. Il s'y traite des opérations de grande envergure, mais dont les échéances dépassent rarement dix ans. Les principaux émetteurs sont les États, les collectivités territoriales, les banques, les organismes internationaux, les très grandes entreprises. Au gré des besoins, des émissions sophistiquées cohabitent avec des émissions à taux fixe, et la liquidité du marché secondaire semble suffisante. Les émissions nécessitent que l'on détermine le banquier chef de file, les caractéristiques du montage proposé, les membres du syndicat de placement et de garantie, l'admission à la cote sur l'une ou plusieurs places financières. Des *swaps* peuvent être associés à ce type d'opération.

E. – les marchés de dérivés de taux d'intérêt

Sur les marchés de gré à gré, on trouve des produits tels que les *FRA* (*Future Rate Agreement*), des *swaps* de taux d'intérêt, des options sur *swap* ou *swaptions*… (voir tableau 1.4). Sur les marchés réglementés, on trouve des contrats à court terme tels que l'*Euribor 3* mois :

tableau 1.4.

les cotations du contrat de *future Euribor 3* mois sur l'*Eurex*

Données du 4 décembre 2009

FEU3 –Contrat de *Future Euribor* 3 mois. (ACI)

Product Group : Money Market Derivatives

Mois échéance	Cours d'ouverture	Cours le plus haut	Cours le plus bas	Cours de clôture	Cours de compensation	Nbre Contrats négociés	Position ouverte
Dec 09	99,27	99,275	99,265	99,27	99,27	1212	9442
Mar 10	99,16	99,18	99,155	99,155	99,155	2601	4690
Jun 10	98,4	98,87	98,81	98,81	98,81	860	4919
Sep 10	98,515	98,515	98,45	98,45	98,45	15	1503
Dec 10	98,22	98,22	98,12	98,13	98,125	37	1594
Mar 11	97,985	97,985	97,87	97,87	97,87	18	562
Jun 11	97,77	97,77	97,57	97,77	97,64	25	407
Sep 11	97,45	97,45	97,45	97,45	97,45	2	166
Dec 11	97,28	97,28	97,27	97,28	97,27	11	156
Mar 12	97,16	97,16	97,14	97,16	97,145	9	107
Jun 12					97,03	0	70
Sep 12					96,935	0	28
Total						**4790**	**23644**

Source : *Eurex*

La cotation de ce contrat s'effectue en retranchant de *100,* le taux d'intérêt concerné. Ainsi *100 – 97,16 = 2,84%.*

– À long terme, le contrat *FGBL* de nominal égal à *100 000€*, à *10* ans est coté à Francfort (voir tableau 1.5). Plus d'un million de ces contrats sont négociés par jour sur l'*Eurex*. On peut donc s'assurer contre le risque de fluctuation des taux courts et longs.

tableau 1.5.

les cotations du contrat de *future* FGBL (*10 ans*) sur l'*Eurex*

Données du 4 décembre 2009

FGBL – FUT 8 1 / 2-10 1 / 2 Y.GOV.BOND 6 %

Mois échéance	Cours d'ouverture	Cours le plus haut	Cours le plus bas	Cours de clôture	Cours de compensation	Nbre Contrats négociés	Position ouverte
Dec 09	123,37	123,47	122,58	122,80	122,74	1 441 733	504 943
Mar 10	123,10	123,20	122,34	122,55	122,53	897 627	483 143
Jun 10	121,70	121,70	121,58	121,58	121,39	623	3
Total						**2 339 983**	**988 089**

Source : *Eurex*

Le contrat *FGBL* s'assimile à une obligation fictive versant un taux d'intérêt fixe de *6 %* par an, et qui est remboursable *in fine* la dixième année. La valeur du contrat dépend de la courbe des taux et, ici, ce prix est nettement supérieur à *100*, ce qui indique que les taux sont certainement très inférieurs à *6 %*. La valeur du contrat varie en effet, en sens inverse des taux d'intérêt.

§ 3. – les marchés d'actions et leurs dérivés

Le fonctionnement des marchés réglementés fait apparaître trois phases successives : la négociation, la compensation et le règlement-livraison. La négociation des ordres doit s'effectuer par l'entremise d'un membre négociateur agréé par l'entreprise qui gère le marché. Les échanges (achat, vente) se font par le biais d'un ordinateur qui centralise les offres et demandes, et procède à leur appariement. Intervient ensuite la deuxième phase. Elle implique le transfert de l'opération conclue à la Chambre de compensation, qui, elle, s'interpose entre acheteurs et vendeurs. La sécurité des transactions est alors assurée. Enfin, l'étape de règlement-livraison permet au vendeur d'être payé et à l'acheteur d'être livré.

– En ce qui concerne la négociation, du fait de l'introduction des systèmes de cotation électronique, l'activité de teneur de marché disparaît de plus en plus. Le système répertorie les ordres dès leur arrivée (carnet d'ordres), selon leur nature (achat, vente), et selon leurs prix. L'exécution s'effectue prioritairement en fonction du prix, puis de la date d'entrée dans le système. Ce dernier affiche les cinq meilleures limites à l'achat et à la vente (prix, quantités). Certaines valeurs sont cotées en continu, d'autres moins liquides font l'objet de deux *fixings* (ouverture et clôture). Des interruptions de cotations peuvent intervenir, si l'entreprise de marché le décide (attente d'un communiqué, projet d'offre publique d'achat, etc.).

– Pour ce qui est de la compensation, *LCH-Clearnet* est la *clearing house* de *Nyse-Euronext*. Elle assume le risque lié à la bonne fin des opérations, ce qui inclut le paiement, mais aussi la livraison des titres, en cas de défaillance des opérateurs. Son règlement doit donc être appliqué sans faille à tous les adhérents. De plus, elle dispose de fonds propres importants.
– Enfin, relativement aux opérations de règlement-livraison, en résumant, elles consistent en la passation des écritures comptables concernant les transactions effectuées, puis à l'acheminement des fonds vers le compte du vendeur, et à la livraison virtuelle des titres à l'acheteur, puisqu'une dématérialisation est intervenue, tous les titres ayant été confiés à un dépositaire central : une filiale d'*Euroclear*.

A. – les récentes évolutions

De nouveaux produits ont pris de l'importance. On peut commencer par les *trackers* qui sont des fonds qui dupliquent la performance d'un indice en détenant souvent les actifs sous-jacents, permettant aux investisseurs de profiter de la hausse d'un marché particulier, ou d'une région. Un *tracker* n'a pas de date d'échéance et est négocié sur des marchés réglementés. Sa composition et sa valeur de liquidation sont diffusées tous les jours.

Le succès des *ETF* (*Exchanged Traded Funds*) qui, à l'origine, dupliquaient des indices boursiers est remarquable. Ce sont des fonds indiciels ouverts, cotés tous les jours en continu, puis à l'aide d'un *fixing* de clôture. Ils sont caractérisés par une fourchette de cotation très faible, des frais de gestion ou d'entrée insignifiants. Ils constituent pour un investisseur individuel une belle opportunité, puisqu'ils lui permettent d'accéder sans difficulté ni coût, à la performance obtenue grâce à un indice boursier. Depuis les années 2000, les *ETF* se sont diversifiés, et ont dupliqué des indices obligataires, des devises ou paniers de devises, et des matières premières. Puis sont nés les *ETF* dynamiques qui ne reproduisent pas seulement les fluctuations d'un indice de référence, mais qui permettent d'accroître l'exposition au risque de marché, ou de garantir la quasi-totalité du capital, ou encore de bénéficier d'une performance inverse à celle obtenue par l'indice de référence. Les contrats *ETF* ont vu leur nombre augmenter considérablement. Ainsi, *396* instruments étaient négociés sur les marchés européens de *Nyse-Euronext* fin 2008[10], soit une augmentation de *70 %* par rapport à la fin de l'année précédente. On peut également noter la montée en puissance des certificats et des *warrants*, qui sont des valeurs mobilières émises par des institutions financières, et qui peuvent dynamiser une gestion de portefeuille, dans la mesure où on possède des anticipations précises sur les évolutions à venir des marchés.

Si la concentration des marchés s'est accélérée ces derniers temps, un mouvement similaire s'est opéré au niveau des principales capitalisations boursières, puisque celles des titres du *Cac 40* représentent plus de *73 %* de la capitalisation globale du marché parisien. On peut, en outre, vérifier les disparités existantes au sein du *Cac40* sur le tableau 1.6, les onze capitalisations les plus importantes comptant pour presque *50 %* de l'ensemble.

En ce qui concerne *Nyse-Euronext*, les actions sont cotées sur le marché réglementé (trois compartiments A, B, C existent en fonction de la capitalisation boursière de l'entreprise), où des règles de transparence strictes prévalent (informations à fournir aux investisseurs). Une plate-forme de négociation unique a été conçue pour permettre de traiter les opérations selon la même réglementation à Paris, Lisbonne, Amsterdam et Bruxelles. D'autres sociétés sont cotées sur *Nyse –Alternext*, à considérer comme un marché organisé puisque sous la tutelle d'une entreprise de marché, mais non réglementé, car non assujetti aux mêmes règles relatives à l'information des intervenants, et enfin sur les « marchés libres ». En 2009, selon *Nyse-Euronext*, 1437 firmes faisaient l'objet de cotations (capitalisation boursière moyenne de *119 millions us$*), dont 131 sur *Nyse-Alternext* (capitalisation boursière moyenne de *20 millions us$*). On peut noter la légère décrue tendancielle du nombre de sociétés cotées sur les marchés organisés, puisqu'en 2003, 1645 sociétés étaient « listées ». Sur les marchés libres, une tendance inverse semble se dessiner, mais cela ne concerne environ que trois cents petites sociétés, à qui on ne fixe aucune contrainte, par exemple en matière de diffusion de leurs titres dans le public.

---

[10] C. Emonet-Fournier, L. Sayegh, Y. Simon, *Les marchés européens de Nyse Euronext*, Economica, 2009, Coll. « Gestion poche », p. 55.

tableau 1.6.

les 25 plus fortes capitalisations boursières en actions françaises

(1) : évolution du 1er janvier au 31 août 2009.

Source : Euronext Paris.

Rang	Nom des valeurs	**Capitalisation au 31 août 2009** en milliards d'euros	**Évolution sur 8 mois** en %
1	Total	93,8	1,7
2	EDF	66,6	-11,9
3	GDF-Suez	66,4	-14,3
4	Sanofi-Aventis	62,3	4,3
5	BNP Paribas	60,4	119,1
6	Schlumberger	47,9	32,5
7	France Télécom	47,0	-10,0
8	L'Oréal	41,1	9,5
9	ArcelorMittal	39,0	57,2
10	Société Générale	34,0	62,7
11	Axa	33,2	0,2
12	LVMH	32,7	39,6
13	Crédit Agricole	30,0	68,3
14	Danone	24,5	10,6
15	Vivendi	24,4	-10,3
16	Carrefour	23,2	19,3
17	Air Liquide	19,6	15,0
18	Vinci	19,3	29,8
19	Lafarge	16,9	100,1
20	Schneider Electric	16,8	28,4
21	Saint-Gobain	16,1	25,3
22	Alstom	14,1	18,2
23	Pernod-Ricard	14,1	20,8
24	Unibail-Rodamco	12,2	39,5
25	Bouygues	11,9	15,1

Source : *Nyse-Euronext*

Au niveau international, la domination de *Nyse-Euronext* (*US* + *Europe*) apparaît nettement, en matière de niveaux de capitalisations boursières représentés. Aux États-Unis, *Nyse-Euronext* (*US*) domine aussi la situation. On peut noter la forte baisse du montant de ces capitalisations en 2008 (voir tableau 1.7), ceci étant dû à la crise.

tableau 1.7.

total des capitalisations boursières « actions » présentes sur différents marchés

	Marché	Milliards USD Fin 2008	Milliards USD Fin 2007	% variations en USD
1.	*NYSE Euronext (US)*	9 209	15 651	– 41,2 %
2.	*Tokyo Stock Exchange Group*	3 116	4 331	– 28,1 %
3.	*NASDAQ OMX*	2 396	4 014	– 40,3 %
4.	*NYSE Euronext (Europe)*	2 102	4 223	– 50,2 %
5.	*London Stock Exchange*	1 868	3 852	– 51,5 %
6.	*Shanghai Stock Exchange*	1 425	3 694	– 61,4 %
7.	*Hong Kong Exchange*	1 329	2 654	– 49,9 %
8.	*Deutsche Börse*	1 111	2 105	– 47,2 %
9.	*TMX Group*	1 033	2 187	– 52,7 %
10.	*BME Spanish Exchanges*	948	1 781	– 46,8 %

Source : *WFE*

En termes de montants de transactions, la domination de *Nyse –Euronext* (*US+Europe*) est moins nette, mais toujours effective. La prééminence demeure, même si, aux États-Unis, c'est le marché du *Nasdaq (National Association of Securities Dealers Automated Quotations)* qui détient la première place cette fois-ci (voir tableau 1.8).

tableau 1.8.

montants de transactions en « actions » selon les marchés

	Marché	Milliards USD Fin 2008	Milliards USD Fin 2007	% variations en USD
1.	*NASDAQ OMX*	34 446	28 116	29,6 %
2.	*NYSE Euronext (US)*	33 639	29 114	15,5 %
3.	*London Stock Exchange*	6 272	10 334	– 39,3 %
4.	*Tokyo Stock Exchange Group*	5 607	6 413	– 12,6 %
5.	*Deutsche Börse*	4 679	4 324	8,2 %
6.	*NYSE Euronext (Europe)*	4 411	5 640	– 21,8 %
7.	*Shanghai Stock Exchange*	2 600	4 029	– 35,5 %
8.	*BME Spanish Exchanges*	2 410	2 970	– 18,8 %
9.	*TMX Group*	1 716	1 635	5,0 %
10.	*Hong Kong Exchange*	1 630	2 134	– 23,6 %

Source : *WFE*

La lutte concurrentielle n'est pas moins intense au niveau des marchés d'actifs dérivés, notamment pour ce qui concerne les contrats de *futures* sur indices boursiers, ou même pour les options sur ces indices. Comme on peut le constater sur le tableau 1.9, mais aussi sur les précédents, les marchés de pays émergents (Inde, Chine, Amérique Latine) sont en train de devenir des références mondiales et figurent de plus en plus aux premières places des classements internationaux effectués.

tableau 1.9.

les cinq marchés ayant négocié le plus grand nombre de contrats de *futures* d'indices boursiers au monde

	Marché	Nombre de contrats négociés en 2008	Nombre de contrats négociés en 2007	% variation
1	*CME Group*	898 277 566	675 179 528	33,0 %
2	*Eurex*	511 748 879	400 538 510	27,8 %
3	*National Stock Exchange of India*	202 390 223	138 794 235	45,8 %
4	*Osaka Securities Exchange*	131 028 334	79 291 064	65,2 %
5	*NYSE Liffe*	106 099 614	93 284 741	13,7 %

Source : *WFE*

Bien qu'il faille parfois se méfier de ces statistiques, qui ne tiennent pas compte de l'importance du nominal de chaque contrat, on peut quand même noter la montée en puissance de nouvelles places financières internationales comme *Shanghaï*, et *Mumbai* (Bombay). Après ce rapide tour d'horizon, il faut en venir à des considérations plus techniques, qui incluent des éléments de microstructure des marchés comme les différents types d'ordres, et s'intéresser aux indices boursiers qui, au-delà de leur rôle d'indicateurs et de référence, deviennent le support de nouveaux contrats (*Trackers*...).

B. – les différents types d'ordres

Les différents types d'ordre utilisés témoignent des motivations qui habitent le donneur d'ordres. Bien sûr, un ordre au prix du marché n'inclut aucune référence à un quelconque prix, mais aux quantités souhaitées, et à son délai de validité. Il est prioritaire. *A contrario*, un ordre à cours limité suppose l'existence d'un prix minimum à la vente et maximum à l'achat. Il s'agit certainement de l'ordre le plus répandu, mais il implique un risque de non-exécution. L'ordre est inséré dans le carnet, apporte de la profondeur au marché, et est ou sera éventuellement exécuté plus tardivement. Un ordre à la meilleure limite peut également être passé, sans indication de prix. On rencontre également des ordres à seuils de déclenchement, des ordres à quantité cachée... Des annotations peuvent compléter certains ordres. Par exemple, une mention *fill and kill* indique qu'une fois l'exécution même partielle de l'ordre intervenue, on ne tienne plus compte de la partie restante de l'ordre.

La liquidité est essentielle pour favoriser les échanges. On peut l'apprécier en fonction de divers critères: la taille de la fourchette (*bid-ask spread*), et on fait alors référence au coût de l'immédiateté, la résilience, et l'on apprécie alors la capacité du marché à absorber un choc dû à une transaction de taille importante, et la profondeur de ce dernier enfin, qui se mesure en prenant en compte les quantités figurant dans le carnet d'ordres aux deux meilleures limites de prix. Le calcul de la fourchette concernant le titre j à l'époque t s'effectue comme suit:

$$F_{j,t} = \frac{Ask_{j,t} - Bid_{j,t}}{MF_{j,t}} \quad \text{où} \quad MF_{j,t} = \frac{Ask_{j,t} + Bid_{j,t}}{2}$$

La fourchette de prix est donc exprimée en % et, donc, en termes relatifs. Sa valeur est fonction du coût de traitement des ordres, des coûts de portage des titres détenus en stock, des coûts liés à une certaine asymétrie d'information par rapport à un marché d'agence, etc. Plus la fourchette est large et plus l'intermédiaire se rémunère (possible entente illicite). Notons que la réduction de l'échelon de cotation (passage à un centime d'euro) entreprise par *Nyse-Euronext* en 2007, semble avoir eu plutôt un impact positif sur la réduction de la fourchette. D'autres définitions de la liquidité font référence au flottant (part de la capitalisation apte à être échangée), au nombre de transactions, et à l'importance des capitaux qu'elles représentent.

C. - les indices

Les indices permettent d'analyser l'évolution du prix d'un groupe de titres durant une période de référence. Leur valeur est obtenue par le calcul et ils ne font pas l'objet d'échange. Certains indices généraux sont censés rendre compte de l'évolution des marchés boursiers dans leur ensemble (Citons les indices *Nikkei* à Tokyo, *Dax* à Francfort, *Ftse* à Londres, *Cac 40* à Paris, *Dow Jones Industrial Average* et *S&P500* à *New-York*, etc.). Cependant, dans la durée, ils fournissent une estimation inexacte de la rentabilité d'un investissement dans les titres cotés qu'ils sont censés représenter, car ils ne tiennent pas compte des distributions de dividendes effectuées (sauf prise en compte explicite). Pourtant, ils peuvent constituer une référence pour évaluer la performance d'un gestionnaire de portefeuille, et même sous-tendre leur duplication, dans le cas de fonds « indiciels ». La mise au point d'indices est devenue une activité profitable (perception de redevances) depuis que ces derniers sont devenus des sous-jacents d'actifs dérivés. En effet, les contrats de *futures* et d'options sur indices boursiers d'actions se sont fortement développés ces dernières années. Mais il faut noter que certains fonds indiciels (*FIC*) comme les *ETF* (*Exchanged Traded Funds*) ou *trackers* sont tous adossés à des indices (*MSCI* Europe, Asie Australie, par exemple), mais que certains, au lieu de simplement représenter l'évolution d'un secteur ou d'une région (*trackers* passifs), répliquent une stratégie (fonds dont la valeur augmente lorsque la référence voit sa valeur chuter) et deviennent des *trackers* actifs utilisant ou non un effet de levier. Notons que la norme *UCITS 4* (*Undertakings for Collective Investment Schemes in Transferable Securities*) sera mise en œuvre à partir de 2011, pour les fonds communs et autres *OPCVM* domiciliés en Europe.

L'indice *Cac 40* (base *1000* au 31-12-1987), a été lancé en août 1988 à Paris. Depuis fin 2003, l'indice des *40* valeurs calculées est pondéré par le flottant de chaque titre (exclusion de la capitalisation boursière, des participations d'état, de l'autocontrôle, des actions incluses dans un pacte d'actionnaires), et l'importance d'une valeur particulière (Total par exemple) est limitée à *15 %* de l'ensemble. La composition de l'indice est revue chaque trimestre, car des titres peuvent disparaître suite à des regroupements ou *OPA, OPE*. Pour y entrer, l'indice *Cac 40* étant un indice général, il faut que le titre ait un flottant important, fasse l'objet de nombreuses transactions, et soit représentatif. Les indices sont calculés en mode continu, et l'affichage a lieu toutes les trente secondes pour l'indice *Cac 40*. En cas de forte baisse, des coupe-circuits peuvent intervenir. Sur le marché français, on trouve d'autres indices comme le *SBF 120*, et le *SBF 250* qui comprennent les valeurs du *Cac 40*, ainsi que d'autres parmi les plus liquides de leur secteur, et qui représentent de plus près encore l'évolution du marché parisien. Au niveau européen, on peut citer la gamme des indices *STOXX* qui couvre les actions de la zone euro.

Il est vrai que le marché européen des titres reste encore « fragmenté », chaque marché national restant plus ou moins « captif », alors que les coûts de transaction transfrontaliers sont encore trop importants. Il faut donc réaliser une intégration financière des places boursières au niveau européen, plutôt que de juxtaposer des monopoles... Suivant le rapport d'*Euronext* en 2005, les recettes dues à la négociation d'actions atteignent *215,7 millions* €, alors que pour le *Nyse*, sur la même période, les recettes se montent à *168 millions* €, le montant des transactions étant cependant *4,8* fois supérieur[11]... La baisse attendue des coûts de transaction devrait donc stimuler la demande de transactions, et augmenter les volumes négociés (*trading algorithmique*). Le *Nyse* a fait sa révolution en 2005, en passant à la cotation assistée par ordinateur, mais rien n'est fini. Les *MTF* ne sont que des plates-formes, mais vont pouvoir procéder à la négociation des titres, et non à leur admission en Bourse, puisque réservée aux marchés réglementés.

En supprimant le monopole des bourses en tant que lieu de négociation de titres financiers, on stimule sans doute la concurrence entre marchés, et on abaisse les coûts de transaction, mais on prend le risque de diminuer la liquidité, dont on a pu apprécier l'importance déterminante lors de la crise financière intervenue en 2007-2008.

§ 4. – les autres marchés

Au-delà des marchés actions et obligations, et de leurs composantes à terme et internationales, le marché des changes reste impressionnant par le montant des transactions qui s'effectuent en son sein, mais pratiquement uniquement entre banques, d'où une très forte prééminence des marchés de gré à gré pour tous les instruments concernés. Bien sûr, les marchés de marchandises et de matières premières (pétrole, gaz, métaux) se sont fortement développés, et leurs composantes à terme sont devenues les plus importantes. Enfin, un nouveau marché relatif au risque de crédit a vu le jour juste, avant les années 2000.

A. – le marché des changes

Depuis 1971, les monnaies flottent les unes par rapport aux autres, au gré de l'offre et de la demande de capitaux. Les banques centrales des pays les plus industrialisés en coordonnant leurs efforts, essaient tant bien que mal de stabiliser le prix du dollar par rapport à ceux des autres monnaies. Malgré leurs efforts, elles n'y parviennent que

---

[11] J. Hamon, *Bourse et Gestion de Portefeuille*, Economica, 2008, 3e édition, p. 20.

très imparfaitement. Des besoins de couverture existent donc, par exemple au niveau des exportateurs de biens et services, ou de la part des organismes qui investissent à l'étranger, et paient de façon décalée leurs dettes dans une autre devise que la leur. Le marché des change interbancaire (marché de gré à gré) ne possède pas de localisation précise. Il regroupe l'ensemble des banques qui travaillent en monnaie nationale et étrangère, à l'aide de réseaux télématiques ou de télécommunications. Le réseau *SWIFT* (*Society for Worldwide Interbank Financial Telecommunications*) est l'un des plus connus. Sur ce marché on effectue des opérations au comptant, et à terme ferme ou conditionnel.

Sur le *Forex (Foreign Exchange*), les transactions au comptant sont cotées, soit à l'incertain, soit au certain. Dans le premier cas, une unité de devise étrangère est cotée contre monnaie nationale (*1€/1,40 us$*). Dans le second cas, moins fréquent, on cote une unité de monnaie domestique contre une devise donnée (*1 us$/0,714286€*). Globalement, toutes les monnaies sont cotées contre l'*us$*, ce qui permet le calcul de taux de change croisés *£/€*, etc. Les cotations ont lieu en continu sous forme de deux prix indiquant les meilleurs limites : le *bid* et le *ask*. En ce qui concerne les transactions effectuées sur le marché à terme, on dit que le cours du *$* est « en report » par rapport à l'euro, s'il permet d'acheter plus d'*€* que le cours comptant. Dans le cas inverse, il est en déport. D'énormes volumes de transactions sont globalement traités chaque jour sur le marché des changes. Malgré les théories construites (théorie de la parité des pouvoirs d'achat, théorie de la parité des taux d'intérêt, …), il reste très difficile de prévoir précisément l'évolution des taux de change. L'assurance partielle ou totale est donc le plus souvent nécessaire.

Le mode de transaction le plus utilisé sur le marché des changes au comptant est le virement interbancaire à l'aide du réseau *Swift*. On crédite ainsi simultanément, un compte tenu dans une monnaie *A*, et on débite un autre compte libellé dans une monnaie *B*. Notons que le marché des changes n'a pas de localisation physique bien précise, mais met en relation par téléphone les établissements bancaires entre eux, soit directement, soit par l'entremise de courtiers. Le marché, en outre, fonctionne en continu, car quand les marchés européens ferment, les marchés américains prennent la relève, pour ensuite confier aux marchés extrême orientaux la suite des opérations… Sur le marché des changes, les transactions ne sont pas standardisées. Les banques centrales interviennent sur ce marché pour parfois tenter d'influencer la valeur de leur monnaie. La coordination de l'action des banques centrales est nécessaire pour obtenir un résultat tangible, tant les sommes en jeu sont importantes (plus de *3000* milliards *us$* de transactions par jour !). Une large part des opérations (plus des trois-quarts) ne concerne que des opérations financières à but d'arbitrage, de spéculation ou de couverture. En fait, les entreprises et les particuliers n'opèrent pas sur ce marché, mais passent par l'intermédiaire d'une banque pour obtenir ou vendre des devises, contreparties d'opérations commerciales.

En général, on cote à « l'incertain », c'est-à-dire que les cotations sont exprimées en unités de monnaie domestique nécessaires à l'acquisition d'une unité de monnaie étrangère. Ainsi il vient: *EUR/USD 1,4772*, ce qui signifie qu'il faut *1,4772$* pour un € (voir figure 1.3). L'€ s'est apprécié vis-à-vis du *$* fin 2009 comme on peut le constater. La valeur du *$* s'est donc dépréciée vis-à-vis de l'€. La place financière de Londres semble être en 2008 la plus importante en termes de montant de transactions de devises effectuées chaque jour.

Le marché à terme des devises concerne des montants beaucoup plus importants que les marchés au comptant (environ deux fois plus). C'est encore un marché de gré à gré. Sur ce marché à terme, on trouve des *swaps* de change (simple échange de principal en début et fin d'opération), des *swaps* de devises (échange de flux d'intérêt, en plus du principal) des options, et bien sûr des cotations de devises à terme sur toutes les devises jusqu'à un an au moins, et pour certaines devises au-delà (*$*, *€*, etc.). Le marché des *swaps* impliquait des transactions de l'ordre de *1500 milliards us$* par jour… en 2007 !

figure 1.3.
évolution récente du prix de l'Euro contre le dollar américain

Source : *BCE* (Banque Centrale Européenne)

Mais il existe aussi des marchés organisés où se négocient des contrats de *futures* de devise, et des options sur contrat de *future*. Cependant, la taille de ces marchés est beaucoup plus faible que ceux que nous venons de décrire, on pourrait dire d'environ cent fois ! On peut citer comme marchés importants pour ces types de contrats l'*IMM* de Chicago (*International Monetary Market)* du *CME*, l'*Euronext-Liffe* de Londres, le *SIMEX (Singapore International Monetary Exchange)…* Ils jouissent d'une liquidité plus importante.

Sur ces marchés, on trouve des contrats standardisés, avec dépôt initial de garantie obligatoire et appels de marge journaliers. Pour s'assurer, on peut acheter des contrats de *futures* de *$* pour dans six mois, si on veut garantir le prix d'achat ultérieur des devises (importateurs), ou vendre des contrats de *futures* si on doit recevoir des devises six mois plus tard (exportateurs).

Concernant les options de change, le *CME group* domine par le nombre de contrats transigés les autres marchés, et inclut des places comme le *Philadelphia Stock Exchange*, et *l'International Monetary Market de Chicago*. On y trouve des options européennes, et des options sur contrats de *futures* concernant plusieurs monnaies (*$, £, €, ¥, CHF, CAD…*), et échéances. Le volume de transaction (voir tableaux 1.10 et 1.11) correspond au nombre de contrats négociés durant l'année concernée, et l'*open interest* indique la position de place, c'est-à-dire le nombre de contrats non dénoués en fin d'année.

tableau 1.10.

les contrats de *futures* de change négociés sur les principaux marchés réglementés

Marchés	Volume d'échanges (nbre de contrats)		Valeur nominale des contrats (USD Millions)		Position ouverte (nbre de contrats)	
	2008	2007	2008	2007	2008	2007
Amérique						
BM&FBOVESPA	87 627 320	88 237 446	4 322 398	4 289 040	1 021 356	977 281
CME Group	152 215 936	139 793 600	20 537 119	17 358 407	457 991	780 407
ICE Futures US	3 547 358	3 214 214	ND	ND	ND	98 362
Mex Der	3 231 004	3 225 149	39 922	32 495	204 597	105 206
NASDAQ OMX PHLX	ND	41	ND	0	ND	ND
ROFEX	ND	25 178 292	ND	ND	ND	1 181 117
Asie – Pacifique						
Australian SE	511 223	135 672	562	56	10 107	61 752
Korea Exchange	6 865 782	6 235 967	347 288	313 451	155 986	468 728
National Stock Exchange of India	11 448 632	0	12 693	0	177 520	0
Tokyo Financial Exchange	43 301 268	33 592 915	ND	ND	ND	ND
Europe – Afrique– Moyen-Orient						
Budapest SE	8 713 149	12 756 009	11 971	17 872	121 144	418 693
Johannesburg SE	ND	199 633	ND	0	ND	69 817
NYSE Liffe (European markets)	6 518	6 005	176	158	254	560
Turkish Derivatives Exchange	14 110 292	7 849 609	15 040	8 058	86 152	111 637
Warsaw SE	132 559	6 101	1 493	61	2 069	494
Total	**331 711 041**	**320 430 653**				

ND : Non Disponible

Source : *WFE*

tableau 1.11.

les options de devises négociées sur les principaux marchés réglementés

Marchés	Volume d'échanges (nbre de contrats)		Valeur nominale des contrats (USD Millions)		Position ouverte (nbre de contrats)	
	2008	2007	2008	2007	2008	2007
Amérique						
Bourse de Montréal	23 795	34 889	222	327	1088	2 954
BM&FBOVESPA	30 588 575	24 682 702	ND	ND	1 632 131	1 440 493
CME Group	5 593 664	4 333 083	850 871	596 080	304 426	359 021
ICE Futures US	72 768	50 562	ND	ND	ND	10 386
International Securities Exch. (ISE)	1 687 159	699 069	ND	ND	ND	292 780
Mex Der	7	10	0	0	0	0
NASDAQ OMX PHLX	ND	2 024 436	ND	502	ND	790 399
ROFEX	ND	129 601	ND	ND	ND	3501
Europe – Afrique– Moyen Orient						
Budapest SE	441 510	613 089	580	712	11 975	189 166
NYSE Liffe (European markets)	449 729	492 310	6 307	6 575	47 624	49 637
Tel-Aviv SE	11 048 081	9 743 637	119 487	92 722	190 528	243 056
Total	49 905 288	42 803 388				

ND : Non Disponible

Source *: WFE*

On constate encore la montée en puissance de nouveaux marchés de pays émergents comme le *BM&FBovespa* issu de la fusion en 2008 entre le *Brazil Mercantile and Futures Exchange (BM&F*) et le *Sao Paulo Stock Exchange ou Bovespa (Bolsa de Valores Mercadorias & Futuros de Sao Paulo).*

B. – le marché des *commodities*

Les marchés à terme ou de *future*s permettent de s'assurer contre les variations de prix, mais aussi de promouvoir une réelle gestion des stocks du fait des signaux véhiculés par les prix à terme. Lorsque ces derniers augmentent, on peut être tenté d'accumuler des stocks (et inversement). Ces marchés révèlent également les prix que les opérateurs, du fait de leurs connaissances, estiment les plus pertinents. Il s'agit donc de la synthèse de leurs anticipations. Les marchés à terme interviennent donc, du fait de l'information véhiculée, dans la formation des cours au comptant.

Le marché des marchandises se décompose en deux sous-parties : le marché des actifs de biens de consommation (café, cacao, blé, soja, etc.), et le marchés des biens d'investissement (or, argent, platine, ...). On retrouve sur ces marchés des composantes au comptant, à terme ferme (tableau 1.12) et à terme conditionnel (tableau 1.13). Les contrats doivent être définis précisément (qualités de l'actif sous-jacent, quantité, date d'échéance du contrat, lieux éventuels de livraison spécifiés). Historiquement, ces marchés ont été conçus pour permettre aux intervenants de gérer le « risque de prix », alors qu'aucune autre formule d'assurance n'existait alors.

tableau 1.12.

les contrats de *futures* de marchandises négociés sur les principaux marchés réglementés

Marchés	Volume d'échanges (nbre de contrats)		Valeur nominale des contrats (USD Millions)		Position ouverte (nbre de contrats)	
	2008	2007	2008	2007	2008	2007
Amérique						
BM&FBOVESPA	3 114 258	2 075 617	43 949	23 797	50 247	84 161
CME Group	513 099 704	432 358 978	ND	ND	ND	ND
ICE Futures US	43 024 789	37 020 383	ND	ND	ND	1 519 634
Mercado a Termino de Buenos Aires	14 180 096	15 399 018	ND	ND	12 608	24 584
ROFEX	ND	201 476	ND	ND	ND	15 293
Asie – Pacifique						
Australian SE	372 738	145 181	8 310	12 584	48 419	42 104
Bursa Malaysia	3 003 529	2 793 560	ND	ND	ND	ND
Central Japan Commodity Exchange	3 272 665	6 549 417	ND	ND	ND	ND
Dalian Commodity Exchange	313 217 957	185 614 913	ND	ND	ND	ND
Hong Kong Exchange	3075	0	268	0	132	0
Korea Exchange	17 725	399	94	9	111	1
Shanghai futures exchange	140 263 185	85 563 833	ND	ND	ND	250 792
Singapore Exchange	0	7	ND	0	0	0
TAIFEX	5 354 243	48 925	59 610	3 870	484	33
Tokyo Grain Exchange	8 433 346	19 671 698	ND	356 630	ND	ND
Zhengzhou Commodity Exchange	222 557 134	95 052 714	ND	ND	ND	549 733
Europe – Afrique – Moyen-Orient						
Budapest SE	15 064	12 718	426	334	1003	1 174
ICE Futures Europe	152 324 233	138 169 795	ND	ND	ND	ND

Johannesburg SE	1 905 000	1 726 000	42 574	39 498	643 322	49 886
London Metal Exchange	105 861 588	85 736 424	ND	ND	ND	1 234 215
RMX	43 449	55 677	ND	ND	3 551	6 317
NYSE Liffe (European markets)	11 787 197	11 496 659	214 254	166 183	450 427	570 325
Turkish Derivatives Exchange	27 155	109	76	0	216	4
Total	**1 541 877 930**	**1 117 693 501**				

ND : Non Disponible

Source : *WFE*

tableau 1.13.

les contrats d'options sur marchandises négociés sur les principaux marchés réglementés.

Marchés	Volume d'échanges (nbre de contrats)		Valeur nominale des contrats (USD Millions)		Position ouverte (nbre de contrats)	
	2008	2007	2008	2007	2008	2007
Amérique						
BM&FBOVESPA	498 912	286 902	ND	ND	59 303	39 702
CME Group	124 368 473	106 855 262	ND	ND	ND	ND
ICE Futures Canada	21 211	21 841	ND	ND	ND	127
ICE Futures US	17 234 865	12 959 284	ND	ND	ND	1 743 492
Mercado a Termino de Buenos Aires	1 388 200	2 393 200	ND	ND	2 314	9 136
ROFEX	ND	45 277	ND	ND	ND	5 929
Asie – Pacifique						
Australian SE	10 256	4 295	3 708	1 583	2 683	1 987
Tokyo Grain Exchange	0	323	0	1	0	NA
Europe – Afrique– Moyen Orient						
Budapest SE	355	531	8	16	40	0
ICE Futures Europe	625 900	301 161	ND	ND	ND	ND
Johannesburg SE	728 000	675 992	1 012	828	674 981	45 337
London Metal Exchange	7 353 711	7 178 248	ND	ND	ND	880 453
NYSE Liffe (European markets)	1 458 320	1 287 189	1 053	495	174 305	238 227
Total	**153 688 203**	**132 009 505**				

ND : Non Disponible

Source : *WFE*

– Les producteurs, les transformateurs de matières premières (industrie agro-alimentaires par exemple), les négociants sont en permanence exposés à de très fortes variations de cours. En ce qui concerne les produits agricoles (blé, soja, cacao, café, sucre, maïs, avoine, seigle, orge, etc.), la qualité et les quantités de récoltes, ainsi que les conditions climatiques rencontrées sont de première importance pour déterminer les prix à terme. Bien sûr, les prix de contrats de *futures* sont aussi fonction des stocks existants (pléthoriques ou non). Mais d'autres produits ont également été cotés à terme, comme ceux relatifs à l'énergie (pétrole, gaz, etc.), et eux aussi donnent lieu à stockage, raffinage et transformation.

– Les investisseurs (or, argent, ...) doivent également faire face à des fluctuations de prix, et à un coût de portage (équivalent au coût du financement par emprunt de l'achat de l'actif *spot*[12]), s'ils décident d'acheter le contrat de *future*. À la fin du contrat, les prix de *futures* et au comptant seront les mêmes, du fait de l'existence possible de la livraison. Cependant, cette possibilité est peu usitée sur ces marchés (moins de 5 % des cas), car elle est source de lourdeur et engendre des coûts.

Les marchés à terme pétroliers ont été ouverts pour répondre à l'instabilité des prix qui a prévalu à la fin des années 1970. Des contrats ont alors été cotés sur le *NYMEX* (*New York Mercantile Exchange*). Ces marchés ont connu un énorme succès et, par la suite, d'autres marchés comme Londres et Singapour ont introduit des contrats similaires. Parmi les bourses les plus actives dans le domaine des *commodities*, on note le *Chicago Board of Trade* aujourd'hui membre du *CME group*, le *Dalian Commodity exchange*, le *Zhangzhou Commodity Exchange*, le *London Metal Exchange* et le *Shanghai futures Exchange*.

C. – le marché du risque de crédit

Du fait de la montée des impayés durant le début des années 2000 (crise de 2002), le marché des dérivés de crédit a « explosé » en volume à cette époque là. D'environ *1000 milliards d'US $* de crédits concernés, le montant nominal des crédits impliqués a dépassé en

[12] Si le prix d'une once d'or vaut à l'instant t, 900 €, et si le taux d'intérêt sans risque sur 9 mois est égal à 5 %, alors le contrat de *future* sur or en t, pour une échéance 9 mois plus tard en T, vaut : $F_t = S_t e^{r(T-t)} = 900 \times e^{0.05\times 0.75} = 934,39$ €. Le coût de portage est ici représenté par la différence de prix. Par souci de simplicité, nous n'avons pas pris en compte les coûts de stockage.

2008 plus de *50000 milliards d'us$*. Les banques[13] ont donc pu, par l'intermédiaire des dérivés de crédit, accorder des prêts à des entreprises et à des particuliers, sans assumer le risque de crédit inhérent à ces opérations, mais en payant en contrepartie des primes à ceux qui se proposaient de courir le risque. En outre, ces opérations de transfert de risque étaient transparentes pour les entreprises et les particuliers, en ce sens, qu'aucun signe ne pouvait leur laisser croire que les banques qui leur avaient prêté, avaient choisi de transférer les risques à quelqu'un d'autre. Ceci présente évidemment des avantages au niveau commercial. Dans certains cas, les banques ont ainsi pu rééquilibrer leurs portefeuilles de « risques de crédit » en refusant d'assumer trop de risques dans un secteur d'activité donné, et en acceptant de s'engager ailleurs, un peu plus. Une gestion active du risque de crédit est donc née, n'obligeant plus les institutions financières à attendre passivement jusqu'à l'échéance pour savoir, si oui ou non, elles seraient remboursées des prêts accordés. Ce marché a, semble-t-il, joué un rôle dans la crise financière intervenue en 2007 - 2008, que nous allons décrire.

section II
le système financier[14] actuel face aux turbulences

Le système financier actuel est très complexe, les interdépendances étant multiples et la source d'un risque systémique accru. Cependant, il est indispensable au bon fonctionnement de l'économie. Or, il a été malmené depuis août 2007, et a connu une série de dysfonctionnements critiques. Les causes sont de deux ordres. Elles sont d'abord macro-économiques (déséquilibres persistants au niveau du commerce international, excès d'épargne dans certaines régions du monde, taux d'intérêt très bas), mais aussi microéconomiques (problèmes de réglementation sur les marchés et de mesure du risque). L'explosion du crédit distribué aux

---

[13] L'approche « Raroc », c'est-à-dire *Risk adjusted return on capital* tente de mesurer la performance, en fonction des marges, mais aussi des risques encourus, et donc des pertes anticipées.

[14] Cette section s'inspire pour une part des remarques et recommandations incluses dans le 79e Rapport annuel de la Banque des Règlements Internationaux, (BRI).

agents économiques a été provoquée en partie par la faiblesse des taux d'intérêt. Ainsi, entre 2003 et mi-2007, les crédits ont augmenté en rythme annuel de *7 %* aux États-Unis et de *10 %* au Royaume-Uni. Il est sans doute raisonnable de conclure que le faible taux d'intérêt pratiqué sur les crédits a contribué à l'augmentation spectaculaire de l'endettement des ménages et, notamment, à l'augmentation des achats de logements. Ceci a renforcé le *boom* de l'immobilier et la croissance des valeurs boursières. Les tensions financières intervenues en 2007 ont révélé au niveau microéconomique nombre d'imperfections: problèmes de gestion des risques, de valorisation d'actifs, insuffisance de la réglementation. Ces dysfonctionnements ont autorisé le secteur financier à réaliser des bénéfices importants, sans que vraiment tous les risques encourus aient été perçus à leur niveau réel.

Par ailleurs, les établissements financiers ont voulu optimiser la rentabilité de leurs capitaux propres, en utilisant de façon massive le recours à la dette, ce qui a fragilisé l'ensemble du secteur. Enfin, les agences de notation n'ont pas totalement joué le rôle que l'on pouvait attendre d'elles. En effet, la complexité des produits financiers émis (produits structurés, titres adossés à des actifs) a rendu l'activité de notation plus difficile. En l'absence d'historique suffisant pour les produits dérivés, il a pu s'avérer difficile d'évaluer le risque inhérent à la titrisation des prêts *subprime* (crédit au logement) aux États-Unis. Bien sûr, des problèmes de gouvernance ont également été mis à jour. La gestion des risques dans les institutions bancaires a peut-être échappé pour partie au contrôle des dirigeants, voire des conseils d'administration. On doit sans doute réaliser des progrès considérables en interne dans ces domaines, au-delà du respect des règles imposées par les tutelles. En effet, le risque a été accru, sans augmentation des fonds propres à due proportion, par l'intermédiaire de la titrisation grâce aux véhicules d'investissement structurés (*structured investment vehicles*).

§ 1. – les phases de la crise jusqu'en juin 2009

Le rapport de la *BRI* analyse en détail les événements qui ont frappé les marchés financiers, les banques, l'économie réelle, de même que les mesures prises par les autorités. Ces dernières ont mis en place une vaste panoplie de mesures destinées à ramener au plus vite la confiance, et à restaurer l'équilibre et le dynamisme du système financier. Les taux d'intérêt ont été « contraints à la baisse » par les autorités monétaires agissant de concert pour atteindre des niveaux proches de zéro. Beaucoup de banques centrales ont vu le total de leur bilan augmenter très significativement. Elles ont donc racheté des créances, accordé des crédits à l'économie, réalisé des interventions de grande ampleur. La bonne santé du système financier est une condition de la reprise économique. En parallèle, des plans massifs de relance au niveau économique ont dû être mis en place pour tenter de sortir de la crise. Le rapport de la *BRI* distingue cinq phases jusqu'en juin 2009 :

1) Période allant de juillet 2007 à mars 2008 : la crise a commencé du fait des perturbations liées aux emprunts hypothécaires à risque (crédits *subprime*), des problèmes de dépréciation d'actifs et de liquidité prenant également place. Ce qui pouvait sembler comme étant un problème limité à un seul compartiment du marché financier a rapidement pris des proportions plus importantes en raison des interconnexions existantes entre les marchés, et d'une utilisation intensive de l'effet levier, sans oublier l'existence des structures *ad hoc* hors-bilan. En fait, nombre de crédits hypothécaires étaient adossés à des ressources de court terme. Puis, des préoccupations liées à la solvabilité des débiteurs sont apparues et, par voie de conséquence, des risques de faillites bancaires ont été évoqués perturbant les marchés interbancaires, et ayant pour effet une plus vaste crise financière, d'où une grave pénurie de liquidités chez *Bear Stearns* rapidement reprise par *JP Morgan Chase* avec l'aide des autorités (16 mars 2008). D'un autre coté, les niveaux élevés de volatilité témoignaient des grandes incertitudes quant à l'avenir.

2) Période allant d'avril 2008 à septembre 2008 : le ralentissement général de l'activité s'est accentué au cours de cette période, la récession se transmettant des États-Unis au reste du monde. Les perspectives en termes de risques de défaut et de pertes du secteur financier ont à nouveau mis les bilans bancaires à l'épreuve, le niveau des fonds propres devenant insuffisant. On s'est alors intéressé à la notion de solvabilité. Des pressions se sont exercées sur *Fannie Mae et Freddy Mac*, les deux agences de financement et de garantie hypothécaire américaines. Le 13 juillet 2008, l'État américain est intervenu pour acheter des actions de ces agences et fournir une ligne de crédit. En août, les pertes trimestrielles importantes de ces deux institutions, ont conduit les autorités américaines à en prendre officiellement le contrôle. Début septembre, les difficultés de *Lehman Brothers* sont devenues plus importantes. Déjà déprimée, l'action a perdu *45 %* de sa valeur

le *9* septembre. Malgré l'annonce de la cession de certaines activités, la société est rapidement apparue incapable de lever immédiatement les fonds nécessaires à sa survie. La chute de *Lehman Brothers* le 15 septembre, a déclenché un séisme. En effet, la perte de confiance a été immédiate et les autorités ont dû peser de tout leur poids, pour rétablir un semblant d'équilibre.

3) Période allant d'octobre 2008 à novembre 2008 : lorsque *Lehman Brothers* a demandé à se mettre sous la protection du chapitre 11 de la loi américaine concernant les faillites, les anticipations des investisseurs se sont modifiées. De fortes perturbations envisagées, on s'est rendu compte qu'on s'engageait dans une crise mondiale, profonde et longue. On a alors compris que les interventions publiques devaient s'apparenter à des actions de très grande envergure, coordonnées au niveau mondial, passant notamment par la recapitalisation des systèmes bancaires, et qu'il ne s'agissait plus seulement de simples mesures de soutien à la liquidité des marchés. Le caractère mondial de la crise est apparu très clairement, tout comme la nécessité d'une réaction coordonnée à l'échelle internationale. Le caractère systémique de l'exposition des établissements s'est révélé lorsque *Reserve Primary*, l'un des fonds américains parmi les renommés, a passé en pertes plus de *$780 millions* de titres de dettes de *Lehman Brothers*, ce qui a déclenché une vague sans précédent de retraits, contraignant les gestionnaires de fonds à vendre des actifs sur des marchés illiquides... Le 29 septembre 2008, le Royaume-Uni a alors décidé de nationaliser l'établissement bancaire *Bradford & Bingley*, etc.

4) Période allant de décembre 2008 à mars 2009 : durant la quatrième phase, les marchés ont dû vivre alors que les perspectives de l'économie réelle se détérioraient sans cesse. Les bailleurs de fonds se sont montrés plus réticents à accorder de nouveaux crédits et les dégagements se sont accrus. Des plans de relance ont été mis en place et, de façon coordonnée, une réduction des taux directeurs est intervenue (*BCE*). Le 14 octobre, le Trésor américain annonçait qu'il utiliserait *$250 milliards* sur les *$700 milliards* du plan de sauvetage pour recapitaliser différentes banques. Cependant, les craintes de récession sont apparues, et les chiffres du quatrième trimestre 2008 ont confirmé son importance. Les marchés ont donc connu un nouvel accès de faiblesse. Les programmes de sauvetage du secteur financier et les plans de relance ont alors commencé à peser sur les finances publiques, ce qui n'a pas eu pour effet de diminuer l'incertitude.

5) Période allant de mars 2009 à juin 2009 : enfin, depuis mai 2009, un optimisme très mesuré est de rigueur sur les marchés, cependant la fin de la crise semble loin d'intervenir. En fait, la volatilité a diminué, le prix des actifs a regagné du terrain, mais la confiance n'est pas restaurée. Le processus de normalisation sera sans doute long et semé d'embûches. L'accroissement de la valeur des actifs résulte, en partie, de l'effet produit par l'extension annoncée des types et quantités d'actifs que les grandes banques centrales étaient prêtes à acquérir en prise ferme. Le 18 mars 2009, la Réserve Fédérale annonçait qu'elle allait acquérir jusqu'à *300 milliards* de titres à long terme du Trésor. Les autres marchés d'actifs ont également connu une embellie, du fait des initiatives lancées lors du sommet du *G20* à Londres et de bons résultats du secteur financier. L'amélioration timide des principaux indicateurs macroéconomiques a renforcé cette tendance. Malgré tout, en mai 2009, une persistance des risques au sein du système financier demeure, et on constate donc toujours une grande fragilité de l'équilibre de marché. La capitalisation des grands marchés était à cette époque inférieure d'environ *45 %* au niveau record atteint en octobre 2007.

L'encadré 1.1 qui suit, donne la chronologie des événements les plus marquants de cette période durant laquelle les défauts de paiements se sont multipliés. Par ailleurs, il n'est pas sans intérêt de mettre en perspective, les statistiques produites en matière d'incidents de paiement par une importante agence de *rating (Standard and Poor's)* à la même époque, c'est-à-dire en 2008, et de mettre en relief, le développement très rapide du marché des dérivés de risque de crédit à cette époque, grâce à la souplesse offerte par les marchés de gré à gré.

§ 2. – les statistiques concernant le risque de défaut en 2008

Selon l'agence *Standard & Poor's,* l'année 2008[15] a été caractérisée par les principaux éléments suivants en terme de défaut :

– Un total de *125* émetteurs a fait défaut, et c'est le nombre le plus important depuis l'année 2002.

[15] Standard &Poor's, "Default, Transition, and Recovery : 2008 Annual Global Corporate Report".

– Le montant de la dette bénéficiant d'une notation qui a été considéré en défaut au cours de cette année-là, a atteint *429,6* milliards d' *us$*, ce qui constitue un record.
– Parmi les *125* émetteurs mis en défaut, *101* avaient reçu comme première notation, une note les classant dans la catégorie *speculative grade*, et *24* dans la catégorie *investment grade*.
– Le plus gros défaut en 2008 est dû à *Lehman Brothers*, qui en septembre a fait défaut sur un montant de *144 milliards d'us$* de dette ayant fait l'objet d'un *rating*.
– Beaucoup d'institutions financières, ont été sauvées par le plan d'urgence du gouvernement (*TARP*: *Troubled Asset Relief Program*) les concernant.
– Le niveau moyen de notation initiale de l'entreprise en défaut était *B+*, et le niveau médian *BB-*.
– La plupart des firmes en défaut (59 %) étaient considérées comme disposant de perspectives négatives pour le futur (*watchlist*), un an avant le défaut. Le reste bénéficiait de perspectives stables *(31 %)*, ou bonnes *(10 %)*.
– La durée séparant l'octroi de la première notation, de la période où est intervenu le défaut, fût en moyenne de *7,2* années. En fait, plus la notation initiale est faible (*speculative grade*), et plus le défaut est rapide.

encadré 1.1.

Chronologie des différents événements

2007	
09 août	Les problèmes sur les marchés du crédit hypothécaire et de la dette se propagent aux marchés interbancaires et monétaires lorsque les émetteurs de papier commercial adossé à des actifs rencontrent des difficultés à se refinancer, et de gros fonds de placement gèlent leurs remboursements, invoquant leur incapacité à valoriser leurs actifs.
12 décembre	Les banques centrales de cinq grandes zones monétaires annoncent une action concertée, incluant la mise en place de lignes de swap en dollars destinées à apaiser les tensions sur les marchés des financements à court terme.
2008	
16 mars	*JPMorgan Chase* accepte de racheter *Bear Stearns* dans le cadre d'une opération facilitée par les autorités américaines.

4 juin	*Moody's* et *Standard & Poor's* déclassent les réhausseurs de crédit MBIA et Ambac, ravivant les craintes de voir la valeur des titres assurés par ces sociétés se déprécier.
13 juillet	Les autorités américaines annoncent des mesures de soutien en faveur des deux agences fédérales de financement hypothécaire (*Fannie Mae* et *Freddie Mac*) comprenant des souscriptions à des augmentations de capital.
15 juillet	L'autorité américaine des marchés financiers (*SEC*) prend une ordonnance restreignant la vente à découvert sans emprunt de titres.
7 septembre	Mise sous tutelle gouvernementale de *Fannie Mae* et *Freddie Mac*.
15 septembre	*Lehman Brothers Holdings Inc* se place sous la protection du chapitre 11 de la loi américaine sur les faillites.
16 septembre	*Reserve Primary*, un important fonds de placement monétaire américain, annonce que la valeur de son actif net est inférieur à son passif, déclenchant une vague de retraits massifs ; le gouvernement américain monte un plan de sauvetage en faveur de l'assureur AIG (au cours des prochains mois, il sera contraint de le renforcer, et de le réaménager plusieurs fois).
18 septembre	Pour faire face à la pénurie de liquidité en dollars, plusieurs banques centrales prennent des mesures concertées créant des lignes de *swap*, ou relevant le plafond de celles existantes, pour un total de *$160 milliards* ; les autorités britanniques interdisent la vente à découvert d'actions du secteur financier.
19 septembre	Le trésor américain annonce une garantie temporaire des investissements dans les fonds de placement monétaires ; la SEC interdit la vente à découvert d'actions du secteur financier ; le Trésor américain esquisse les premiers éléments d'un plan de *$700 milliards*, baptisé TARP *(Troubled Asset Relief Program)*, qui vise à retirer les actifs douteux du bilan des banques.
25 septembre	Les autorités américaines prennent le contrôle de *Washington Mutual*, première institution d'épargne du pays, dont les actifs se chiffrent à quelques *$300 milliards*.
29 septembre	*Bradford & Bingley*, établissement spécialisé dans les crédits hypothécaires, est nationalisée ; *Fortis*, groupe belge de bancassurance, bénéficie d'une injection de capital apportée par trois gouvernements européens ; le groupe allemand *Hypo Real Estate*, spécialisé dans le crédit immobilier commercial, reçoit une ligne de crédit sous l'égide de l'État ; en difficulté, la banque *Wachovia* fait l'objet d'un rachat ; le projet *TARP* est rejeté par la Chambre des représentants.
30 septembre	Le groupe financier Dexia reçoit une injection publique de capital ; le gouvernement irlandais annonce qu'il garantit tous les dépôts, ainsi que les obligations sécurisées, la dette senior et la dette subordonnée de six banques irlandaises ; au cours des semaines suivantes, d'autres gouvernements prennent des mesures analogues.
3 octobre	Le congrès des États-Unis adopte le plan *TARP* remanié.

8 octobre	De grandes banques centrales opèrent une réduction concertée de leurs taux directeurs; les autorités britanniques annoncent un ensemble de mesures de soutien, comprenant des injections de fonds propres dans des groupes bancaires britanniques.
13 octobre	De grandes banques centrales annoncent conjointement la fourniture illimitée de financement en dollars, en vue d'apaiser les tensions sur les marchés monétaires; les gouvernements des pays de la zone euro s'engagent à procéder à des opérations de recapitalisation en faveur de l'ensemble de leurs systèmes bancaires respectifs; selon certaines informations, le trésor américain envisage de prendre *$125 milliards* de participations dans neuf grandes banques.
28 octobre	La Hongrie obtient auprès du FMI et d'autres institutions multilatérales un plan de sortie de *$25 milliards* visant à endiguer les sorties croissantes de capitaux et les tensions sur les changes qui en résultent.
29 octobre	Pour lutter contre la pénurie prolongée de liquidités en dollars dans le monde, la réserve fédérale conclut des accords de *swap* avec les autorités monétaires de quatre pays: Brésil, Corée, Mexique et Singapour.
15 novembre	Les pays du G20 s'engagent à conjuguer leurs efforts pour renforcer la coopération, relancer la croissance mondiale, et réformer l'ensemble du système financier.
25 novembre	La Réserve fédérale annonce la création d'une facilité de *$200 milliards* pour accorder des crédits contre titres adossés à des prêts à la consommation, et à des concours aux PME; en outre, elle alloue jusqu'à *$500 milliards* à l'achat d'obligations et de titres adossés à des prêts hypothécaires émis par les agences américaines.
2009	
16 janvier	Les autorités irlandaises prennent le contrôle *d'Anglo Irish Bank*; comme elles l'avaient fait pour *Citigroup* en novembre, les autorités américaines acceptent de venir en aide à *Bank of America* en prenant une participation sous la forme d'actions de préférence, et en garantissant un ensemble d'actifs douteux.
10 février	Les autorités américaines dévoilent un nouveau train de mesures pour soutenir le secteur financier incluant un programme d'investissement public-privé (PPIP) à hauteur de *$1 000 milliards*, destinés au rachat d'actifs douteux.
10 février	Les ministres des finances et gouverneurs de banques centrales du G7 réaffirment leur engagement à utiliser tout l'éventail des mesures à leur disposition pour soutenir la croissance et l'emploi, et renforcer le secteur financier.
5 mars	La Banque d'Angleterre lance un programme de quelque *$100 milliards* destinés à des achats fermes, sur une période de trois mois, d'actifs du secteur privé, et d'obligations d'État.
18 mars	La Réserve fédérale annonce un plan visant à acquérir sur six mois jusqu'à *$300 milliards* de titres du Trésor à long terme, et relève le plafond de son programme de rachats de titres des agences américaines.

23 mars	Le Trésor américain donne de plus amples détails sur le PPIP proposé en février.
2 avril	Dans le communiqué publié à l'issue du sommet du G20, les gouvernements s'engagent à restaurer la confiance et la croissance, notamment par des mesures visant à renforcer le système financier.
6 avril	Aux États-Unis, le *Comité Fédéral de l'Open Market* (*CFOM*) autorise de nouvelles lignes temporaires de *swap* de devises avec la Banque d'Angleterre, la BCE, la banque du Japon et la Banque nationale suisse
24 avril	La Réserve fédérale présente les résultats des tests de résistance menés pour évaluer la solidité financière des 19 principales institutions financières américaines, déclarant que la plupart des banques disposent aujourd'hui de fonds propres bien supérieurs aux niveaux requis.
7 mai	Le conseil des gouverneurs de la BCE prend la décision de principe autorisant l'Eurosystème à acheter des obligations sécurisées libellées en euros; les autorités américaines publient les résultats de leurs tests de résistance: dix banques souffrent d'une insuffisance de fonds propres cumulés de *$75 milliards*, qui doit être comblée essentiellement à l'aide de placements d'actions ordinaires.

Source: *79e rapport de la BRI*

– Les taux de défaut ont dépassé en 2008, leur moyenne de long terme, dans *7* secteurs sur *13* considérés.

– *21* fortes baisses de notation en 2008 ont été supérieures à sept niveaux de cotation. Pour plus de la moitié, elles ont concerné des banques ou des sociétés financières.

En 2008, le taux de défaut a globalement atteint *1,69 %* contre *0,36 %* en 2007. Toutes les régions du monde ont été concernées par cette augmentation, même si les États-Unis ont été les plus touchés (*2,41 %*). Parmi les sociétés cotées « *A* », le taux de défaut est monté à *0,41 %*, le plus fort taux depuis 2002. Pour les entreprises appartenant à la catégorie *speculative grade* de 2007 à 2008, les taux de défaut ont évolué comme suit selon les régions: États-Unis de *0,98 %* à *4,02 %*, pour l'Europe de *0,99 %* à *2,54 %*, dans les pays émergents de *0,18 %* à *1,96 %*. Globalement avec *3,43 %*, les entreprises appartenant à la catégorie des *speculative grade*, ont enregistré le taux de défaut le plus élevé depuis 2004. Des *5966* entreprises cotées par *Standard & Poor's*, *15,82 %* ont vu leur notation diminuer en 2008.

figure 1.4.

répartition des défauts de paiement par catégorie d'émetteurs

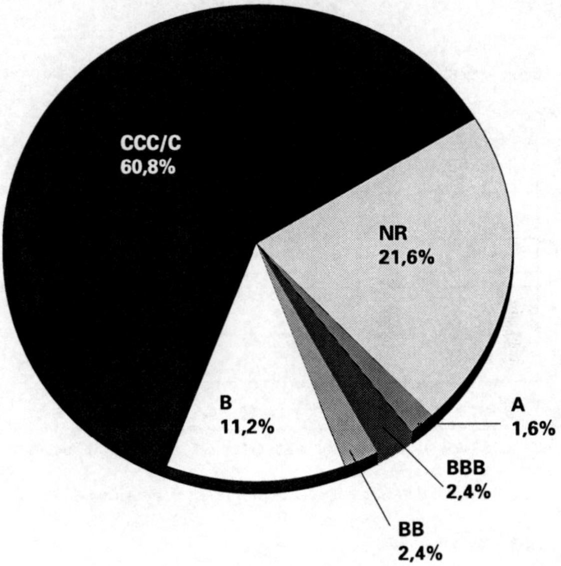

Source : *Standard & Poor's Global Fixed Income Research and Standard & Poor's CreditPro®, 2009*

Si on compare les chiffres de la figure 1.4 concernant 2008, aux moyennes de long terme concernant les défauts, on constate que pour les firmes classées *A*, la moyenne est de *0,1 %*, pour celles notées *B 18,8 %*, et pour les autres catégories, il vient : pour *BB 2,2 %*, pour *BBB 0,7 %*, pour *C 58,2 %*. La surprise concerne donc les firmes classées *A*, qui ont été vraiment malmenées durant cette période récente, et qui ont fait beaucoup plus défaut qu'anticipé. Par ailleurs, on peut constater que *21,6 %* des défauts (*20 %* en moyenne à long terme) concernent des firmes qui ne font plus l'objet d'un *rating* par *S&P* à ce moment-là, mais s'ils sont comptabilisés, c'est qu'au premier janvier de l'année de défaut, ils étaient toujours cotés par *S&P*.

Si l'on observe l'historique des niveaux de défaut sur presque trente ans, on constate l'existence d'une corrélation entre le *rating* et les taux de défaut enregistrés (voir figure 1.5). De plus, un *rating* « très favorable » est en général plus stable dans le temps, qu'un *rating* plus faible. Il existe donc clairement une relation entre le niveau de notation, et le niveau de défaut. Ceci est vrai pour toutes les régions du monde.

figure 1.5.
l'évolution des taux de défaut par catégorie d'émetteurs depuis 1981

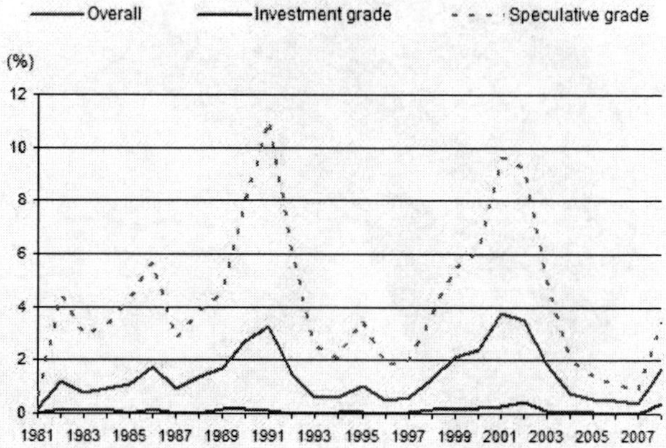

Sources: Standard & Poor's Global Fixed Income Research and Standard & Poor's CreditPro®.

© Standard & Poor's 2009.

Les sociétés classées dans la catégorie *investment grade* ont généralement un taux de défaut très faible. Par contre, pour les firmes répertoriées *CCC/C*, leur probabilité d'avoir fait défaut au bout de dix ans de notation est légèrement supérieure à *50 %*.

Quand on consulte un historique, on s'aperçoit que les fortes turbulences observées en 2002 (voir figure 1.5) avaient concerné les entreprises de faible notation, mais pas la catégorie des *investment grade*. En 2008, on peut noter que les turbulences ont même affecté les institutions classées *AA* et *A*. En fait, pour les obligations répertoriées dans la catégorie *investment grade*, la probabilité de défaut associée à une année donnée semble être une fonction croissante du temps, ce qui signifie que, même si initialement, on constate la bonne santé financière de la société émettrice, plus tardivement elle peut faire de moins bonnes affaires. Pour les autres obligations (*speculative grade*), c'est souvent l'inverse, car leur mauvaise santé financière, rend leur défaut très probable dans les deux ou trois années qui viennent, mais passé ce délai, ou ce mauvais cap, leur santé peut s'améliorer.

Les historiques peuvent également concerner les probabilités cumulées de défaut (voir tableau 1.14). Par exemple, une obligation notée *BBB*, et qui possède la première année une probabilité de défaut de *0,24 %*, et de *0,68 %* à la fin de la deuxième année, nous permet d'inférer que sa probabilité de faire défaut durant la seconde année est égale à: *0,68 % - 0,24 % = 0,44%*. La probabilité qu'une obligation fasse défaut la troisième année, alors qu'elle est notée *CCC/C* s'écrit *39,25 – 34,10 = 5,15%*. C'est la probabilité inconditionnelle de défaut, vue de la période *0*. La probabilité que l'obligation survive jusqu'à la fin de la période *2* est *100 - 34,10 = 65,90%*. La probabilité qu'il y ait défaut durant cette troisième année, conditionnellement au fait qu'il n'y ait pas eu de défaut avant, s'écrit *0,0515/0,6590*, c'est-à-dire *7,814 %*. Les probabilités de défaut conditionnelles sont dénommées intensités de défaut.

Quand une entreprise fait défaut, une réorganisation peut intervenir et les créanciers accepter des paiements partiels des créances. Le taux de recouvrement (*recovery rate*) est défini comme étant la valeur de marché de l'obligation juste après l'événement de crédit, en pourcentage de sa valeur faciale. Par exemple, le taux de défaut moyen pour une entreprise classée '*B*' à travers les *28* années d'observation est de *4,41 %* d'après *S&P*. Ceci veut dire que *95,49 %* d'entreprises ont survécu à l'issue de la première année. De façon similaire, durant la deuxième et la troisième années, les moyennes marginales conditionnelles ont été de *5,62 %* (*94,38 %* de firmes survivantes), et de *5,06 %* (*94,04 %* de ces firmes n'ont pas fait défaut durant la troisième année). Si on multiplie *95,49 %* par *94,38 %*, on obtient *90,13 %*, ce qui représente le taux de survie des firmes à la fin de la seconde année, le taux de défaut étant lui de (*100 % - 90,13 % = 9,87%*). Si on multiplie à nouveau *90,12 %* par *94,94 %* ceci donne un taux de survie de *85,56 %* en fin de troisième année, soit un taux de défaut cumulé de *14,44 %*, etc.

tableau 1.14.
Global Corporate Cumulative Average Default Rates (1981 - 2008) (%)

—Time horizon (years)—

Rating	1	2	3	4	5	6	7	8	9	10	11	12	13	14	15
AAA	0.00	0.00	0.09	0.18	0.27	0.37	0.40	0.47	0.51	0.55	0.55	0.55	0.55	0.60	0.65
	(0.00)	(0.00)	(0.29)	(0.40)	(0.56)	(0.69)	(0.76)	(0.85)	(0.87)	(0.87)	(0.88)	(0.89)	(0.89)	(0.97)	(1.05)
AA	0.03	0.08	0.14	0.25	0.34	0.45	0.56	0.65	0.73	0.83	0.92	0.99	1.08	1.15	1.20
	(0.08)	(0.11)	(0.14)	(0.25)	(0.36)	(0.48)	(0.55)	(0.63)	(0.68)	(0.71)	(0.71)	(0.72)	(0.70)	(0.70)	(0.69)
A	0.08	0.20	0.34	0.52	0.72	0.95	1.21	1.45	1.69	1.94	2.17	2.35	2.53	2.68	2.91
	(0.11)	(0.20)	(0.27)	(0.37)	(0.45)	(0.49)	(0.55)	(0.59)	(0.69)	(0.79)	(0.89)	(0.94)	(0.90)	(0.86)	(0.78)
BBB	0.24	0.68	1.17	1.79	2.43	3.06	3.59	4.12	4.63	5.16	5.68	6.12	6.63	7.15	7.70
	(0.27)	(0.60)	(0.88)	(1.10)	(1.32)	(1.48)	(1.59)	(1.63)	(1.68)	(1.61)	(1.43)	(1.31)	(1.20)	(1.11)	(1.06)
BB	0.99	2.88	5.07	7.18	9.07	10.90	12.41	13.74	15.00	16.02	16.89	17.64	18.28	18.76	19.33
	(1.08)	(2.39)	(3.54)	(4.24)	(4.71)	(4.79)	(4.55)	(4.41)	(4.41)	(4.26)	(4.35)	(4.38)	(4.58)	(4.63)	(4.77)
B	4.51	9.87	14.43	17.97	20.58	22.67	24.46	25.93	27.17	28.41	29.54	30.50	31.45	32.32	33.14
	(3.17)	(5.81)	(7.17)	(7.93)	(8.13)	(7.58)	(6.80)	(6.67)	(6.40)	(5.69)	(4.44)	(3.74)	(3.70)	(4.00)	(4.12)
CCC/C	25.67	34.10	39.25	42.29	44.93	46.24	47.45	48.09	49.53	50.33	51.03	51.77	52.33	52.93	52.93
	(12.15)	(13.07)	(13.80)	(14.56)	(14.06)	(12.32)	(12.53)	(12.29)	(11.90)	(11.03)	(11.43)	(11.14)	(10.98)	(11.38)	(11.47)
Investment grade	0.12	0.33	0.57	0.88	1.19	1.51	1.80	2.07	2.34	2.62	2.87	3.08	3.30	3.52	3.76
	(0.12)	(0.26)	(0.40)	(0.52)	(0.62)	(0.67)	(0.70)	(0.72)	(0.77)	(0.81)	(0.82)	(0.79)	(0.74)	(0.68)	(0.65)
Speculative grade	4.06	7.99	11.48	14.32	16.59	18.51	20.13	21.49	22.75	23.86	24.84	25.69	26.48	27.16	27.82
	(2.71)	(4.62)	(5.81)	(6.35)	(6.39)	(5.79)	(5.15)	(4.87)	(4.42)	(3.88)	(3.27)	(3.11)	(3.46)	(3.64)	(3.69)
All rated	1.47	2.94	4.25	5.37	6.30	7.11	7.80	8.40	8.95	9.46	9.92	10.30	10.68	11.02	11.38
	(0.97)	(1.80)	(2.43)	(2.82)	(2.96)	(2.85)	(2.70)	(2.59)	(2.36)	(2.03)	(1.59)	(1.50)	(1.76)	(2.00)	(2.20)

Numbers in parentheses are standard deviations. Sources: Standard & Poor's Global Fixed Income Research and Standard & Poor's CreditPro®.

Le taux de recouvrement des créances en défaut semble inversement relié au taux de défaut. Ainsi, plus les défauts sont nombreux, plus le taux de recouvrement des créances apparaît faible. Ce sont en général les conditions économiques qui sont à la fois responsables des plus nombreux défauts et des taux de recouvrement plus faibles. Comme le taux de défaut a augmenté en 2008, le taux de recouvrement est passé de *69,8 %* en 2007, à *59,7 %* en 2008, alors qu'il était de *78 %* en 2006. Le montant d'impayés au niveau mondial est indiqué figure 1.6, relativement aux sociétés bénéficiaires d'une notation donnée par *S&P*. Elle recense pour 2008, les 125 défauts qui se sont déclarés. En fait, *94* d'entre eux ont eu lieu aux États-Unis, représentant un montant impayé de *334,3 milliards d'us$*, *8* ont pris place en Europe pour *80,1 milliards d'us$*, et le reste dans d'autres pays développés (Japon, Australie, Canada), et dans les pays émergents. Une forte concentration des défauts a donc eu lieu aux États-Unis. Durant l'année 2007 à titre de comparaison, *24* défauts de paiement ont été constatés pour un montant de *8,15 milliards d'us$*. L'étude de *S&P* met en relief les fortes variations du taux de défaut enregistré sur les trente dernières années. La variation des taux de défaut, année par année, donne naissance à un risque systématique de défaut, c'est-à-dire à un risque qui ne peut être diversifié et, de ce fait, les intervenants perçoivent alors un rendement en excès de ce qui est attendu, pour assumer ce risque.

figure 1.6

montant global des défauts de paiements sur les récentes années

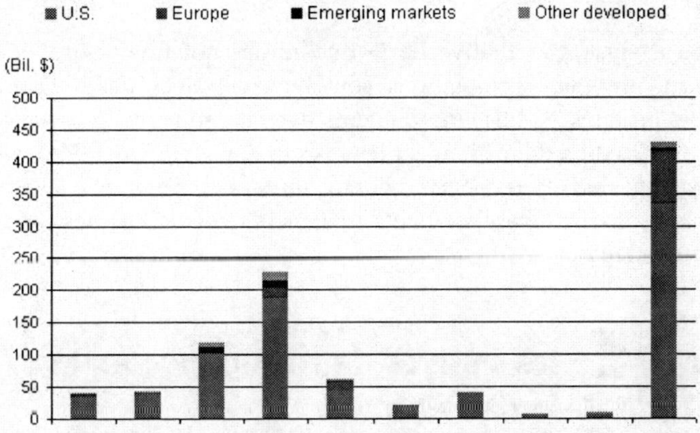

Sources: Standard & Poor's Global Fixed Income Research and Standard & Poor's CreditPro®.

© Standard & Poor's 2009.

L'analyse succincte des migrations de notation semble montrer que la stabilité des notations est plus forte chez les sociétés classées dans la catégorie des *investment grade*. En effet, 87,59 % de ces firmes classées *A* au premier janvier 2008, le sont toujours cette année-là au 31 décembre, tandis que pour une entreprise classée *B* il n'y en a que *73,16 %* qui restent au même niveau de notation (voir tableau 1.15). Au niveau *C*, la volatilité des notations est encore plus forte, puisque seulement *41,84 %* des notations restent stables. Ceci est valable pour tous les pays du monde, et sur le long terme (1981-2008).

tableau 1.15.

matrice des modifications de notation intervenues en 2008

	Migrations de notation en 2008								
De/à	*AAA*	*AA*	*A*	*BBB*	*BB*	*B*	*CCC/C*	*D*	*NR*
AAA	81,82	6,06	3,03	0,00	0,00	1,01	2,02	0,00	6,06
AA	0,00	77,65	17,23	0,57	0,00	0,00	0,19	0,38	3,98
A	0,00	1,59	87,59	4,92	0,45	0,00	0,00	0,38	5,07
BBB	0,00	0,00	2,57	86,81	3,59	0,27	0,20	0,47	6,09
BB	0,00	0,09	0,00	4,94	77,21	8,26	1,04	0,76	7,69
B	0,00	0,00	0,00	0,14	3,68	73,16	8,08	3,82	11,11
CCC/C	0,00	0,00	0,00	0,00	0,00	11,22	41,84	26,53	20,41

Source : *Standard & Poor's Global Fixed Income Research and Standard & Poor's Credit pro®*

Une analyse quantitative de la qualité des notations octroyées par *S&P* montre que les notations sont bien corrélées aux niveaux de défaut constatés à plusieurs moments dans le temps. L'importance du risque de crédit a donné lieu sur les marchés de gré à gré à l'émergence de contrats dérivés qui ont rencontré un succès fulgurant auprès des banques, et autres établissements financiers. Nous allons les présenter succinctement.

§ 3. – les dérivés de risque de crédit : le *Credit Default Swap*

Ce marché de gré à gré a été tenu, pour une part, responsable des turbulences qu'ont traversé les marchés en 2008. En juin 2009, selon la *BRI*, la position ouverte (les contrats en cours) représentait *36046 milliards d'us$*, après avoir atteint le montant de *58244 milliards d'us$* fin 2007. Bien que plusieurs types de dérivés de crédit existent, nous concentrerons notre analyse sur l'un des plus répandus : le *CDS* (*Credit default Swap*), puis nous examinerons le mécanisme de la titrisation, avant de conclure sur les questions réglementaires qui font débat à l'heure actuelle.

A. – la mécanique du *Credit Default Swap*

Supposons que deux contreparties acceptent d'entrer en relation concernant un *CDS* portant sur une somme de *100 millions €* pour

5 ans débutant le 1er mars 2008, et impliquant un versement annuel de *90* points de base (soit *0,9 %*) par l'acheteur. Si aucun défaut ne concerne l'entité de référence au *swap*, l'acheteur ne reçoit rien, mais paie *900 000* les 1er mars 2009, 2010, 2011, 2012, 2013. S'il se produit un événement de crédit, par exemple notifié par l'acheteur au vendeur de protection, par exemple en juin 2011, le contrat signé peut autoriser l'acheteur à vendre l'obligation émise par l'entité de référence pour *100 millions* € au vendeur de protection. Par contre, si le contrat a prévu un solde à régler en espèces, alors on demande à un expert indépendant, de déterminer la valeur de l'obligation après le défaut, un nombre de jours précis étant spécifié au contrat après l'événement de crédit. Si les obligations ne valent plus que *35 millions* €, le solde qui sera réglé par le vendeur de protection à l'acheteur, sera de *65 millions* €.

Le paiement à intervalles réguliers (trimestre, semestre ou année) par l'acheteur de protection cesse dès que se produit un événement de crédit. Cependant, comme les paiements s'effectuent en fin de période, un dernier paiement par l'acheteur s'avère en général nécessaire pour solder la position. Le montant total payé par an en tant que pourcentage de la somme nominale est appelé le *CDS Spread*. Plusieurs grandes institutions financières jouent le rôle *market maker* sur ce type de dérivés de crédit. Il se peut qu'un *market maker* donné soit prêt par exemple à acheter de la protection à hauteur de *250* points de base par an, et à en offrir à *260* (*2,6 %* par an du principal) sur une entreprise donnée. Les paiements les plus courants interviennent le trimestre échu. Des échéances de contrats pouvant aller de *1* an jusqu'à *10* ans, sont traitées. En général, les échéances de contrats se situent aux dates suivantes : 20 mars, 20 juin, 20 septembre, 20 décembre.

Considérons un investisseur qui se procure sur le marché une obligation *corporate* à 7 % émise par une entreprise à sa valeur faciale, et que dans le même temps il contracte un *CDS* à cinq ans pour acheter de la protection contre le versement de *200* points de base annuels. L'effet du *CDS* est alors de convertir une obligation *corporate* en une obligation sans risque de défaut, si la contrepartie possède un rating *AAA*. Si aucun défaut ne survient, l'investisseur obtient un rendement de *5 %*, Par contre, si c'est l'inverse qui se produit, l'opérateur obtient cette rémunération jusqu'au moment du défaut, puis récupère la valeur faciale de l'obligation. Mais un *CDS* spécifie en général, qu'en cas de défaut, plusieurs obligations peuvent être livrées, d'où un choix à effectuer. En général, les différentes obligations livrables possèdent les mêmes droits, mais peuvent ne pas avoir exactement la même valeur du fait de taux d'intérêt différents. Ceci confère donc à un vendeur de « protection » l'option de livrer l'obligation la moins chère.

Il est usuel qu'à la signature d'un contrat de *CDS*, les deux « jambes » du contrat soient équilibrées, c'est-à-dire que la valeur actuelle des primes versées soit équivalente aux pertes potentielles actualisées. Donc, comme pour un *swap* classique de taux d'intérêt, la valeur du contrat est nulle au démarrage. Néanmoins, ce *CDS* peut faire l'objet de transactions ultérieurement, et la position devenir positive, ou négative. Les *CDS* permettent aux banques de gérer leur risque de crédit de manière active. Une banque peut acheter de la protection sur l'un de ses clients en versant des primes, et diminuer son coût global d'assurance en vendant de la protection sur une entreprise non cliente d'un autre secteur d'activité. Un *Basket Default Swap* [16] ou *BDS* représente un contrat d'assurance relatif à un panier de prêts, pouvant aller de quelques unités à plusieurs centaines de créances différentes, et de noms différents. L'importance de tous ces contrats a augmenté considérablement ces dernières années, pour représenter en 2008, près de la moitié du marché de ces dérivés de crédits.

B. – la titrisation

C'est un montage financier qui consiste à regrouper des créances similaires en paquets, et à les vendre à des structures *ad hoc* dénommées *FCC* (Fonds Communs de Créances) ou *Special Purpose Vehicles* (*SPV*), en leur faisant émettre en contrepartie, des titres obligataires vendus sur le marché. Une banque possédant un ensemble de créances similaires peut choisir de les titriser, en les vendant à un *FCC,* et en récupérant des liquidités. Le *FCC* est juridiquement indépendant, et le risque de crédit est donc transféré à ce dernier, par la banque. Cette dernière peut en plus retirer de son bilan le montant des crédits transférés. En contrepartie, dans le *FCC*, on émet des tranches de différents profils d'obligations dénommées *CDO* (*Collaterized Debt Obligations*), qui permettent de payer les créances reçues de la banque. Les produits titrisés se distinguent par leur contenu (prêts, obligations, crédits à la consommation, crédits automobile, crédits hypothécaires, *CDS*...). Dans ce cas, les arrangeurs constituent leurs portefeuilles, également *via* des achats sur le marché, et tentent de bénéficier des

[16] Les fonctions copules vont permettre d'étudier le risque de défaut conjoint de ces ensembles de prêts. On distingue les copules : normale, de Student, de Gumbel, de Frank...

écarts de rémunération pouvant exister entre les différentes tranches titrisées et le portefeuille sous-jacent.

Coté actif, les portefeuilles supports incluent des créances plus ou moins similaires. On parle de *CLO* (*Collaterized Loan Obligations*) ou de *CBO* (*Collaterized Bond Obligations*) lorsqu'ils comportent de trente à plusieurs centaines de débiteurs commerciaux. On parle d'*ABS* (*Asset Backed Securities*), lorsqu'ils incluent mille à cent mille débiteurs individuels souvent beaucoup plus « homogènes » dans leurs caractéristiques. Aux États-Unis, les « paquets » de crédits hypothécaires sont constitués par quelques agences spécialisées dont *Fannie Mae* et *Freddie Mac*...

Coté passif, on émet des titres pour financer les portefeuilles achetés. Ces titres sont répartis, et vendus en plusieurs tranches sur le marché, après cotation par les sociétés de *rating*. Certaines tranches sont cotées *AAA*, c'est-à-dire sans risque, car le risque de défaut s'il survient, est concentré dans les tranches les plus risquées auxquelles on promet une plus forte rémunération, si tout se passe bien. Pour qu'il en soit ainsi, il faut que les créances achetées par le fonds paient régulièrement les intérêts dus, et qu'elles soient effectivement remboursées à l'échéance. Du fait des rentrées, la tranche prioritairement servie par le fonds est dite *senior*. Elle possède un risque en principe faible, et un taux de rendement proche de l'actif sans risque. La tranche intermédiaire dite mezzanine, est la deuxième servie. Elle a droit à un coupon un peu plus élevé, mais supporte plus de risque de crédit que la tranche *senior*. Enfin, la tranche dite *equity* ou fonds propres, est en général conservée au niveau bancaire, car beaucoup plus risquée, et difficilement négociable sur les marchés.

Le principe de priorité peut s'avérer insuffisant, pour que même la première tranche soit servie en totalité, en cas de défauts multiples concernant les créances achetées. On peut donc recourir à un actif de garantie, pour disposer d'une réserve dès le début de l'opération. On peut également « surdimensionner » le portefeuille support, par rapport au nombre de titres émis. Actuellement, les banques conservent donc leurs crédits sans forcément supporter le risque qui y est associé, en contractant des *CDS*. L'établissement bancaire peut aussi conserver une partie du risque de crédit, ce qui renforce la notation des titres émis en contrepartie des créances logées dans un *SPV*. La titrisation a en fait permis d'économiser des fonds propres, et ainsi de stimuler la rentabilité des banques. Certaines créances peuvent en effet être « sorties du bilan, et l'exigence globale en fonds propres devient de ce fait moindre. En outre, la titrisation offre un accès simple et économique au marché financier à des entreprises pas très bien notées, qui devraient autrement se refinancer à des coûts très élevés.

De manière similaire, les *ABS* (*Asset-Backed Security*) sont des titres créés à partir d'un portefeuille de prêts, d'encours de cartes de crédit, de prêts à la consommation (voitures) ou autres. Les prêts octroyés par un établissement financier en matière automobile peuvent être classés comme *prime*, *nonprime* et *subprime*. Plutôt que de garder *10 000* prêts de type *nonprime* dans son bilan, l'établissement peut décider de les vendre à un *SPV (Special Purpose Vehicle)*. Ce dernier va alors émettre des titres qui sont adossés aux rentrées financières fournies par les prêts et vendus à des investisseurs. Un des objectifs de ce montage financier est aussi de préserver les investisseurs du risque porté par la banque qui a accordé ces prêts. Le retour obtenu par les investisseurs dépend alors seulement des flux financiers générés par le portefeuille de prêts. L'établissement financier perçoit une prime pour avoir commercialement détecté ces opérations et les avoir financées initialement. Du fait du montage, le risque de crédit associé aux prêts effectués est transféré aux investisseurs. Souvent le risque de crédit est réparti à travers plusieurs tranches de titres émis par le *SPV*. La tranche *equity* représente *5 %* du total émis et est supposée rapporter aux alentours de *15 %*. La deuxième tranche souvent dénommée « mezzanine » compte pour environ *20 %* du principal, et est censée fournir à ses détenteurs une rémunération de l'ordre de *10 %*. La troisième et dernière tranche, dite *senior,* représente à peu près *75 %* de l'émission totale et promet une rémunération proche du taux sans risque.

Les flux relatifs au portefeuille de prêts accordés sont répartis selon le principe de *Waterfall*, c'est-à-dire d'abord pour payer les investisseurs *senior* de la tranche n° 3, puis, si cela est possible, les détenteurs des titres mezzanines de la tranche n° 2, puis enfin ceux de la tranche *equity*, tranche n° 1. En cas de défauts, la rentabilité d'un investissement dans les titres de la tranche n° 1 est affectée en premier lieu, et le retour de la somme initialement investie n'est même pas garanti. Si le nombre de défauts est suffisamment important, le retour promis sur la tranche n° 2 peut lui aussi être affecté… De façon habituelle, la tranche *senior* est notée *AAA*, et la tranche mezzanine *BBB*, alors que la tranche *equity* est en général conservée par le créateur des *ABS*. Un titre *Asset Backed Security* est donc une façon de transformer *100 millions d'us$* de créances risquées, en presque *75 millions* de créances sans risque notées *AAA !* Certains *SPV* ont même réussi, du fait de la difficulté à vendre sur le marché des tranches « mezzanines », à convaincre certaines agences de *rating* de considérer une faible partie d'entre elles comme étant notées *AAA*… en créant une nouvelle structure dénommée *ABS CDO*, et y logeant à l'actif tout ou partie de la tranche mezzanine, tout en créant au passif de nouveaux titres en contrepartie. Avoir une tranche *senior* notée *AAA* crée de la valeur car beaucoup d'investisseurs demandent cette notation qui est somme toute assez rare sur le marché, sauf émission d'État. En fait, l'objectif poursuivi par un « arrangeur » d'une telle structure est de vendre les différentes tranches de titres pour un montant supérieur au prix d'achat du portefeuille sous-jacent…

C. – les indices de crédit

Les participants à ces marchés de crédit ont mis au point des indices pour permettre d'effectuer un suivi des *spreads* pratiqués sur les *CDS*. En 2004, un certain nombre d'accords intervenus entre producteurs d'indices a conduit à l'essor de deux indices principaux : le *CDX NA IG* (comprenant un portefeuille de *125* entreprises nord américaines classées dans la catégorie *Investment grade*), et l'indice *iTraxx Europe* (comprenant un portefeuille de *125* entreprises Européennes classées dans la même catégorie). Ces portefeuilles sont mis à jour le 20 mars, et le 20 septembre de chaque année. Les entreprises qui n'appartiennent plus à cette catégorie de risque, sont éliminées de l'échantillon et remplacées.

Le fonctionnement de ces indices est illustré par l'exemple suivant. Supposons qu'un teneur de marché cote l'indice *iTraxx*, pour une maturité de *5* ans avec un *bid ask spread* de (*72 bid*, *73 offer*). Cela signifie en fait qu'un intervenant sur le marché, peut acheter une protection de type *CDS* sur les *125* entreprises comprises dans l'indice, pour une prime annuelle de *73* points de base par entreprise. Si un investisseur souhaite obtenir une protection à hauteur de *600 000€* sur chaque firme, il devra acquitter par an une prime globale de *: 0,0073* x *600 000* x*125* = *547500€* par an. Il peut aussi vendre *600 000€* de protection sur chaque entreprise pour *540000€* par an. Quand une entreprise fait défaut, l'acheteur de protection reçoit le montant usuel payé par un *CDS* classique. Il ne paie plus ultérieurement que *547500 – 4380* car on diminue sa prime de *(547500 / 125)*. Il existe un marché très actif des indices de *CDS* pour des maturités allant de *3, 5* à *7* ans voire même *10* ans. Deux échéances par an sont en général proposées, 20 juin et 20 décembre. De façon approximative on peut dire que le *spread* sur indice représente la moyenne des *spreads* de *CDS* sur les firmes de l'échantillon.

D. – les autres contrats

Des raffinements sont intervenus au fil du temps. Des contrats *forward* et des options sur *CDS* existent. Mais, dans certains cas, on a atteint une très grande sophistication en matière d'ingénierie financière. On peut ainsi citer par exemple le cas des « *CDO* synthétiques » qui ont déferlé sur le marché assez récemment.

1°). Les *CDO* synthétiques

Il s'agit du perfectionnement du système décrit précédemment, du point de vue de l'ingénierie financière, mais d'un outil sophistiqué qui peut donner lieu à des « dérapages », la traçabilité des créances sous-jacentes aux *CDS* n'étant plus vraiment clairement assurée. Leur mécanisme est succinctement exposé dans ce qui suit. Une position « longue » dans un actif obligataire *corporate* recèle le même type de risque, qu'une position « courte » dans le *CDS* correspondant (on vend de la protection). En effet, un détenteur d'obligations pour s'immuniser contre le risque de défaut, achètera de la protection. Vendre de la protection, c'est accepter de perdre de l'argent, en cas de défaut du débiteur.

On peut donc créer un *CDO* d'une autre manière. Au lieu de constituer un portefeuille d'obligations *corporate* (portefeuille physique), l'arrangeur peut regrouper des positions courtes sur *CDS*. Le risque est alors transféré à différentes tranches de *CDO* qui deviennent synthétiques. En effet, il n'y a plus de titres ou créances physiques, mais seulement des positions « courtes » de *CDS,* mises en face de titres à émettre sur le marché appelés « *CDO synthétiques* ». Il n'y a même plus besoin de créer de structure *ad hoc*, on peut faire cela au sein d'une institution, d'où des coûts de mise en place de structure en moins. Pour un montage global portant sur *100 millions €*, les *5* premiers millions de pertes par exemple sont supportés par la tranche n° 1, la tranche n° 2 est appelée en responsabilité pour les *20* millions de pertes suivantes, et la tranche n° 3 pour le reste une fois les *25* millions de pertes déjà pris en compte. Supposons qu'effectivement après six mois, des pertes d'*1 million €* apparaissent. Elles vont bien sûr s'imputer sur la tranche n° 1, et le principal de cette tranche n° 1 ne va plus valoir que *4 millions €*, voire zéro si les défauts représentent *5 %* du total. Il faut noter que certains montages n'incluent qu'une seule tranche *single tranche trading*.

Les acheteurs de *CDO* synthétiques peuvent vouloir partiellement se protéger contre le risque de défaut, qu'ils ont accepté de supporter. Ils peuvent recourir aux indices de crédit. Dans ce cas, une partie au contrat accepte de vendre de la protection en échange de pertes éventuelles, et l'autre est d'accord pour acheter de la protection, et donc payer des primes (*iTraxx indices*). En ce qui concerne cet indice, il fournit de la couverture entre *0* et *3 %* pour la tranche *equity*, entre *3 %* et *6 %* pour la tranche « mezzanine », d'autres tranches permettant de couvrir les pertes de *6 %* et *9 %*, de *9 %* et *12 %*, etc. Les montants des primes d'assurance sont bien sûrs décroissants au fur et à mesure où le nombre de défauts devient plus élevé, car un pourcentage encore plus élevé de défauts devient tout de même improbable. On a pu, par exemple, ainsi acheter de la protection pour la tranche allant d'un taux de défaut de *6 %* à *9 %* pour *17,7* points de base durant *5* ans, concernant un montant notionnel de *5 millions €*. En fait, si les pertes cumulées n'atteignent pas *6 %* du principal aucun remboursement n'intervient. Par contre, si à un moment donné, les pertes excédent *6 %*, les paiements de la contrepartie se déclenchent, et le montant notionnel de la protection est revu à la baisse à due proportion, ce qui réduit la valeur de la prime à payer par l'assuré, lors de la prochaine échéance. Le coût de la protection d'un panier de créances, dépend bien entendu du degré de corrélation des défauts.

2°). Le *CDO* d'arbitrage

Si dans les années 1970, on avait créé les *MBS Mortgage Backed Securities* pour refinancer le marché des prêts au logement par émission d'obligations sur le marché, le système s'est sophistiqué ces derniers temps sous la forme des *CDO Collaterized Debt Obligations*. Contrairement aux *MBS* qui ne concernaient que des créances hypothécaires, ces *CDO* sont adossées à différents types de prêts (encours de cartes de crédit, prêts automobile, prêts à des entreprises, etc.), et les flux générés par le service des emprunts contractés sont répartis à travers différentes tranches, auxquelles on a associé des niveaux de risque différent. Du fait de la complexité de certains montages, il a été possible de bénéficier de ce que l'on a qualifié de *rating arbitrage*. En effet, il a pu se révéler particulièrement difficile d'évaluer le risque de défaut isolé et conjoint de différents types de dettes réunies au sein d'un même montage de *CDO*. En outre, très peu d'expériences existaient dans ce domaine, et le *stress testing* de ces montages n'avait jamais été réalisé. Par ailleurs, les agences de notation ont participé au montage en donnant des conseils, puis ont noté ensuite l'émission de titres. On a donc tenté de revendre plus cher sous forme de *CDO*, les créances que le *SPV* venait d'acheter…

Le *CDO* d'arbitrage implique que les recettes issues de la vente de toutes les tranches soient plus importantes que le prix d'achat de l'actif sous-jacent. La variété des montages fût extrême, mais on a pu tout de même repérer certains invariants. L'établissement financier cède à un *FCC,* un portefeuille homogène de créances, refinancées par l'émission de titres. Le portefeuille sous-jacent comprend *150* à *300* prêts ayant souvent fait l'objet d'une syndication à des firmes notées de *BB* à *BBB* sur l'échelle des notations *S&P.* La concentration maximale des créances sur un débiteur particulier peut être fixée à *1 %*, par secteur d'activité à *5 %*, et le *rating* minimum à *B*. La tranche *AAA* représente environ *80 %*, la tranche *A*, et la tranche subordonnée avec le dépôt en argent frais, le reste. En conservant la tranche subordonnée et le dépôt, le cédant peut faire face aux premiers risques du portefeuille qui peuvent survenir à hauteur de *2 %* ou *3 %*. Si la rémunération des titres émis par le *FCC,* est supérieure (*0,50 %* en général) au coût des ressources collectées incluant les frais de gestion, ce montant revient à l'entité cédante. Cependant en cas de défaut sur les créances, l'intégralité de ce montant peut être mobilisée pour rembourser les titres émis.

§ 4. – les questions réglementaires

Pour rétablir la stabilité du système financier, on ne fera pas l'économie de reconsidérer l'ensemble des règles prudentielles et tous les aspects liés à la réglementation des marchés, des institutions, et des produits financiers. Au-delà des idées générales émises dans ces trois domaines, en Europe, une nouvelle organisation des tutelles a été proposée en coordination avec les autorités d'autres pays.

A. – les marchés de gré à gré

Il faudrait réglementer plus avant les marchés de gré à gré (*Over The Counter*), car les transactions bilatérales qui s'y déroulent, sont opaques, et peuvent provoquer des défaillances en chaîne. Il faudrait donc qu'intervienne une contrepartie centralisée et que des appels de marge soient pratiqués journellement pour s'assurer de la capacité des intervenants à faire face à leurs engagements, surtout si les positions prises sont importantes. On se rapprocherait ainsi du mode de fonctionnement des marchés dits « réglementés » qui sont beaucoup plus sûrs, puisqu'une certaine standardisation des contrats s'impose alors.

En effet, la réglementation actuelle, si elle peut limiter certains risques, n'est pas suffisante. Une clause contractuelle stipule en effet que si l'on fait défaut sur un contrat avec une contrepartie donnée, le défaut doit s'étendre à tous les contrats que l'on a passés avec cette dernière. Intervient alors un *netting* qui diminue le risque, puisqu'une compensation globale des différents contrats intervient. Considérons une institution qui posséderait trois contrats en cours avec une contrepartie particulière, pour + *10 millions €*, + *30 millions €*, et – *25 millions €*. Si la contrepartie fait défaut sur l'un des deux premiers contrats, la perte globale ne sera que de *15 millions €*. Des garanties peuvent en plus intervenir. En effet, une clause peut prévoir, lorsque beaucoup de contrats relatifs à des dérivés de crédits ont été conclus avec une même institution, qu'une valorisation périodique des positions doit intervenir. Si la valeur totale de la position est positive et excède un certain seuil prévu au contrat, la différence doit être couverte par une garantie qui doit être immédiatement fournie par la contrepartie. En cas d'inversion de tendance, la garantie affectée peut bien sûr être remboursée, mais en cas de défaut de la contrepartie, la garantie peut être saisie par l'institution créancière. Enfin, une autre protection contre le risque de contrepartie est fournie par l'adoption d'une clause contractuelle stipulant que si la notation d'une contrepartie chute en-dessous d'un certain niveau, disons *B*, l'institution financière a la possibilité de clôturer le contrat de dérivés à sa valeur de marché de suite.

Une plus grande transparence devrait aussi s'imposer sur les marchés. En ce qui concerne le marché des crédits hypothécaires *subprime*, il s'est développé aux États-Unis durant les années 1990. À cette époque-là, les crédits *subprime* ne représentaient qu'une faible proportion des crédits hypothécaires accordés (moins de *10 %*). Ce chiffre a doublé, voire triplé, durant les années 2000, du fait de l'implication commerciale du secteur bancaire. Pour faire face à ce développement, et aux problèmes de refinancement générés, ces créances ont été titrisées pour être revendues partout dans le monde. Les ménages qui ont initialement contracté ces prêts à l'aide d'un apport très faible, présentaient des risques de défaut non négligeables. Par ailleurs, les investisseurs n'ont alors pas été informés suffisamment des risques inclus dans les produits qu'ils achetaient. Aujourd'hui, nombreux sont ceux qui préconisent que la transparence du marché soit plus totale, et qu'ainsi, on soit capable d'identifier plus aisément le responsable final du risque.

B. – les institutions financières

À ce propos, on pense à la mise en place d'une réglementation plus complète concernant les fonds propres, et la liquidité bancaire. Il faut assainir les bilans des établissements financiers, y réintégrer les entités hors-bilan liées à la titrisation, revenir à un effet levier (un endettement) moins élevé… Les instances de réglementation et de surveillance devraient se préoccuper de l'évolution du risque systémique, mais aussi de la viabilité de telle ou telle banque. Puis enfin, des ajouts réglementaires seraient nécessaires au niveau du fonctionnement des agences de notation, afin qu'elles ne puissent plus être juges et parties. Il faut cependant reconnaître que la notation de certains produits structurés n'était pas facile à réaliser, tant ils étaient complexes…

C. – les produits

L'innovation indéniable source de progrès devrait peut-être tout de même s'apprécier en fonction du degré de risque potentiellement généré par son utilisation. Sans qu'il soit question de renoncer à l'innovation, un compromis devrait être trouvé entre créativité et sécurité. Dans cette optique, certains souhaitent alors que l'on prévoie une forme d'enregistrement des produits, ayant pour effet d'en réduire l'accès en cas de dangers potentiels importants générés (*CDS : Credit Default Swap*), comme pour certains produits pharmaceutiques (vente libre, ou non).

Il faudrait donc réformer le système financier au niveau international et relancer l'économie. Les plans publics mis en place pour y parvenir sont d'ampleur : ils représentent environ 5 % du *PIB* mondial. La recherche d'une stabilité financière implique que toutes les parties prenantes se mobilisent. Les autorités monétaires et budgétaires doivent surveiller attentivement les évolutions du marché du crédit, et les efforts d'assainissement réalisés au niveau des finances publiques. La coordination des travaux devrait s'effectuer au niveau international, et comme le conclut le rapport de la *BRI* « Ce sera un travail long et complexe, mais nous n'avons pas le choix, il faut agir ». Le redémarrage global du marché de la titrisation passera sans doute par des opérations simples, transparentes, et ne faisant pas appel à des actifs « synthétiques », mais s'appuyant sur les nouvelles mesures réglementaires adoptées. La titrisation constitue, cependant, une nécessité pour le financement de l'économie.

D. – les volontés de nouvelle réglementation en Europe et dans le Monde

Un peu partout dans le monde sont alors nées des volontés de « meilleure réglementation des marchés », par exemple aux États-Unis, à la Commission Européenne, au Comité de Bâle, au *FMI* (Fonds

Monétaire International), au sommet du *G20*... Sans pouvoir rendre compte de tous les débats, et de toutes les idées qui sont à l'étude, avant leur mise en œuvre éventuelle prévue pour 2010, nous proposons un rapide tour d'horizon des principales propositions[17] émises en Europe, pour que ne reproduise pas une telle crise.

La nouvelle réglementation proposée des marchés *OTC* implique une plus forte standardisation des contrats, et une compensation centralisée au niveau européen, et mondial des différentes transactions. L'augmentation (en fréquence) du nombre de déclarations obligatoires auprès des autorités est également une mesure importante apte à diminuer le risque systémique. Le rapport de Jacques de la Rosière souhaite aussi promouvoir une plus grande transparence des prix, des volumes, et des différentes clauses incluses dans les contrats. Un *reporting* deviendra obligatoire pour les transactions qui demeureront de gré à gré. Aux États-Unis, les deux agences de tutelle des marchés financiers collaborent : la *SEC* (*Security Exchange Commission*) en charge des marchés d'actions, et la *CFTC* (*Commodity Futures Trading Commission*) responsable des marchés de marchandises et autres. Il s'agit de « remplir » les vides réglementaires, de lutter plus efficacement contre les délits d'initiés, de surveiller l'activité sur les bourses américaines et étrangères, en lien avec les autorités locales pour, par exemple, d'être capable de « superviser » de façon intercontinentale le marché du pétrole, comme ses acteurs d'ailleurs. La réglementation des *Hedge Funds* est également à l'étude, plus d'informations sur leurs stratégies, et le contenu de leurs positions étant souhaitées.

Par ailleurs, la crise a démontré que le système bancaire devait posséder un niveau de fonds propres plus élevé, et de meilleure qualité (instruments hybrides à inclure ou non). La réglementation devrait prévoir l'entrée en vigueur de mesures « contracycliques » concernant les fonds propres. En fait, il devrait être requis de réduire la tendance naturelle à l'intensification de la prise de risque en période de forte croissance de la demande de crédit, et d'exiger la mise en place d'un « provisionnement dynamique ». On pourrait y faire alors appel en période de récession, en cas de pertes subies. En outre, si une partie importante de l'activité totale de certaines banques est effectuée pour compte propre, des ratios de fonds propres plus importants devraient être pratiqués. Enfin, le comité de Bâle aurait pour intention de se

[17] J. de Larosière, *The high level group on financial supervision in the EU*, Février 2009, Brussels.

soucier davantage du risque de liquidité et de sa gestion. Vu le rôle central joué par les agences de notation sur les marchés, il faudrait aussi pouvoir s'assurer de l'indépendance de leurs notations, et de la qualité de ces dernières.

La réforme de la supervision bancaire a fait des progrès ces derniers temps. Aux États-Unis, l'administration a présenté une réforme qui rebat les cartes du contrôle bancaire en créant un conseil des superviseurs, en fusionnant deux des autorités chargées de surveiller les banques de dépôt, en conférant au seul *Federal Reserve Board* le contrôle systémique des établissements, et en créant une agence de protection des consommateurs. L'Union Européenne n'est pas en reste. Trois nouvelles autorités européennes vont contrôler les banques (*EBA* : Autorité Bancaire Européenne), les assurances (*EIA* : Autorité Européenne des Assurances) et les marchés (*ESA* : Autorité Européenne des valeurs mobilières) dotées de pouvoirs « contraignants », et vont être investies du pouvoir de passer outre l'avis de régulateurs nationaux. En matière de solvabilité des banques, on verra si, comme aux États-Unis, des *stress tests* sont menés sur les banques européennes. De plus, la comptabilisation des instruments financiers à leur valeur de marché (accusée d'avoir précipité l'aggravation de la crise financière) devrait voir son application réduite aux seuls instruments négociés sur les marchés les plus liquides.

De manière plus précise, un nouvel organisme intitulé (*European Systemic Risk Council : ESRC*) devrait être mis en place, sous le contrôle de la *BCE* et de son président, mais aussi avec son soutien logistique. Sa mission, en liaison avec la Commission Européenne, sera d'analyser avec les présidents de *l'EBA, l'EIA, et de l'ESA* toutes les informations pertinentes pour promouvoir la stabilité financière, et d'émettre des avertissements en lien avec le Comité Économique et Financier (*CEF*). Si les risques détectés sont inhérents à un dysfonctionnement à l'échelle mondiale, l'*ESRC* prendra contact avec le *FMI* (Fonds Monétaire International), la *BRI* et le *FSF* (Forum pour la Stabilité Financière) de manière à mettre en œuvre des mesures adéquates.

De plus, on en viendrait à un système européen de surveillance financière (*ESFS* : *European System of Financial Supervision*). En fait, il s'agirait de constituer un réseau intégré d'autorités de surveillance financière européennes, comprenant les trois autorités citées ci-dessus. *L'ESFS* devrait être un organisme indépendant d'influences politiques. Les mandats d'actions reçus devraient donc être clairs, et les missions bien définies, mais des comptes devraient être rendus périodiquement au niveau de l'*UE*, et au niveau national. Pour bien fonctionner, ce système devrait s'appuyer sur un ensemble de règles harmonisées et avoir accès à des informations de haute qualité.

L'objectif poursuivi pouvant être considéré comme ambitieux, puisqu'il intègre la réglementation, la surveillance et la gestion / résolution des crises, au niveau Européen, on compte procéder en deux temps :

Une première étape est censée prendre place en 2009/2010 et a pour objectif de préparer à l'avènement d'un système Européen de surveillance financière (voir figure 1.7). Il s'agit d'obtenir un consensus pour parvenir à instituer les trois Autorités Européennes déjà annoncées (*EBA, EIA, ESA*). Les États membres devraient donc tenter d'aligner les compétences et les pouvoirs des autorités de surveillance nationales, sur le système préconisé par l'*UE*, et promouvoir leur indépendance.

La crise a enfin mis en relief un débat relatif au type de gouvernement d'entreprise existant dans les institutions financières. Comme le dit J. de Larosière dans son rapport (page 35), « Le gouvernement d'entreprise constitue l'un des échecs les plus patents de la crise actuelle ». En effet, bien que des avancées aient été réalisées en termes de procédures (mise en place de différents comités au sein du conseil d'administration des banques, normes établies par le comité de surveillance bancaire), le système financier n'a pas tenu compte de l'intérêt à long terme de toutes ses parties prenantes. Les autorités de surveillance pourraient donc contrôler les pratiques de suivi, et de gestion interne des risques, qui ont parfois été défaillantes, ainsi que la politique de rémunération des établissements financiers à l'avenir... Le fonctionnement de l'*ESFS* devrait donner lieu à évaluation, au plus tard trois ans après son entrée en vigueur. Suite à cet examen, des réformes supplémentaires pourraient être envisagées, comme la dévolution aux différentes autorités de pouvoirs réglementaires plus larges, ou le passage à seulement deux autorités au niveau européen, l'une réunissant le secteur bancaire et des assurances, l'autre ayant trait aux affaires concernant les marchés. Le *FSF* devrait voir sa composition élargie au niveau mondial, à tous les pays présentant un impact potentiel systémique, et devrait renforcer ses liens avec le *FMI*.

Il faut maintenant tenter d'évaluer les différentes catégories d'actifs financiers qui circulent sur les marchés et, pour ce faire, il va falloir tenir compte de la notion de risque, notion qui se trouve au cœur de la logique qui régit le fonctionnement des marchés financiers.

figure 1.7
les nouvelles instances de supervision financière en Europe

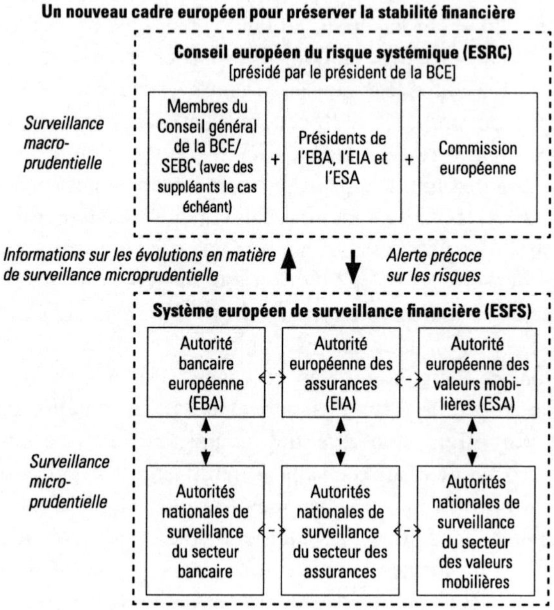

Principales missions du Conseil européen du risque systémique :
Statuer sur la politique macroprudentielle, alerter les autorités de surveillance de l'UE sur les risques à un stade précoce, comparer les observations sur les évolutions macroéconomiques et prudentielles et donner des orientations sur ces questions.

Principales missions des Autorités :
Outre les compétences des comités de niveau 3 existants, les Autorités auraient les compétences-clés suivantes : (i) médiation juridiquement contraignante entre les autorités de surveillance nationales ; (ii) adoption de normes de surveillance contraignantes ; (iii) adoption de décisions techniques contraignantes applicables à des établissements donnés ; (iv) supervision et coordination de collèges des autorités de surveillance ; (v) octroi d'autorisations et surveillance de certains établissements d'envergure européenne (par exemple les agences de notation du crédit et les infrastructures post-négociation) ; (vi) coopération contraignante avec l'ESRC pour assurer une surveillance macroprudentielle adéquate ; (vii) rôle de coordination fort dans les situations de crise.

Principales missions des autorités de surveillance nationales :
Continuer à assumer la pleine responsabilité de la surveillance courante des entreprises.

Source : Rapport de la Rosière : *The High Level Group on Financial Supervision in the EU*, Février 2009, page 65.

chapitre 2

les principes d'évaluation des différents instruments financiers

La théorie financière s'est considérablement développée ces cinquante dernières années, c'est-à-dire à peu près au même rythme que les marchés financiers dans le monde. Un de ses objets est de rendre compte de la manière dont sont évalués les instruments financiers à la disposition des opérateurs sur les marchés. En fait, elle centre son analyse sur la notion de risque, dont elle tente de découvrir le prix. Ainsi, les implications de la théorie financière dépassent-elles nettement les préoccupations des professionnels des marchés financiers, pour intéresser tout décideur dans l'entreprise devant prendre une décision d'investissement en univers risqué. En effet, la théorie financière fournit alors une norme de référence, le taux de rendement requis sur l'investissement, étant donné le risque qu'il fait supporter à l'entreprise. Ainsi au cas où l'étude du projet ferait apparaître qu'il ne peut générer un tel rendement, il vaudrait mieux investir sur le marché financier les fonds à disposition. Par là même, la théorie financière nous renseigne-t-elle sur le coût d'opportunité du capital.

Au-delà des actifs primaires négociés sur les marchés financiers au comptant tels que les actions ou les obligations, les marchés à terme ont connu un formidable développement ces dernières années du fait des importantes fluctuations de prix enregistrées sur les marchés au comptant. Le succès des instruments financiers à terme, ou actifs dérivés, provient sans doute en partie de leur capacité à permettre la réallocation des risques que ne souhaitent pas assumer certains intervenants. L'évaluation de contrats à terme ferme devient alors essentielle pour compléter la panoplie des instruments financiers à disposition, sans oublier les outils à terme conditionnels que sont par exemple les options. Ces dernières représentent des actifs très risqués qui ont pour sous-jacent un actif primaire. Le rapide panorama proposé a juste pour ambition d'initier le lecteur aux différentes problématiques d'évaluation proposées par la théorie financière actuellement.

En fait, la théorie financière montre que, bien que risquées, les options peuvent être évaluées sans perte de généralité, dans un monde neutre au risque. En effet, l'attitude face au risque des investisseurs n'intervient pas dans la formule d'évaluation. On peut donc considérer les intervenants comme neutres vis-à-vis du risque, en ce sens qu'ils n'exigent aucune prime en contrepartie du risque qu'ils subissent. Le taux de rentabilité espéré, est donc alors égal au taux d'intérêt sans risque sur la période considérée. Le prix d'option résultant, qui n'est que le flux terminal futur attendu actualisé au taux sans risque, est pourtant un prix qui est valable dans des univers très différents. En effet, cette astuce de valorisation utilisée par la théorie financière simplifie l'analyse, mais ne compromet en rien son caractère très général, car si l'on suppose l'existence d'un monde où les investisseurs ont une aversion face au risque, alors le taux de croissance du prix de l'action se modifie tout comme le taux d'actualisation, et comme ces différents changements se compensent exactement, le même résultat prévaut en fin de course.

Bien sûr, il faut reconnaître que la théorie financière a été élaborée à l'aide d'un cadre d'analyse simplifié, ce qui fait que parfois, elle rend incomplètement compte de la réalité. Il était en effet plus facile au départ, de raisonner en utilisant des « conditions de laboratoire » assez différentes des conditions réelles de fonctionnement de la vie des affaires. Peu à peu, des enrichissements significatifs du modèle de base sont intervenus (la microstructure[18] des marchés par exemple). Mais d'un autre point de vue, au lieu de raisonner dans le cadre idéalisé d'un marché financier « parfait », c'est-à-dire purement concurrentiel, des avancées théoriques incessantes ont été réalisées en introduisant dans l'analyse des « imperfections » (asymétrie d'information, taxation, frais de transaction, etc.) qui font que l'on se rapproche de plus en plus de la réalité. Cependant, la complexité de l'analyse s'accroît, ainsi que la difficulté de mise en œuvre des solutions obtenues.

Dans le cadre de ce chapitre, tout en faisant référence aux récents développements de la théorie financière, ce sont ses bases qui seront analysées, l'évaluation des actifs primaires et à terme ferme étant d'abord exposée (section 1), avant d'en venir à celle des actifs conditionnels (section 2).

---

[18] La microstructure des marchés décrit le fonctionnement interne du marché en détail, la formation du carnet d'ordres, la manière dont les ordres sont exécutés, les transactions *intra-day*, et montre en quoi certaines règles de fonctionnement peuvent influencer la réalisation de l'équilibre global du marché, et donc la formation des prix.
– B. Biais, T. Foucault et P. Hillion, *Microstructure des marchés financiers*, PUF Finance, 1997.
– J. Hamon, *Marchés d'actions, architecture et microstructure*, Economica, 1995.

section I
l'évaluation des actifs de base, et à terme ferme

Les trois actes fondamentaux du comportement économique sont la consommation, l'épargne et l'investissement. Dans une économie monétarisée, l'articulation de ces différents actes s'effectue par l'intermédiaire du marché financier grâce à un concept central : le taux d'intérêt. Le calcul financier repose en effet, soit sur l'accumulation de capitaux à intérêts composés, soit sur l'actualisation de sommes à percevoir dans le futur. C'est sur ce dernier type de calcul que repose la règle de la valeur nette présente. Elle peut être appliquée à la décision d'investissement, comme à l'évaluation des actifs et instruments financiers très divers.

§ 1. – la présentation de la *VNP*

La règle de la valeur nette présente en permettant la maximisation de la richesse des investisseurs est devenue le critère théorique dominant de la décision d'investissement. Elle se fonde d'abord sur le principe général de l'actualisation des flux financiers. Recevoir un € aujourd'hui n'est pas équivalent à le percevoir dans une année. On peut en effet, si on l'obtient dès aujourd'hui, le placer au taux sans risque *r* pendant un an, et posséder en fin de période $1 * (1 + r)$, c'est-à-dire plus que dans l'autre cas. On peut en déduire que la valeur présente d'un € perçu dans un an est égale à $1/(1 + r)$, le taux *r* ne rémunérant que le passage du temps. Si un risque quelconque était couru par l'investisseur, ce dernier demanderait sans doute que soit pratiqué un taux *r'* supérieur à *r* pour rémunérer le risque pris. Le taux d'actualisation inclurait alors, ce que l'on dénomme une prime de risque.

En pratique, les investisseurs ne se limitent pas à prendre des positions sur le marché financier. En effet, ils peuvent acheter des usines, des matériels, de l'immobilier, etc. Or, sur ces marchés, il peut exister des situations qui permettent d'obtenir des rendements beaucoup plus élevés que sur le marché financier, toutes choses étant égales par ailleurs (durée…). Investir tout son argent sur le marché financier ne semble pas optimal. D'un autre coté, « les bonnes occasions » ne sont pas forcément « légions » sur le marché des biens et services. Une certaine répartition des fonds à disposition entre ces deux possibilités devrait donc être intéressante, d'autant plus que se priver d'intervenir sur le marché financier, c'est se condamner à consommer quand l'argent arrive, et à aucun autre moment. Le marché financier permet une répartition intertemporelle optimale des flux monétaires permettant de satisfaire les besoins de consommation.

La valeur nette présente se fonde ensuite sur le principe de la maximisation de la richesse. En effet, admettons qu'un investisseur se trouve confronté à un projet d'investissement donné, dont il peut moduler la taille. Si l'efficacité marginale du capital est décroissante, il existe une taille du projet qui maximise la richesse de l'investisseur, c'est celle pour laquelle, il y a juste égalité entre le coût du capital, et le rendement marginal de l'investissement. Tous les projets d'investissement qui augmentent la richesse de l'intervenant doivent donc être entrepris. L'augmentation de richesse implique alors que le projet admette des rendements supérieurs au taux d'actualisation. On peut bien sûr s'interroger sur l'origine de cet accroissement de valeur. En fait, le taux d'actualisation appelé coût d'opportunité du capital est déterminé sur le marché financier, alors que les opportunités d'investissement proviennent du marché des biens et services. Or, si la théorie financière suppose que le marché financier est en équilibre, c'est-à-dire que les prix des actifs reflètent fidèlement les flux futurs actualisés qu'ils généreront, d'où une *VNP* (Valeur Nette Présente) nulle, il n'en est pas de même sur les marchés de biens et services, où il peut exister des « zones d'inefficience ». En termes clairs, on peut trouver sur ces marchés de « bonnes affaires à réaliser », et donc des projets à *VNP* positive. Notons que sur les marchés financiers, il est bien sûr possible de réaliser des gains. Cependant, au moment où la transaction se conclut, le contrat est équilibré. Ce n'est qu'ultérieurement, à la suite de bonnes nouvelles par exemple concernant une société donnée, que les flux futurs à sortir de l'exploitation seront revus à la hausse par le marché, et que le prix du titre concerné, qui n'est que l'actualisation de ses revenus futurs, sera lui aussi corrigé à la hausse.

En fait, on en arrive à montrer que le niveau optimal d'investissement à réaliser dépend de la forme de la courbe de rendement des opportunités d'investissement et du coût du capital. L'investisseur peut donc déléguer au dirigeant d'entreprise le soin de maximiser la *VNP*, si l'on suppose que les dirigeants ne poursuivent pas de buts différents (par exemple la maximisation de la croissance du montant des actifs sous contrôle, etc.), et gèrent dans l'intérêt des apporteurs de capital. Si cela n'est pas, il faut introduire dans l'analyse les préceptes de la théorie de l'agence[19] qui étudie les principales décisions financières à la lumière des conflits d'intérêt pouvant exister entre dirigeants et actionnaires, mais également entre d'autres catégories d'agents par exemple entre les actionnaires et les porteurs d'obligations, ou même entre actionnaires majoritaires et minoritaires.

Si on considère un investissement sans risque qui génère des flux de liquidité F sur n périodes, alors que le taux d'intérêt de la période qui prévaut s'appelle r, et sa dépense initiale I_0, la formule de la *VNP* s'écrit : $VNP = \sum_{t=1}^{n} \frac{F_t}{(1+r)^t} - I_0$

L'investissement considéré apparaît préférable à un placement sur le marché du capital, si la *VNP* est strictement positive. Ainsi le marché financier intervient-il ici, comme une norme de référence. Si l'on souhaite investir sur le marché des biens et services, il faut que la rentabilité attendue soit au moins égale à ce que l'on pourrait obtenir d'un placement sans risque sur le marché financier. Pour les placements risqués, la logique serait similaire, mais le taux d'actualisation utilisé comporterait une prime de risque, c'est-à-dire un supplément de rémunération pour compenser le risque supporté.

Application

Hypothèses de base : $I_0 = 1000, n = 5ans, F_t = 300, r = 0,05$

$$VNP = \frac{300}{(1,05)^1} + \frac{300}{(1,05)^2} + \frac{300}{(1,05)^3} + \frac{300}{(1,05)^4} + \frac{300}{(1,05)^5} - 1000$$

$$VNP = 285,71 + 272,11 + 259,15 + 246,81 + 235,06 - 1000$$

$$VNP = 298,84 \text{ €}$$

Une hypothèse implicite se cache derrière la formule présentée de la *VNP*. On suppose en effet que tous les flux secrétés par l'investissement sont réinvestis au même taux que le taux d'actualisation, lui-même considéré comme constant. Or, c'est faire l'hypothèse que dans un an ou plus, les taux seront au même niveau. On peut réécrire comme suit les calculs précédents :

$$(1000 + 298,84)(1,05)^5 = 1657,69 \text{ €}$$

$$1657,69 = 300(1,05)^4 + 300(1,05)^3 + 300(1,05)^2 + 300(1,05)^1 + 300$$

[19] M. C. Jensen, W. H. Meckling, "Theory of the firm : managerial behaviour, agency costs and ownership structure", *Journal of Financial Economics*, Vol. 13, 1976, p. 305 -360.

Si cela n'est plus vrai, la courbe des taux n'étant plus plate, il peut en découler une variation appréciable de la *VNP* calculée, la structure des taux d'intérêt considérée pouvant être ascendante (taux long supérieur au taux court) ou descendante (l'inverse).

$$VNP_1 = \frac{300}{(1,05)^1} + \frac{300}{(1,06)^2} + \frac{300}{(1,07)^3} + \frac{300}{(1,075)^4} + \frac{300}{(1,0775)^5} - 1000 = 228,79\text{ €}$$

$$VNP_2 = \frac{300}{(1,05)^1} + \frac{300}{(1,04)^2} + \frac{300}{(1,035)^3} + \frac{300}{(1,030)^4} + \frac{300}{(1,030)^5} - 1000 = 358,99\text{ €}$$

Sur un marché financier efficient, tout achat de titres s'effectue avec une valeur présente nulle. En effet, sur un tel marché, tout le monde possède la même information, et celle-ci étant sans coût, si un actif est « cher », beaucoup d'intervenants le vendront pour acquérir un actif dont le prix est au contraire considéré comme étant « bon marché ». De ce fait, si la réelle valeur présente d'un actif (somme actualisée de ses flux futurs) est inférieure à son prix (ici I_0), les ventes massives opérées par les investisseurs tendront à faire baisser son cours. Par contre, les achats répétés d'actifs dont le prix est inférieur à leur valeur présente, influeront à la hausse de ce dernier. Au total, ce mécanisme d'arbitrage a pour conséquence de rendre les prix égaux aux valeurs présentes, d'éliminer toute *VNP* positive, et de contribuer à l'équilibre du marché dans son ensemble.

En ce qui concerne certains marchés peu liquides, on peut parfois constater une certaine différence, du fait de l'asymétrie informationnelle, entre les prix pratiqués et l'évaluation réalisée. En effet, certains intervenants (les dirigeants d'entreprise) possèdent de l'information privilégiée que n'ont pas à disposition les autres opérateurs sur le marché. Il peut en résulter par exemple des « sous-évaluations », lorsqu'une société s'introduit sur un marché boursier, et cherche à vendre ses titres dans le public sans arriver à le convaincre du réel potentiel de la firme. Par ailleurs, si l'on considère que la *VNP* se calcule en actualisant les flux de liquidité futurs secrétés par l'investissement, plusieurs problèmes se posent. Par flux de liquidité, on entend généralement en matière d'actifs financiers, un coupon ou un dividende. Or, dans bien des cas, ce montant n'est pas certain, même pour une obligation libellée à taux fixe du fait du risque de défaillance de l'émetteur. En matière d'actualisation, la courbe des taux n'est pas non plus forcément plate, il faut donc employer pour chaque flux, le taux au comptant qui lui correspond. La formule devient alors : $VNP = \sum_{t=1}^{n} \frac{F_t}{(1 + r_0^t)^t} - I_0$

Où r_0^t représente le taux au comptant prévalant à l'époque *0* sur les échéances $t = 1,...n$ éventuellement augmenté d'une prime de risque.

§ 2. – l'application de la VNP à l'évaluation des actifs obligataires et des actions

L'application du principe de la valeur nette présente nulle se justifie dans tous les cas. En d'autres termes, la valeur d'un actif n'est que la somme actualisée des flux de trésorerie futurs qu'il est en mesure de secréter. On va donc directement utiliser les formulations précédentes pour évaluer les instruments de base (actions, obligations). Dans un but pédagogique, nous traiterons d'abord du cas d'obligations à taux fixe et à taux variable, puis ensuite du cas d'une action qui, elle, par définition expose son détenteur à une perte ou à un gain en capital du fait de sa nature risquée.

A. – la valeur d'une obligation

Dans sa version la plus simplifiée, une obligation est un actif financier qui donne le droit de percevoir chaque année un coupon qui est fixe ou variable et, dans ce dernier cas, par exemple, indexé sur l'évolution d'un taux monétaire. Le remboursement du capital peut s'effectuer en fin de période de vie, ou graduellement. Des produits beaucoup plus complexes sont apparus (voir glossaire) ces derniers temps. Dans l'exemple simplifié qui suit, on considère que l'obligation sans risque de défaut considérée, est remboursable *in fine*, c'est-à-dire en une seule fois à la fin de sa période de vie dans n années, que le taux de coupon est de x %, et que son nominal est égal à A. Si la structure des taux est plate, il vient : $B = \sum_{t=1}^{n} \frac{xA}{(1+r)^t} + \frac{A}{(1+r)^n}$

Notons que très souvent sur les marchés, on présente le calcul réalisé de façon inversée. Ainsi partant du prix de l'obligation et des flux de trésorerie futurs qui lui sont associés, on calcule le taux de rendement actuariel du placement. Ce taux instantané n'est en aucun cas un taux de rendement sur lequel peut compter à coup sûr l'investisseur à l'échéance. En effet, nul ne sait aujourd'hui le taux auquel seront réinvestis les coupons versés par l'obligation. Si le taux de réinvestissement est supérieur au taux actuariel, en gardant l'obligation jusqu'à la fin de sa période de vie, on obtiendra un taux de rendement de son placement supérieur au taux actuariel. Par contre, si les taux baissent, ce sera l'inverse.

Le cas d'une courbe des taux plate est un phénomène qui, bien que postulé par le taux actuariel, se trouve extrêmement peu souvent vérifié dans la pratique. La courbe des taux, est soit ascendante, soit descendante, soit bosselée, mais rarement plate. Dans la grande majorité des cas, l'actualisation des flux ne doit pas se faire à un taux unique, mais au taux comptant sans risque correspondant à l'échéance du flux. On obtient alors l'équation suivante de valorisation :

$$B = \sum_{t=1}^{n} \frac{xA}{(1 + r_0^t)^t} + \frac{A}{(1 + r_0^n)^n}$$

Avec r_0^t le taux au comptant prévalant de la période 0 à la période t.

On s'aperçoit alors que le taux actuariel x n'est qu'une moyenne complexe de taux au comptant pondérés par l'importance de chaque flux de trésorerie.

1°). La sensibilité du prix au risque de taux

Un des outils, parmi les plus connus, permettant d'apprécier les variations de prix possibles en matière obligataire est sans doute la « duration ». *Stricto sensu*, elle correspond à un délai de récupération du capital investi, et s'exprime en années. Elle s'assimile à l'échéance moyenne pondérée des flux de trésorerie successifs générés par l'obligation. La pondération attribuée à chaque période est la valeur actuelle des flux de cette période, divisée par la valeur de l'obligation. Ainsi la duration mesure donc la durée moyenne pondérée qui devrait s'écouler pour que la valeur d'une obligation puisse être remboursée à l'aide des flux qu'elle génère. En reprenant les mêmes notations, l'hypothèse d'une courbe des taux plate, on obtient *C(t)* représentant le coupon de l'obligation à l'époque *t*, la formulation suivante de la duration proposée par Macaulay[20] (1938) :

$$D = \frac{\sum_{t=1}^{n} \frac{tC(t)}{(1+x)^t} + \frac{An}{(1+x)^n}}{\sum_{t=1}^{n} \frac{C(t)}{(1+x)^t} + \frac{A}{(1+x)^n}}$$

[20] F. Macaulay, *Some theoretical problems suggested by the movements of interest rates, bonds, yields and stock prices in the United States since 1856*, Colombia Press, 1938.

Où x indique le taux de rendement actuariel de l'obligation.

Le dénominateur de l'expression précédente est égal à la valeur de l'obligation, sous hypothèse de courbe des taux plate. Le numérateur pondère chaque flux actualisé, par sa date de survenance.

Application

Années	**Flux**	**Coefficient d'actualisation***	**Valeur présente**	**Pondération des flux actualisés**	**Valeur présente pondérée**
1	50	0,95238	47,619	x 1	47,619
2	50	0,90703	45,351	x 2	90,702
3	50	0,86384	43,192	x 3	129,575
4	50	0,82270	41,135	x 4	164,540
5	1050	0,78353	822,703	x 5	4113,515
Total			**1000**		**4545,951**

*Actualisation des flux au taux de 5 % (courbe des taux plate)

$$B = 1000 \text{ (Valeur de l'obligation)}$$

$$D = \frac{4545,95}{1000} = 4,545 \text{ années}$$

Notons que plus le délai de récupération (D) d'un investissement obligataire est élevé, plus le risque de taux est important. En effet, des mouvements défavorables de taux peuvent d'autant plus survenir pendant ce laps de temps. Notons en outre que :

- si deux obligations à taux fixe diffèrent seulement par la valeur de leurs coupons, celle dont le coupon est le plus faible aura la duration la plus forte ;
- si deux obligations à taux fixe diffèrent seulement par leur durée de vie, celle dont la durée de vie est la plus longue aura la duration la plus forte ;
- la duration ne peut être supérieure à la durée de vie de l'obligation. Dans le cas d'une obligation à coupon zéro (un seul flux en fin de période de vie), la duration est égale à la durée de vie.

Cependant, on peut également voir dans la duration un coefficient d'élasticité de la valeur de l'obligation par rapport aux variations des taux d'intérêt. En partant de la différentielle du prix d'une obligation par rapport au taux de rendement actuariel x, on peut en effet mettre en relief le rôle de la duration en tant que mesure de sensibilité des prix obligataires vis-à-vis des fluctuations du niveau général des taux d'intérêt.

$$\frac{dB}{dx} = -\frac{C(t)}{(1+x)^2} - \frac{2C(t)}{(1+x)^3} - \dots - \frac{nC(t)}{(1+x)^{n+1}} - \frac{nA}{(1+x)^{n+1}}$$

D'où $dB = -\left[\sum_{t=1}^{n} \frac{-tC(t)}{(1+x)^{t+1}} - \frac{nA}{(1+x)^{t+1}}\right] dx$

En mettant $\frac{1}{(1+x)}$ en facteur, on obtient :

$$dB = -\left[\sum_{t=1}^{n} \frac{-tC(t)}{(1+x)^{t}} - \frac{nA}{(1+x)^{t}}\right] \frac{dx}{(1+x)}$$

L'expression entre crochets est équivalente au numérateur de la formule de la duration. Quant au dénominateur, on sait qu'il correspond à la valeur de l'obligation. On peut donc exprimer la duration comme suit :

$$D = \frac{dB}{B}\left[-\frac{(1+x)}{dx}\right] \text{ et } \frac{dB}{B} = -D\frac{dx}{(1+x)} = S$$

On peut alors, grâce à S appelée « duration modifiée », ou sensibilité de l'obligation, étudier facilement les variations de prix de cet actif eu égard à des variations de taux d'intérêt. Ainsi en reprenant l'exemple précédent, il vient :

$$S = -4,545 \times \frac{0,01}{1,05} = -0,043286$$

Ainsi, quand les taux d'intérêt augmentent de 1 %, le prix de l'obligation chute de 4,3286 % environ. Il existe donc une relation inverse entre les prix d'obligations à taux fixe et les taux d'intérêt. Inversement en période de baisse des taux, les prix obligataires augmentent (cas d'actifs à taux fixe). Les obligations à coupon zéro de longue durée incluent donc un risque de taux maximum, sauf si on les conserve jusqu'à l'échéance. Ces actifs peuvent constituer de puissants outils de spéculation.

Cependant la duration[21] ne convient que si les variations de taux constatées sont infinitésimales. En cas de fortes variations (présence de sauts), il est indispensable de corriger l'estimation fournie par les calculs issus de la duration à l'aide de la prise en compte de la convexité. En effet, la courbe représentative de la valeur d'une obligation n'est pas une droite, mais une courbe convexe. Cette courbe est obtenue par

---

[21] Voir : P. Navatte, *Éléments de gestion obligataire*, Sirey, 1992, p. 52.

l'actualisation des flux aux différents taux. On constate alors que la duration modifiée sous-estime la hausse du prix de l'obligation en cas de baisse du taux x (voir figure 2.1). Le prix estimé de l'obligation est B' au lieu de B1. De même, pour une augmentation de taux, la diminution de cours est surestimée. En revanche, si on se déplace le long de la courbe représentative de la convexité, l'approximation des cours est beaucoup plus proche de la réalité (B'' dans l'hypothèse d'une baisse des taux au lieu de B1). La distance verticale entre la ligne représentée par la duration et la courbe réelle, représente l'erreur de prévision de cours (B'B1). Cette erreur est réduite par l'utilisation de la convexité, dont les modalités de calcul sont précisées ci-après :

$$dB = \frac{dB}{dx}\Delta x + \frac{1}{2}\frac{d^2B}{dx^2}\Delta x^2 + \frac{1}{6}\frac{d^3B}{dx^3}\Delta x^3 + ... + \frac{1}{k!}\frac{dB^k}{dx^k}\Delta x^k$$

Or $\frac{dB}{dx} = -\sum_{t=1}^{n}\frac{tC(t)}{(1+x)^{t+1}} + \frac{nA}{(1+x)^{n+1}}$

$$\frac{d^2B}{d^2x} = \sum_{t=1}^{n}\left[\frac{t(t+1)C(t)}{(1+x)^{t+2}}\right] + \frac{n(n+1)A}{(1+x)^{n+2}}$$

$$C = \frac{(1+x)^2}{B} \times \frac{d^2B}{d^2x}$$

$$C = \left[\sum_{t=1}^{n}\frac{t(t+1)C(t)}{(1+x)^t} + \frac{n(n+1)A}{(1+x)^n}\right] / B$$

Et donc : $\frac{dB}{B} = -D\frac{dx}{1+x}\Delta x + \frac{1}{2}C\frac{dx^2}{(1+x)^2}\Delta x^2 - \frac{1}{6}S'\frac{dx^3}{(1+x)^3}\Delta x^3 + ...$

Avec $S' = -\left[\sum_{t=1}^{n}\frac{t(t+1)(t+2)C(t)}{(1+x)^t} + \frac{n(n+1)(n+2)A}{(1+x)^n}\right] / B$

La duration modifiée (également appelée sensibilité) introduit une relation linéaire entre une variation de taux, et le prix de l'obligation :

$$\frac{dB}{B} = -D\frac{dx}{1+x} \; et \; \frac{dB}{B} = S$$

figure 2.1.

courbe représentative de la valeur d'une obligation

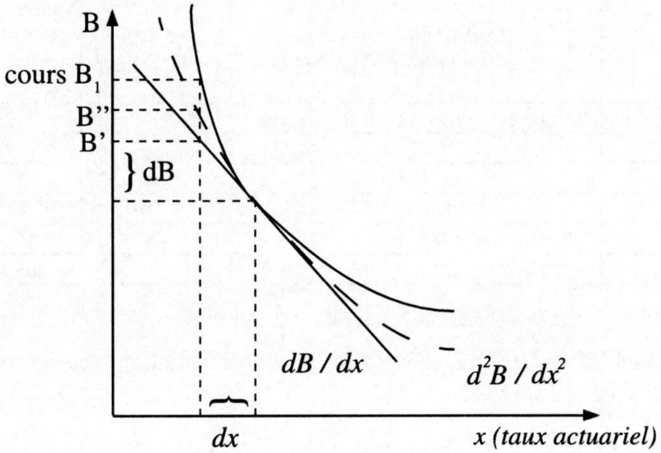

En général, il n'est pas besoin de dépasser l'ordre 2 pour obtenir une bonne précision, relativement à la variation du prix d'une obligation due à une variation des taux d'intérêt. Ces résultats se retrouvent, par ailleurs, quand la structure des taux n'est plus plate, mais ascendante ou descendante. En fait, la convexité atténue les erreurs d'évaluation dues à la duration. Toutes choses étant égales par ailleurs, la convexité est d'autant plus forte que le taux nominal est faible et que la maturité de l'obligation est importante. Notons qu'une convexité négative peut apparaître lorsque la fonction du prix par rapport au taux est représentée par une courbe concave (obligation *callable* ou remboursable au gré de l'émetteur).

Application

En reprenant l'exemple traité plus haut, on peut poursuivre les calculs, et obtenir la valeur de la convexité :

Années	**Flux**	**Coefficient d'actualisation***	**Valeur présente**	**Valeur actuelle pondérée par t**	**Valeur actuelle pondérée par t*(t+1)**
1	50	0,95238	47,619	47,619	95,238
2	50	0,90703	45,351	90,702	272,106
3	50	0,86384	43,192	129,575	518,300
4	50	0,82270	41,135	164,540	822,700
5	1050	0,78353	822,703	4113,515	24681,090
Total			**1000**		**26389,434**

*Actualisation des flux au taux de 5 % (courbe des taux plate)

C =26389,43/1000=26,389, d'où pour une variation à la hausse de *1 %* des taux d'intérêt :

$$\frac{dB}{B} = -4,545\frac{1}{1,05}(+0,01) + \frac{1}{2}26,389\frac{1}{(1,05)^2}(+0,01)^2 =$$

$$= -0,0432857 + 0,00119678 = -0,04208892$$

C'est-à-dire une diminution du prix de l'obligation de *4,208 %*. Elle est un peu moins importante que si l'on avait pris en compte uniquement la duration, d'où, du fait de la convexité, un effet « parachute » à la baisse du prix du titre. Par contre, on peut noter que si les taux baissent, il y a un effet levier qui joue à la hausse du prix du titre, la duration sous-estimant l'augmentation de prix de l'obligation :

$$\frac{dB}{B} = -4,545\frac{1}{1,05}(-0,01) + \frac{1}{2}26,389\frac{1}{(1,05)^2}(-0,01)^2$$

$$= +0,0432857 + 0,00119678 = +0,04448248$$

Globalement, notons qu'à duration égale, il convient de rechercher des obligations à forte convexité, surtout si on anticipe une forte volatilité des taux d'intérêt. En effet, plus la convexité est forte, et plus il existe un effet levier à la hausse du prix de l'obligation et plus un effet « parachute » se manifeste à la baisse.

2°). L'immunisation d'un placement obligataire

La relation inverse entre les deux composantes du risque de taux d'intérêt des obligations à taux fixe, le risque en capital (en cas de hausse des taux), et le risque de réinvestissement (en cas de baisse des taux) constitue le fondement même des recherches sur l'immunisation de portefeuille dont l'objectif est d'éliminer le risque de taux.

Le raisonnement suivant est implicite au concept d'immunisation. On se donne un horizon temporel de placement *H*, et une structure par terme des taux au début de la période de placement. L'immunisation contre des variations parallèles de la gamme des taux s'effectue par l'ajustement de la duration du portefeuille à « l'habitat », c'est-à-dire à l'horizon de placement. Cet ajustement se fait en choisissant dans des proportions adéquates, les obligations qui composent le portefeuille (en fonction de leurs durations respectives) de manière à ce que, lors de chaque flux de coupons, un réajustement de la duration intervienne pour suivre au plus près l'évolution de la durée restante du placement effectué jusqu'à l'époque *H*.

Fisher et Weil (1971)[22] considèrent qu'un placement obligataire est immunisé sur un horizon *H* donné, si sa valeur en fin de course, qu'elle qu'ait été l'évolution des taux d'intérêt pendant la période de placement, est égale à la valeur finale qui aurait été obtenue en l'absence de variations des taux. Leur modèle est basé sur un ensemble d'hypothèses :

– les fonds sont placés dans des supports dénués de risque de défaut et le restent pendant toute la période à l'étude ;
– il n'existe pas de coûts de transaction, ni d'impôts, ce qui rend les réajustements de portefeuille « indolores » ;
– le taux de placement requis est celui dont le terme est égal à l'horizon de placement souhaité, sur la structure initiale des taux ;
– les chocs qui interviennent sur le marché des taux d'intérêt, provoquent uniquement des déplacements parallèles des différents taux d'intérêt.

Les risques de réinvestissement et de perte en capital se compensent toutefois assez bien. En fait, il existe une règle à respecter pour que la compensation soit exacte et totale. Il faut que la duration du portefeuille obligataire (moyenne pondérée par les valeurs des obligations le constituant) soit égale à chaque perception de flux, à la durée restant à vivre au placement, c'est-à-dire à *H-t*. L'immunisation fait alors qu'une stricte compensation s'opère :

– entre les gains en capital, et le manque à gagner dû aux plus faibles taux de réinvestissement ;
– entre les pertes en capital, et les augmentations de revenus dues aux taux de réinvestissement plus forts.

---

[22] L. Fisher, R. L. Weil, "Coping with The Interest Rate Risk", *Journal of Business*, octobre 1971, p. 408-431.

En fait, si la duration dépasse la durée du placement *H-t*, la baisse des cours résultant de l'élévation des taux aura plus d'importance que l'augmentation de rendement due aux flux réinvestis à des taux plus forts.

En revanche, si la duration est inférieure à l'habitat, l'effet sur le réinvestissement sera prépondérant.

Application

Quelle que soit l'évolution des taux, les résultats obtenus sont les mêmes si on investit dans une seule obligation pendant une période de temps égale à la duration de l'obligation. Supposons l'achat d'une obligation de nominal *1000€* remboursable *in fine* dans cinq ans, de taux facial *13 %*, alors que le taux de rendement du marché lors de l'émission n'est que de *12 %*. La courbe des taux est supposée plate. On achète l'obligation au prix de *1036,05€*, et sa duration calculée est de *3,993* années.

On considère trois *scenarii*: les taux sont à *12 %,* et demeurent à ce niveau pendant cinq ans, les taux montent à *14 %* ou descendent immédiatement après l'achat à *10 %* et restent à ces différents niveaux, pendant toute la période de l'étude.

La valeur de l'obligation et des coupons à travers les différentes années se comporte comme suit[23] :

Année	**Taux 10 %**	**Taux 12 %**	**Taux 14 %**
Année 1			
Coupons	130	130	130
Valeur Oblig	1095,09	1030,36	970,87
Total	1225,09	1160,36	1100,87
Année 2			
Coupons	273*	275,6	278,2
Valeur Oblig	1074,5	1024,04	976,82
Total	**1347,5**	**1299,64**	**1255,02**
Année 3			
Coupons	430,3	438,67	447,14
Valeur Oblig	1052,01	1016,91	983,57
Total	**1482,31**	**1455,58**	**1430,71**
Année 4			
Coupons	603,33	621,31	639,74
Valeur Oblig	1027,28	1008,97	991,23
Total	**1630,61**	**1630,28**	**1630,98**
Année 5			
Coupons	793,66	825,86	859,31
Valeur Oblig	1000	1000	1000
Total	**1793,66**	**1825,86**	**1859,31**

Nb: 273* = 130x1,1+130

[23] Voir: *Éléments de gestion obligataire*, Patrick Navatte, Sirey, 1992, p. 158.

On note qu'à l'année 4, c'est-à-dire pour une période d'investissement égale à la duration, la valeur du portefeuille détenue par l'investisseur est la même, quels que soient les *scenarii.* Il y a bien immunisation du rendement, puisque les *1036,05€* investis ont permis d'obtenir dans toutes les situations au moins $1036,05 \times (1,12)^4 = 1630,24$ €

Malgré ces résultats, l'outil duration reste imparfait, car il suppose une modification parallèle de la structure des taux[24]. En fait, il faut rappeler que la duration « appropriée » dépend directement du processus stochastique qui gouverne les variations des taux. Si ce dernier n'est pas parfaitement identifié, la duration ne peut parfaitement jouer son rôle. Ainsi le succès de l'immunisation suppose implicitement que l'on anticipe l'évolution des taux de façon satisfaisante.

3°). L'introduction du risque de défaut

Bierman[25] *(1990)* part d'une idée simple pour évaluer la prime de risque de défaut incluse dans le taux pratiqué pour une obligation *corporate* (émise par une entreprise privée). Si l'investisseur est rationnel, il doit exiger un taux de rendement de son investissement qui ne soit pas dominé par le taux sans risque, étant donné la probabilité de défaut de son débiteur, qu'il est par ailleurs censé pouvoir estimer. En fait, la valeur présente de son investissement de départ ne doit pas être inférieure à celle d'un investissement au taux sans risque. Le modèle prend la forme simplifiée suivante :

Soient i le taux ajusté au risque par l'investisseur

p la probabilité de survie de l'entreprise pendant une année donnée (elle est supposée constante). La probabilité de défaut est donc égale à : $1-p$

I le montant des intérêts à payer chaque année en fin de période

r le taux sans risque sur la période concernée

Si on considère le cas d'une rente perpétuelle pour simplifier l'exposé, il vient concernant la valeur de l'obligation :

$$B = \frac{I}{i} = \frac{pI}{(1+r)} + \frac{p^2 I}{(1+r)^2} + ... + \frac{p^n I}{(1+r)^n}$$

---

[24] Pour l'analyse des conséquences des déformations non parallèles de la courbe des taux, voir les modèles à deux facteurs ou plus : R. Portait et P. Poncet, *Finance de marché : instruments de base, produits dérivés, portefeuilles et risques*, Dalloz, 2009, p. 181.

[25] H. Bierman, "Investing in junk bonds", *Journal of Portfolio Management*, winter 1990, p. 60.

$$B = \frac{I}{i} = \frac{pI}{(1+r)}\left[1 + \frac{pI}{(1+r)} + \ldots + \frac{p^{n-1}I}{(1+r)^{n-1}}\right]$$

C'est la somme d'une progression géométrique, donc, il vient :

$$B = \frac{I}{i} = \frac{pI}{(1+r)}\left[\frac{1}{1 - \dfrac{p}{(1+r)}}\right] = \frac{pI}{(1+r)}\left[\frac{1}{\dfrac{1+r-p}{(1+r)}}\right] \text{ et donc,}$$

$$B = \frac{pI}{(1+r-p)} = \frac{I}{i} \text{ d'où } i = \frac{1+r}{p} - 1$$

En supposant une probabilité annuelle de défaut constante et égale à *3 %* par an, (soit $p = 0{,}97$ la probabilité de survie), un taux sans risque de *5 %* par an, on obtient un taux de rendement exigé de *8,2474 %*, soit une prime de risque d'environ *325* points de base. Ceci implique qu'un investisseur ayant placé *100 €* au taux sans risque pendant deux ans, ne devrait pas obtenir plus (*110,25 €)*, qu'un autre intervenant ayant misé sur un titre de *100€* ayant une probabilité annuelle de défaillance de *3 %*, et un rendement exigé de *8,2474 %* : $100 \times (1{,}05)^2 = 100 \times (0{,}97)^2 \times (1{,}082474)^2 = 110{,}25$ €. Précisons qu'en cas de défaut, on considère ici qu'aucun paiement, même partiel, n'est effectué de la part du débiteur.

4°). La courbe des taux d'intérêt

En matière d'actualisation, il faut tenir compte du fait que la courbe des taux n'est pas forcément plate. Au lieu d'utiliser un taux unique quelle que soit l'échéance, il est préférable d'utiliser pour actualiser chaque flux de trésorerie, le taux au comptant qui lui correspond.

Selon la théorie des anticipations parfaites[26], la courbe des taux est plate, si le taux à court terme sur les échéances lointaines est égal au taux court actuel. Dans ce cas, le taux long qui est égal à la moyenne géométrique des taux courts, n'a pas un niveau différent du taux court actuel. Supposons qu'un investisseur s'interroge sur l'opportunité qu'il y a pour lui d'investir ses fonds sur un horizon de deux ans, en les investissant année après année ou en les bloquant directement pendant deux ans. La théorie des anticipations parfaites répond qu'il obtiendra strictement le même résultat en prenant l'une ou l'autre des deux solutions. En effet, selon cette théorie, il est équivalent d'investir

[26] F. Lutz, "The term structure of interest rates", *Quaterly Journal of Economics*, nov.1940.

son capital pendant deux ans de suite, ou bien de l'investir pendant un an, puis de réinvestir le capital et les intérêts obtenus la seconde année, sinon des arbitragistes interviendraient. L'égalité suivante prévaut donc :

$$(1 +_0 r_2)^2 = (1 +_0 r_1)(1 + {}_1i_1)$$

Où ${}_1i_1$ est le taux à un an dans un an. Comme il ne peut être observé à l'époque *0*, il ne peut s'agir que d'un taux implicite dans la gamme des taux au comptant, c'est-à-dire d'un taux calculé comme suit :

$$(1 + {}_1i_1) = \frac{(1 +_0 r_2)^2}{(1 +_0 r_1)} \text{ donc } (1 +_0 r_2) = \sqrt{(1 +_0 r_1)(1 + {}_1i_1)}$$

En généralisant à un horizon économique de *n* périodes, on obtient :

$$(1 +_0 r_n) = \sqrt[n]{(1 +_0 r_1)...(1 + {}_{n-1}i_1)}$$

On considère donc que les taux implicites dans la gamme des taux deviennent les taux futurs comptants constatés.

Si les taux courts futurs augmentent du fait d'un accroissement prévu du taux d'inflation, alors le taux long sera supérieur au taux court. Par contre, si les anticipations inflationnistes sont revues à la baisse, le taux long devrait être plus faible que le taux court. Il existe donc assez peu de chances pour que la courbe des taux soit plate. Par ailleurs, on a pu, à l'aide d'études empiriques, montrer que les taux implicites calculés surestimaient quelque peu les taux futurs comptants.

La théorie de la prime de liquidité[27] est venue compléter l'analyse précédente. En fait, selon cette dernière, placer pour deux ans, ou deux fois pendant un an, ne reviendrait pas tout à fait au même. En effet dans le premier cas, l'investisseur est « collé » à son placement pendant deux ans, tandis que dans le second cas, il pourrait « sortir » de son placement à la fin de la première année, et obtenir une liquidité totale. Étant donné le sacrifice consenti par l'intervenant qui place sur deux ans, il faut qu'il existe une rémunération différentielle. Celle-ci prend la forme d'une prime de « non »-liquidité octroyée à celui qui accepte de placer son argent, sans possibilité de sortie intermédiaire. On a donc :

$$(1 +_0 r_2)^2 = (1 +_0 r_1)(1 + {}_1i_1)$$

Mais $(1 + {}_1i_1) > (1 + {}_1r_1)$

Et $(1 + {}_1i_1) = (1 + {}_1r_1 + L_1)$

---

27 J. R. Hicks, *Value and Capital*, Oxford, 1939.

Avec L_1 : la prime de liquidité

Les primes de liquidité sont, semble-t-il, croissantes avec l'échéance, mais à taux décroissant. On obtient donc :

$L_1 < L_2 < L_3 ...... < L_n$

Ces primes positives font que même en situation de stabilité des taux courts futurs par rapport au taux constaté présentement, la courbe des taux devient ascendante. Pour qu'elle soit plate, il faut que la baisse des taux courts futurs soit juste compensée par les primes de liquidité.

La figure 2.2 représente la structure des taux d'intérêt de la zone euro au 28 octobre 2009 telle que publiée par la Banque Centrale Européenne *(BCE)*. La courbe est ascendante, et tend vers une asymptote dès que l'échéance d'environ seize ans est atteinte. On peut noter que le taux court *(0,4-0,5 %)* est très inférieur au taux long (*4,4 %*), ce qui laisse à penser que les taux courts futurs seront plus élevés dans l'avenir, puisque le taux long est fondamentalement une moyenne complexe de taux courts futurs, aux éventuelles primes de liquidité près. On peut également imaginer qu'une augmentation des taux d'inflation est anticipée du fait de la forme assez « pentue » de cette courbe des taux. Bien sûr, on peut aussi introduire dans l'analyse quelques rigidités dues à des comportements institutionnels, et comme *Modigliani et Sutch (1967)*[28], admettre que les prêteurs et les emprunteurs aient des préférences spécifiques en matière d'horizon temporel. Dans cette hypothèse, le caractère pentu de la courbe des taux pourrait, peut être, refléter l'existence de primes, qui inciteraient des intervenants à « sortir » de leur « habitat préféré ».

[28] Modigliani F. R. Sutch, "Debt management and the term structure of interest rates : an empirical analysis of recent experience", *Journal of Political Economy*, août 1967.

figure 2.2.

la structure récente des taux d'intérêt en Europe

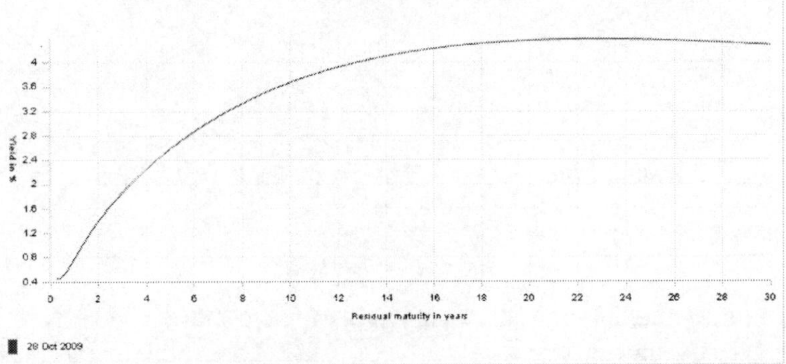

Idéalement, dans un marché complet[29], les taux devraient être directement observables à partir du spectre des obligations à coupon zéro. Pratiquement, ce spectre est très incomplet, ce qui nous renvoie à l'extraction des taux au comptant à partir de prix d'obligations ordinaires sans risque de défaut. On peut, par la technique du *bootstrap*[30], construire cette courbe de proche en proche. L'encadré 2.1. fournit quelques précisions sur le calcul des taux.

encadré 2.1.

Remarque sur les taux d'intérêt

Intérêts précomptés

Si les intérêts sont précomptés, cela veut dire que le montant des intérêts est soustrait de la valeur nominale du titre, s'ils sont post-comptés, ils sont au contraire ajoutés. On peut calculer le taux post-compté équivalent au taux précompté, en utilisant les relations suivantes :

---

[29] Un marché est réputé complet, si la création de n'importe quel nouveau contrat n'apporte rien au marché, en ce sens que son profil de rendements peut être dupliqué à l'aide d'un portefeuille d'actifs déjà existants.

[30] C'est une technique d'inférence statistique, basée sur des simulations comme les méthodes de Monte Carlo. Elle possède un caractère itératif.

$$K_0\left[1+r'\frac{j}{360}\right]=K_t \quad \text{ou} \quad K_0=\frac{K_t}{\left[1+r'\frac{j}{360}\right]}$$

Intérêts postcomptés

Composition des intérêts pour n années. Il vient alors :

$K_0(1+r')^n$

Cependant si on utilise une composition les intérêts p fois dans l'année, on obtient pour n années :

$$K_0\left(1+\frac{r'}{p}\right)^{pn}$$

En composant de manière continue les intérêts du placement, il vient pour n années :

$K_0e^{r'n}$

Si r' est un taux composé de façon continue, alors que r_p est son taux équivalent composé p fois durant l'année, l'égalité suivante doit prévaloir :

$$K_0e^{r'n}=K_0(1+\frac{r_p}{p})^{pn}$$

Ou encore :

$$e^{r'}=(1+\frac{r_p}{p})^p$$

Ceci signifie que l'on peut convertir un taux discontinu de fréquence de composition donnée en un taux continu équivalent et inversement.

$$r'=p\ln(1+\frac{r_p}{p})$$

On constate que r' est alors un taux continu, et r_p un taux discontinu équivalent égal à :

$$r_p=p(e^{r'/p}-1)$$

Application

Supposons l'existence d'un taux d'intérêt de 6 % par an, composé quatre fois par an (p = 4), le taux continu équivalent est donc égal à $4\ln(1+\frac{0,06}{4})=0,059554$, soit 5,955 %.

À l'inverse, soit un taux continu de 7 % par an, si l'on fait l'hypothèse que l'on versera deux fois les intérêts par an, le taux discontinu équivalent est égal à :

$2 \times (e^{0,07/2} - 1) = 0,071239$, c'est-à-dire 7,124 %.

B. – le prix d'une obligation à taux variable ou révisable

Ces instruments financiers, aussi appelés *Floating rate notes* sur le marché euro-obligataire, ont pour objectif de réduire ou d'éliminer le risque de taux, en tentant de faire en sorte que le taux de coupon s'ajuste plus ou moins instantanément aux variations des taux d'intérêt prévalant sur le marché. En fait, il en existe au moins deux catégories :

- Les obligations à taux révisable : la valeur du coupon est en fait révisée en fonction du taux prévalant en début de période. Ainsi la valeur de l'obligation ne fluctue plus, comme dans le cas d'une obligation à taux fixe, où le taux est fixé une fois pour toutes au début du contrat. Juste après un détachement du coupon, la valeur de l'obligation vaut le pair, et juste avant le détachement en fin de période, le pair plus la valeur du coupon couru. L'achat d'unc telle obligation s'assimile à une succession de prêts réalisés sur la période des coupons, au taux du marché. Le plus souvent, les contrats à taux révisables sont indexés sur l'*Euribor* en ce qui concerne l'euro, ou sur le *Libor* (*London Interbank Offered rate*) pour les autres devises comme le *us$* ou la *£*. Certains contrats peuvent inclure des marges additives m ou multiplicatives, et le coupon prendre la forme suivante : $C = \beta I + m$ avec I la référence de taux retenue (*Euribor* par exemple).
- L'obligation à taux variable « pur » implique que le taux applicable ne soit déterminé qu'en fin de période de coupon, c'est-à-dire juste avant d'être versé. Des contrats indexés sur l'*Eonia* (*Euro Overnight Interest Average*), c'est-à-dire sur un taux au jour le jour, et impliquant le calcul d'une moyenne ou d'une capitalisation sont de ce type. On peut aussi trouver des contrats plus complexes, impliquant des marges et des seuils minimum et maximum.

Un instrument à taux révisable simple (*plain vanilla*), de nominal égal à *1€*, a donc un prix égal à sa valeur nominale V juste après le détachement du coupon, et juste avant, une valeur de $V+C$, c'est-à-dire le pair plus le coupon. Entre deux coupons en *t*, la valeur de l'obligation révisable est la suivante : $P_t = \frac{1 + C}{1 + r_{T-t}}$ avec r_{T-t} le taux *Euribor* courant pour la période allant de *t* à *T*.

Sa duration est alors égale à $T - t$, c'est-à-dire la duration d'une obligation à coupon zéro de durée $T - t$. Le risque de taux, et donc de fluctuation du prix de l'obligation est donc très limité. C'est à peu près la même chose pour les obligations à taux variable dont la duration est très faible, et tend vers zéro. En cas de marge, le risque croît avec la durée de vie, et le risque de crédit est souvent plus important que le risque lié à l'évolution des taux d'intérêt.

C. – l'évaluation d'une action

Les actions constituent les fonds propres des entreprises et sont « responsables » de tous leurs engagements. Une action est une valeur mobilière qui confère à son propriétaire un droit sur les actifs de l'entreprise une fois que toutes les dettes ont été remboursées, ainsi qu'un droit sur les bénéfices éventuellement réalisés (dividendes, plus-values en capital). Si la valeur de l'actif est supérieure à celle des dettes, l'actionnaire recevra (en cas de vente) au *prorata* du nombre d'actions détenu dans le capital total, une somme d'argent représentative de ses droits. Ce marché est fondamental pour le développement des entreprises.

En appliquant à nouveau le principe de la valeur nette présente, on peut considérer que la valeur d'une action est égale à la somme des revenus futurs actualisés qu'elle est en mesure de générer. Dans ce cas, les revenus futurs peuvent prendre la forme, soit des dividendes qui seront distribués, soit de la plus-value en capital qui sera réalisée, si le cours de l'action augmente. Le taux d'actualisation r' utilisé sera fonction du risque anticipé par les actionnaires. Ce dernier est la conséquence de la volatilité des résultats bruts de l'entreprise (risque des affaires) et de la structure financière de la firme (endettement plus ou moins fort), c'est-à-dire de son risque financier. L'équation de valorisation simplifiée de cet actif à la période *0* s'écrit comme suit :

$$P_0 = \frac{Div_1 + P_1}{(1 + r')}$$

Où Div_1 représente le dividende versé par l'action à l'époque *1*, où r' indique la valeur du taux d'actualisation ajustée au risque, et où P_1 repère le prix de l'action au moment *1*. Cependant on peut continuer :

$P_1 = \frac{Div_2 + P_2}{(1+r')}$ et écrire : $P_0 = \frac{Div_1}{(1+r')} + \frac{Div_2 + P_2}{(1+r')^2}$, puis en généralisant, on peut obtenir :

$$P_0 = \frac{Div_1}{(1+r')} + \frac{Div_2}{(1+r')^2} + ... + \frac{Div_n + P_n}{(1+r')^n}$$

Où $P_0 = \sum_{t=1}^{n} \frac{Div_t}{(1+r')^t} . + \frac{P_n}{(1+r')^n}$

Si l'on admet par simplicité que tous les dividendes qui sont distribués sont égaux entre eux, et que l'horizon tend vers l'infini, on peut simplifier l'expression précédente, en considérant qu'elle contient une progression géométrique de raison $1/(1+r')$ dont on peut calculer la somme :

$$P_0 = \frac{Div}{(1+r')}\left[1 + \frac{1}{(1+r')} + ... + \frac{1}{(1+r')^{n-1}}\right]$$

On peut en effet considérer, en poussant le raisonnement à la limite que si $n \to +\infty$ et si $r'>0$ alors $P_n/(1+r')^n \to 0$. On obtient alors :

$$P_0 = \frac{Div}{(1+r')}\left[\frac{1 - \frac{1}{(1+r')^n}}{1 - \frac{1}{(1+r')}}\right] = \frac{Div}{(1+r')}\left[\frac{1}{\frac{r'}{(1+r')}}\right] = \frac{Div}{(1+r')} \times \frac{(1+r')}{r'} = \frac{Div}{r'}$$

Si les dividendes augmentent chaque année d'un taux de croissance égal à g, la formule d'évaluation de l'action devient la suivante :

$$P_0 = \frac{Div}{(1+r')} + \frac{Div(1+g)}{(1+r')^2} + ... + \frac{Div(1+g)^{n-1} + P_n}{(1+r')^n}$$

Puis on obtient :

$$P_0 = \frac{Div}{(1+r')}\left[1 + \frac{1+g}{1+r'} + ... + \frac{(1+g)^{n-1}}{(1+r')^{n-1}}\right] = \frac{Div}{(r'-g)} \quad \text{Avec } r' > g$$

Ainsi, une action dont le dividende courant est de *3€*, alors que le taux requis par le marché sur cet actif, étant donné le risque qu'il représente, est de *10 %*, devrait avoir une valeur de *30€* dans la mesure où le taux de croissance de son dividende est nul. Si ce dernier devient positif, et est égal à long terme à *2 %* par an, la valeur de l'action se modifie et devient égale à *37,5€*. La précision des valeurs attribuées aux paramètres est donc déterminante.

À partir de la formulation de la valeur d'une action, on peut écrire :

$$P_0 = \frac{Div}{(r' - g)} \text{ d'où } r' = \frac{Div}{P_0} + g$$

Ce qui signifie que le taux de rendement ajusté au risque r' exigé par le marché, doit être égal au taux de rentabilité obtenu grâce au dividende, auquel il faut ajouter le taux de croissance espéré de ce dernier. Supposons que le dividende versé soit de *5€* alors que le prix de l'action vaut *150€*. On constate alors que r' est égal à *0,0333* + g qui est plus difficile à estimer. Pour y parvenir il faut posséder deux informations complémentaires :

– le taux de distribution des bénéfices décidé par l'entreprise ;

– le taux de profit obtenu sur les fonds réinvestis dans la firme.

En supposant que la société distribue habituellement *50 %* de son bénéfice net, et que le taux obtenu sur réinvestissement soit de *12 %*, on peut estimer *g* comme suit :

*g = (1-taux de distribution)*x*(taux de retour sur réinvestissement)* = $0,5 \times 0,12 = 0,06$

Le taux r' exigé par le marché serait donc de *9,333 %*. Il ne faut sans doute pas accorder trop d'importance à ce calcul qui a été réalisé en supposant à la fois la constance du taux de profit, et du taux de rétention des bénéfices sur les périodes à venir.

Les sociétés qui enregistrent à un moment donné, une très forte croissance de leurs profits et de leurs dividendes ne doivent pas être évaluées en fonction de leurs performances du moment, mais plutôt de leurs caractéristiques de long terme. Le vocable « société de croissance » doit donc être interprété avec prudence lorsqu'il s'agit d'évaluer le cours d'équilibre d'une telle entreprise. Si on suppose l'existence d'une firme dont le taux de croissance est nul (pas de mise en réserve), et qui s'apparente au cas d'une rente perpétuelle en distribuant toujours le même dividende, le taux de rendement de l'action s'écrit alors :

$$r' = \frac{Div}{P_0} = \frac{Bpa}{P_0}, \; Bpa = \text{Bénéfice par action}$$

Si cette action paie un dividende de *5€*, alors que son prix est de *50€*, le rendement obtenu est de *10 %*. On peut également dire que la firme capitalise dix fois ses bénéfices (*PER : Price Earning Ratio).*

Si on suppose maintenant que l'entreprise va utiliser de plus en plus d'actifs pour mener à bien son objet social, la question clé, pour savoir quelle devrait être sa valorisation, est de se demander si les fonds réinvestis dans l'entreprise vont sécréter un taux de rentabilité supérieur ou non au taux de rendement requis par le marché. S'il y a égalité entre les deux taux, la valeur de l'action n'augmentera pas, par contre, si le taux de rentabilité obtenu sur les capitaux réinjectés dans la société est supérieur au taux requis, il y aura croissance de la valeur, et l'appellation « société de croissance » pourra être décernée à une telle entreprise. Pour préciser cela, reprenons l'hypothèse précédente en supposant que l'entreprise entreprenne un investissement du type suivant :

$$-10+\frac{1}{(1+r')}+\frac{1}{(1+r')^2}+...+\frac{1}{(1+r')^n}\text{, d'où VNP}=-10+\frac{1}{0,1}=0$$

Si l'investissement appartient à la même classe de risque que l'entreprise, r' est égal à *10 %*, et la valeur nette présente de ce projet est nulle. Il ne crée pas de valeur et ne contribue pas à accroître le prix de l'action. Par contre, si le taux de rentabilité obtenu des investissements réalisés est supérieur au taux requis par le marché, la formule d'évaluation se modifie. Elle devient égale à la valeur capitalisée des bénéfices de l'entreprise en situation stationnaire, ce à quoi, il faut ajouter la valeur présente de ses opportunités de croissance (*Vpoc*).

$$P_0=\frac{Bpa}{r'}+Vpoc$$

Cette fois-ci, le multiple (*PER*), c'est-à-dire $\frac{P_0}{Bpa}$ ne représente plus correctement la réalité. Par ailleurs, r' le taux requis est sous-estimé par l'inverse de ce multiple, si *Vpoc* est positif et surestimé dans le cas contraire. En appliquant cela aux données suivantes, $r'=0,10, Div=5, g=5\%$ il vient :

$$P_0=\frac{Div}{(r'-g)}=\frac{5}{(0,1-0,05)}=100\text{ €}$$

Si la société obtient des gains par action de *8,33€* à la même époque, on peut en déduire que son taux de rétention est de 40 %. Enfin, si on fait l'hypothèse que le taux de retour sur ses bénéfices est de *0,125*, on justifie le niveau du taux de croissance du dividende (*0,40*x*0,125* = *0,05*). La valeur de l'action en l'absence de croissance est alors de :

$$P=\frac{Bpa}{r'}=\frac{8,333}{0,10}=83,333\text{ €}$$

La différence (*100 - 83,333*) de *16,667€* provient de la non-prise en compte des opportunités de croissance. En effet, chaque année, la société met de côté *40 %* de ses bénéfices pour investir. La première année, elle investit *3,333€ à 12,5 %*. Le flux financier généré est de *0,125*x*3,333€* = *0,4166€*. La valeur nette présente de cet investissement à la période 1 est donc de : $VNP_1 = -3,333 + \frac{0,4166}{0,10} = 0,833\text{ €}$

Le même phénomène se reproduit à l'époque *2*, mais cette fois-ci, la société possède *3,499€* à sa disposition pour effectuer des investissements dont la valeur nette présente est :

$$VNP_2 = -3,499 + \frac{0,43745}{0,10} = 0,875\text{ €}$$

Au total, la valeur des opportunités de croissance peut être considérée comme étant égale à la somme des valeurs nettes présentes secrétées par les différents réinvestissements de fonds opérés dans l'entreprise. En résumant, la valeur présente de ces flux est donc égale à :

$$Vpoc = \frac{VNP_1}{(r'-g)} = \frac{0,833}{0,10-0,05} = 16,667\text{ €}$$

En effet, on peut remarquer que les valeurs nettes présentes des investissements réalisés, croissent de *5 %* par an $(0,875 = 0,833 \times 1,05)$. L'application de la formule établie précédemment est donc immédiate :

$$P_0 = \frac{Bpa}{r'} + Vpoc = \frac{8,333}{0,10} + 16,667 = 83,333 + 16,667 = 100\text{ €}$$

Ainsi, cette entreprise peut être considérée comme une société de croissance, car une part non négligeable de sa valeur « action » repose sur les résultats de ses futurs investissements. Bien sûr, tous ces modèles demandent à être maniés avec beaucoup de précautions, car ils supposent la vérification d'hypothèses fortes, telles que par exemple la constance infinie du taux de croissance *g*. Il faut alors réfléchir au niveau de ce dernier pour qu'il soit « soutenable », ou encore « durable ».

D. – retour sur la notion de risque à travers l'analyse de portefeuille

Pour calculer la valeur présente d'un actif risqué, il faut découvrir, la plupart du temps, le taux adéquat qui rend vraiment compte du risque pris. Une première étape consiste donc à le quantifier, alors qu'une seconde étape a pour objet de découvrir le prix du risque, pour celui qui est effectivement rémunéré. Les actifs financiers sont pratiquement tous des actifs risqués. En fait, leur valorisation repose sur des *scenarii* de revenus futurs auxquels sont associés des probabilités de survenance. Quand on est capable de dénombrer tous les états de la nature qui peuvent déterminer leur valeur, et lorsqu'il est possible de leur affecter une probabilité d'occurrence, on fait face à un univers risqué. Dans le cas contraire, on se cantonne à l'univers incertain.

Si l'on considère le cas d'un actif isolé, on peut analyser le risque à l'aide de sa distribution de rentabilités que l'on peut, par simplicité, considérer comme « normale ». Dans cet univers quelque peu simplifié, on recourt alors aux paramètres de la moyenne et de la variance pour décrire l'intégralité de la distribution (voir figure 2.3). Si on étudie un placement en actions dont les caractéristiques seraient les suivantes: $E(r_i) = 0{,}10, \sigma_{r_i} = 0{,}035$, on sait que ce projet implique environ *68,5 %* de chances de rapporter un rendement compris dans l'intervalle suivant: $[0{,}065 - 0{,}135]$ (plus ou moins un écart-type à partir de la moyenne), et qu'il comporte aussi environ *95 %* de chances de rapporter à son détenteur une rentabilité comprise entre les deux bornes suivantes $[0{,}03 - 0{,}17]$ (plus ou moins deux écart-types à partir de la moyenne). Les rendements très élevés ou négatifs sont, dans cet exemple, peu probables (environ *2,5 %* pour chaque type).

figure 2.3.

distribution des rentabilités selon une loi normale

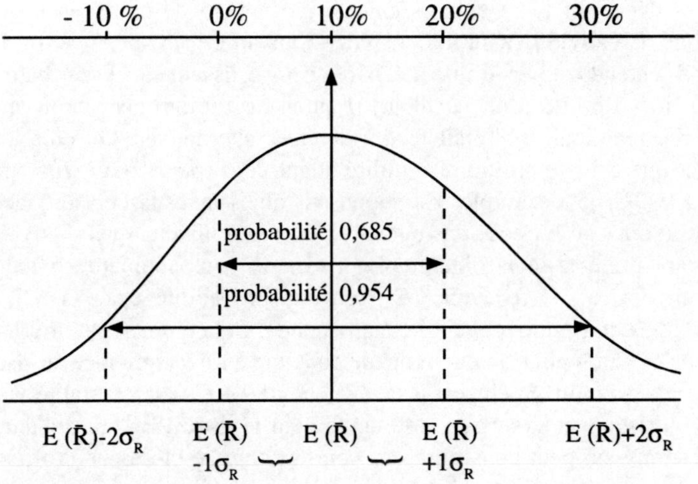

Le risque prend donc la forme d'une variabilité importante des résultats autour de la valeur espérée. En outre, notons que les individus n'ont pas tous la même attitude face au risque (différentes fonctions d'utilité : voir figure 2.4). Certains possèdent une aversion face au risque, d'autres sont neutres vis-à-vis de lui, et enfin certains sont joueurs, et ont un goût pour le risque.

figure 2.4.

les fonctions d'utilité des différents intervenants

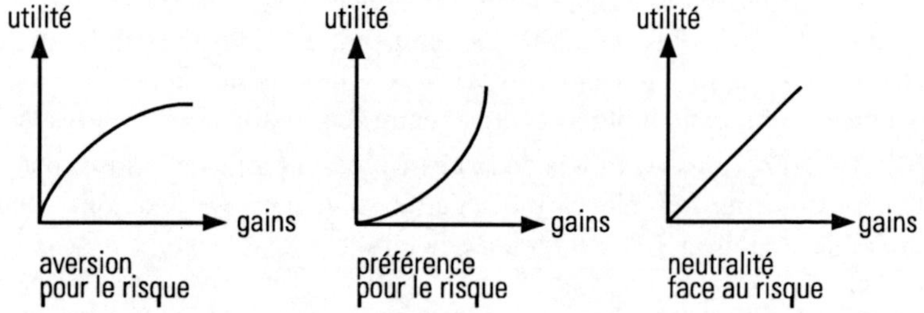

On peut tenter de repérer leurs comportements vis-à-vis du risque par l'intermédiaire de la construction de leurs fonctions d'utilité. Elles décrivent leurs comportements en matière de choix en univers risqué. L'individu va en fait chercher à maximiser l'espérance d'utilité qu'il entend retirer d'une décision d'investissement. Pour bâtir la fonction d'utilité d'un décideur, il suffit de l'interroger sur le choix qu'il effectuerait, s'il était face à diverses alternatives. On crée à cet effet une échelle arbitraire d'utilité allant de *0* (pour *0€*) à *100* (pour *100 000€*) par exemple. En supposant que l'investisseur soit face à une loterie, on lui pose des questions du type suivant : quel équivalent certain préférez-vous obtenir plutôt que de vous soumettre à un jeu de hasard, et de recevoir *0€* avec une probabilité égale à *0,5*, ou *100 000€* avec une probabilité équivalente ? Si la réponse est inférieure à *50 000€*, on pourrait être tenté de conclure à l'aversion face au risque de l'investisseur. Si elle est juste égale à *50 000€*, à sa neutralité vis-à-vis du risque, et au-dessus, à son goût pour le risque. En multipliant les questions, on peut construire des courbes comme ci-dessus. Le risque de change lui aussi intervient dans le calcul du retour sur investissement (encadré 2.2.).

encadré 2.2.

le risque lié à la variabilité des taux de change

L'investissement international

Mais au-delà du risque lié à la détention d'un actif national, il peut en plus exister un risque supplémentaire lié au caractère international du placement réalisé. Considérons par exemple un investisseur français achetant une action d'une société x américaine cotée à *New-York*. L'investisseur va souhaiter estimer la rentabilité réelle et le risque de son placement. Supposons que l'action x possède une espérance de rentabilité nominale R_{us} aux États-Unis, et R_{euro} en Europe. La relation existante entre R_{euro} et R_{us} est de la forme :

$$(1 + R_{eur}) = (1 + R_{us})(Y_{t+1} / Y_t)$$

Où Y_t est la valeur en € d'un dollar américain à l'époque t.

La rentabilité réelle de l'action x pour l'investisseur européen est égale à r_{eur}, ce qui s'exprime comme suit :

$$(1 + r_{eur}) = (1 + R_{us})(Y_{t+1} / Y_t) / (I^{t+1}_{eur} / I^{t}_{eur})$$

Où I^{t}_{eur} indique le niveau de l'indice des prix en Europe à l'époque t.

Si l'action x avait été achetée par un investisseur américain, la rentabilité réelle de son investissement se calculerait comme suit :

$$(1 + r_{us}) = (1 + R_{us})(I^{t+1}_{us} / I^{t}_{us})$$

La rentabilité réelle des deux placements n'est donc la même dans les deux pays, que si la variation des taux de change au comptant est juste égale au différentiel d'inflation prévalant entre les deux pays, c'est-à-dire si :

$$(Y_{t+1} / Y_t) = (I^{t+1}_{eur} / I^{t}_{euro}) / (I^{t+1}_{us} / I^{t}_{us})$$

Cette relation exprime l'idée contenue dans la théorie de la parité des pouvoirs d'achat[31], qui est fondée sur la loi du prix unique. En effet, si le marché international des capitaux est parfait, un même bien doit avoir le même prix partout. De plus, à l'équilibre, il doit y avoir égalité entre les taux de rentabilité réels prévalant dans

---

[31] B. Solnik, *International Investments*, Addison-Wesley, 2007.

les différentes régions du monde (relation de *Fisher* au niveau international). Ces différents résultats ont été acquis grâce à un raisonnement d'arbitrage. En effet, si le même actif offre quelque part dans le monde un rendement supérieur, les intervenants se précipiteront pour l'acheter à cet endroit, ce qui fera monter son prix, et diminuer son rendement de telle sorte qu'à l'équilibre, l'égalité des rendements soit acquise sur les différentes places financières.
Si les marchés étaient parfaits, la relation de parité des pouvoirs d'achat étant toujours satisfaite, le risque monétaire serait le même pour tous les investisseurs, quelle que soit leur nationalité. Cependant, les tests empiriques réalisés semblent montrer que cette relation est loin d'être toujours vérifiée. Ainsi le risque lié à la détention d'un actif étranger est-il plus élevé que celui associé à un actif national, du fait de l'existence du risque de change. Malgré tout, une diversification peut être opérée au niveau international, pour diminuer les risques.

En général, les investisseurs ont une aversion pour le risque et recherchent toutes les manières d'en limiter la portée. Un des moyens à leur disposition est de diversifier leurs portefeuilles d'actifs. En effet, la rentabilité de ces derniers peut évoluer de façon très différente pour un même état de la nature envisagé. Des compensations peuvent donc s'opérer et rétrécir le champ de variabilité du résultat le plus probable. Pour étudier ces opportunités de réduction du risque, on recourt généralement aux concepts de covariance ou de coefficient de corrélation. Considérons un portefeuille uniquement composé de deux titres *A* et *B* dont les caractéristiques sont recensées ci-dessous :

États de la nature	Taux de rentabilité	Taux de rentabilité	Probabilités	*E(A)*	*E(B)*=	σA	σB
	A	*B*		*A*	*B*	*A*	*B*
1	+ 0,30	+0,05	0,125	0,0375	0,00625	0,0425390	0,0004515
2	+ 0,10	+0,07	0,750	0,0750	0,05250	0,0000390	0,0000015
3	- 0,15	+0,10	0,125	-,01875	0,01250	0,0594140	0,0008265
				E(A) = 0,09375	*E(B)*= 0,07125	σ_A = 0,1130194	σ_B = 0,0126836

Un investissement réalisé conjointement dans les titres *A* et *B* peut faire baisser le risque perçu. En fait, l'étude de la covariance des rentabilités des deux actifs et le signe et la taille du coefficient de corrélation vont nous renseigner à ce sujet.

États de la nature	$p_i\left[R_A - \bar{R}_A\right]\left[R_B - \bar{R}_B\right]$	$Cov(R_A, R_B)$
1	0,125(0,30 - 0,09375)(0,05 – 0,07125)	-0,00054785
2	0,750(0,10 - 0,09375)(0,07 - 0,07125)	-0,00000586
3	0,125(-0,15 -0,09375)(0,10 - 0,07125)	-0,00087597
Total		-0,00142969

$$Cov(A,B) = \sum_{i=1}^{3} P_i\left[R_A - \bar{R}_A\right] \times \left[R_B - \bar{R}_B\right] = -0,0014297$$

$$\text{Et } \rho_{A,B} = \frac{Cov(A,B)}{\sigma_A \sigma_B} = -0,99734$$

La covariance est négative, et le coefficient de corrélation aussi. On vérifie bien que lorsque l'actif *A* enregistre de bonnes performances pour un état de la nature donné, l'actif *B* lui en réalise plutôt de médiocres. Une réduction du risque est donc possible. Supposons par exemple que les fonds à disposition soient répartis pour *5 %* (x) dans l'actif A et pour *95 %* soit $(1-x)$ dans l'actif *B*. L'espérance et la variance du portefeuille deviennent :

$$E(R_P) = xE(R_A) + (1-x)E(R_B)$$

$$E(R_P) = 0,05 \times 0,09375 + 0,95 \times 0,07125 = 0,072375$$

$$Var(R_P) = x^2 Var(R_A) + (1-x)^2 Var(R_B) + 2x(1-x)Cov(R_A, R_B)$$

$$Var(R_P) = 0,05^2 \times 0,1130194^2 + 0,95^2 \times 0,0126836^2 \\ + 2 \times 0,05x0,95 \times -0,00142969 = 0,000041301$$

$$\sigma(R_P) = 0,00642658$$

Cependant la décroissance du risque s'est opérée au détriment de l'espérance de rentabilité. Il existe des limites à la réduction complète du risque par le biais de la diversification. En effet, dans le cas d'un portefeuille comprenant *n* titres, la matrice des variances et des covariances décrit les relations existantes entre les actifs, et possède la configuration matricielle suivante :

$$\begin{pmatrix} \mathrm{var}(1) & \mathrm{cov}(1,2) & \cdots & \mathrm{cov}(1,n) \\ \mathrm{cov}(2,1) & \mathrm{var}(2) & \cdots & \mathrm{cov}(2,n) \\ \vdots & \vdots & \ddots & \vdots \\ \mathrm{cov}(n,1) & \mathrm{cov}(n,2) & \cdots & \mathrm{var}(n) \end{pmatrix}$$

Où $Cov(n,1) = Cov(1,n)$ etc…

Avec $Cov(n,1) = \rho_{n,1} \times \sigma_n \times \sigma_1$.

Il a alors été montré que le risque d'un portefeuille bien diversifié tend vers la covariance moyenne des titres qui le composent. Si l'on investit dans les divers actifs pour un même montant $(M \times \frac{1}{n})$, la formule donnant la variance du portefeuille, prend la forme suivante :

$$Var(R_p) = \left(\frac{1}{n}\right)^2 Var(1) + \left(\frac{1}{n}\right)^2 Var(2) + ... + \left(\frac{1}{n}\right)^2 Var(n)$$
$$+ 2\left(\frac{1}{n}\right)^2 Cov(1,2) + ... + 2\left(\frac{1}{n}\right)^2 Cov(1,n)$$

$$Var(R_p) = \left(\frac{1}{n}\right)^2 n\left[(Var(1) + Var(2) + ... + Var(n)) / n\right]$$
$$+ \left(\frac{1}{n}\right)^2 (n^2 - n)\left[(Cov(1,2) + ... + Cov(1,n)) / n\right]$$

On peut donc écrire :

$Var(R_p) = \left(\frac{1}{n}\right)^2 \times n \times Varmoy + \left(\frac{1}{n}\right)^2 \times (n^2 - n)Covmoy$, soit :

$$Var(R_p) = \frac{Varmoy}{n} + \frac{(n-1)}{n} Covmoy$$

Lorsque n le nombre de titres qui composent le portefeuille augmente, on se rend compte que le premier terme de l'équation ci-dessus tend vers zéro, et que petit à petit, la variance du portefeuille converge vers la valeur de la covariance moyenne. Un exemple va nous permettre d'illustrer cela si *Varmoy* = 0,005 et *Covmoy* = 0,0025 :

$n = 10 \qquad Var(R_p) = \frac{0{,}005}{10} + \frac{9}{100} \times 0{,}0025 = 0{,}00275$

$n = 50 \qquad Var(R_p) = \frac{0{,}005}{50} + \frac{49}{50} \times 0{,}0025 = 0{,}00255$

$n = 100 \qquad Var(R_p) = \frac{0{,}005}{100} + \frac{99}{100} \times 0{,}0025 = 0{,}002525$

Il semble donc qu'il soit impossible d'éliminer tout risque (voir figure 2.5). Les actifs présents sur le marché ne fluctuent pas de manière indépendante. Il existe donc un risque systématique, qui est non diversifiable. *Evans et Archer (1968)*[32] ont montré qu'à l'aide d'un portefeuille composé d'une vingtaine de titres, on pouvait pratiquement éliminer le risque diversifiable.

figure 2.5.

les bénéfices escomptés de la diversification

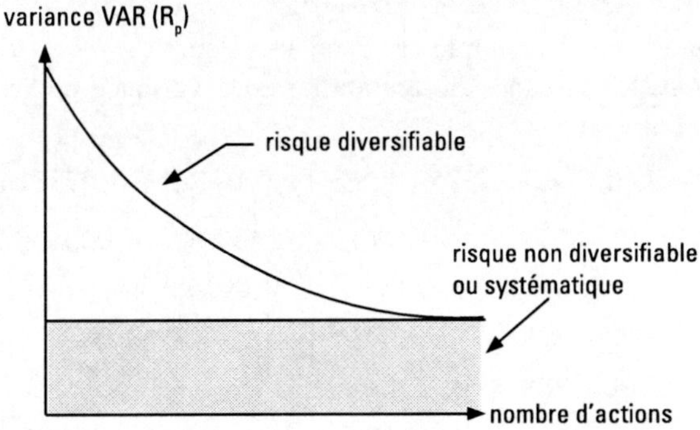

On peut également souhaiter diversifier internationalement les actifs détenus en portefeuille. L'adjonction de valeurs étrangères dans un portefeuille national peut réduire le risque global de ce dernier, notamment si la corrélation des rentabilités entre ces valeurs et le marché national est négative.

1°). L'existence d'une relation rendement - risque

Si l'on ne peut supprimer tout risque, on peut cependant essayer de le réduire sous contrainte d'un rendement donné. En fait, on peut exiger un certain rendement des actifs financiers, et rechercher le portefeuille qui, tout en satisfaisant à la condition de rentabilité, admet le risque minimum. On parle alors de portefeuilles efficients. En effet, un portefeuille est efficient lorsqu'il n'est « dominé » par aucun autre, c'est-à-dire par un portefeuille dont l'espérance de rendement est plus élevée à risque égal, ou dont le risque est moins important à rentabilité égale. L'ensemble des portefeuilles efficients constitue la

[32] J. Evans, S. Archer, "Diversification and the reduction of dispersion : An empirical analysis", *Journal of Finance*, septembre 1968.

frontière efficace d'investissement. Pour obtenir le portefeuille de plus faible variance, il suffit de minimiser la fonction $Var(R_P)$, et donc de la dériver par rapport à x. Si l'on en reste aux conditions de premier ordre, l'annulation de la dérivée est nécessaire :

$$\frac{dVar(R_P)}{dx} = x\left[2Var(R_A) + 2Var(R_B) - 4Cov(R_A, R_B)\right] + 2Cov(R_A, R_B) - 2Var(R_B) = 0$$

Analytiquement, la minimisation du risque intervient lorsque le pourcentage x des fonds investis dans le titre A est tel que :

$$x = \frac{Var(R_B) - Cov(R_A, R_B)}{Var(R_A) + Var(R_B) - 2Cov(R_A, R_B)}$$

Appliqué à notre exemple, x prend la valeur *0.1007*, et donc *(1-x)* vaut *0.8993*. L'espérance de rentabilité et la variance des rentabilités deviennent alors :

$$E(R_P) = 0{,}1007 \times 0{,}09375 + 0{,}8993 \times 0{,}07125 = 0{,}07351575$$

$$Var(R_P) = (0{,}1007)^2 \times 0{,}0127733 + (0{,}8993)^2 \times 0{,}000160874 + 2 \times (0{,}1007) \times (0{,}8993) \times -0{,}0014297$$

$$Var(R_P) = 0{,}000000687$$

$$\sigma(R_P) = 0{,}0008288$$

Un investisseur rationnel doit choisir un point sur la frontière efficace, en fonction du niveau de risque qu'il entend assumer. En réalité, aucun des portefeuilles appartenant à cette frontière n'est en soi supérieur à un autre. Cependant les investisseurs les moins « risquophobes » (ils sont tous averses au risque…) accepteront une variance des rendements plus élevée, en contrepartie d'une espérance de rentabilité supérieure. À l'aide de sa fonction d'utilité, l'investisseur effectuera son choix. Ce dernier se portera sur le portefeuille d'actifs situé au point de tangence (T^*) entre la courbe d'indifférence la plus haute (c'est-à-dire celle lui procurant le plus d'utilité), et la frontière efficace (voir figure 2.6). Bien sûr, les individus possédant des réactions différentes face au risque (plus ou moins grande aversion), il n'y a aucune raison pour que tous se dirigent vers les mêmes portefeuilles. Cette analyse peut être aménagée pour tenir compte des possibilités d'emprunt et de prêt au taux sans risque qui peuvent retenir l'attention de l'investisseur.

Si on généralise les résultats précédents en considérant cette fois-ci n actifs, on s'aperçoit très vite que pour construire la frontière efficiente, il faut effectuer de très nombreux calculs.

$$E(R_p) = \sum_{i=1}^{n} x_i E(R_i)$$

$$Var(R_p) = \sum_{i=1}^{n} \sum_{j=1}^{n} x_i x_j \rho_{i,j} \sigma_i \sigma_j$$ avec $\rho_{i,j}$ le coefficient de corrélation ;

Ou bien :

$$Var(R_p) = \sum_{i=1}^{n} \sum_{j=1}^{n} x_i x_j Cov(R_i, R_j)$$

Pour résoudre ces difficultés, *Sharpe (1963)*[33] a proposé un modèle liant les rentabilités des titres à celles d'un indice de marché. Au-delà de cet avantage non négligeable, ce modèle permet de décomposer le risque en deux composantes : diversifiable et non diversifiable.

figure 2.6.

la frontière efficace et le choix d'un portefeuille

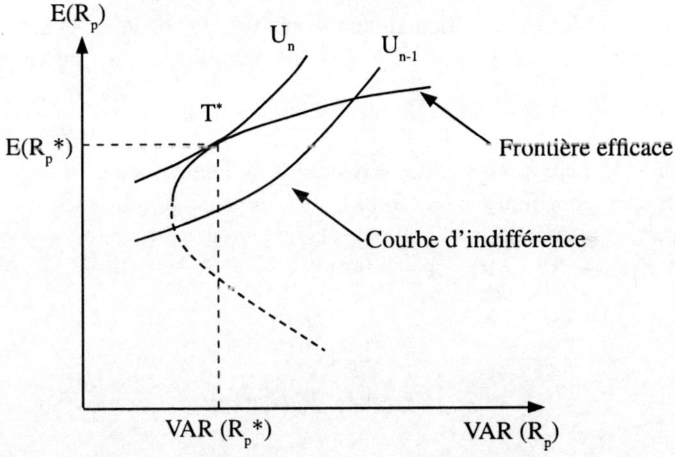

Élaboré au niveau du marché des actions, le modèle diagonal lie le taux de rentabilité d'un titre à celui de l'indice de marché. Bien qu'il y ait encore des covariances à calculer, il n'y en a plus qu'une par action à évaluer. Les rentabilités des actions sont estimées comme suit :

$$R_{it} = \frac{P_{it} - P_{it-1} + D_{it}}{P_{it}}$$

[33] W. F. Sharpe, " A simplified model for portfolio analysis", *Management Science*, janvier 1963, p. 227-293.

Où R_{it} représente la rentabilité de l'action *i* à l'instant t ;

P_{it}, D_{it} indiquent le prix de l'action *i*, et le montant du dividende distribué à la période *t* ;

De façon équivalente, on repère la rentabilité de l'indice de marché R_{mt} de la façon suivante :

$$R_{mt} = \frac{I_t - I_{t-1}}{I_{t-1}}$$

Il est alors possible à l'aide d'une régression simple d'expliquer les rentabilités d'un titre particulier à l'aide des variations de prix de l'indice général des valeurs mobilières (voir figure 2.7).

L'équation est telle que :

$$R_{it} = \alpha_i + \beta_i R_{mt} + \varepsilon_{it}$$

Où β_i représente l'ordonnée à l'origine et permet d'estimer la rentabilité de l'action pour une rentabilité nulle du marché ;

Où α_i indique le coefficient bêta, c'est-à-dire la pente de la droite de régression. Il exprime la sensibilité de la rentabilité de l'action vis-à-vis des fluctuations de l'indice de marché. Il s'écrit $\beta_i = \frac{CoV(R_{it}, R_{mt})}{\sigma^2 R_{mt}}$

Où ε_{it} repère le niveau des « résidus » de l'équation, et ici la valeur du risque spécifique, c'est-à-dire non dépendante du marché (par opposition au risque systématique ou risque de marché), mais du titre avec $E(\varepsilon_{it}) = 0$; $CoV(\varepsilon_{it}, \varepsilon_{jt}) = 0$

figure 2.7

le modèle de Marché

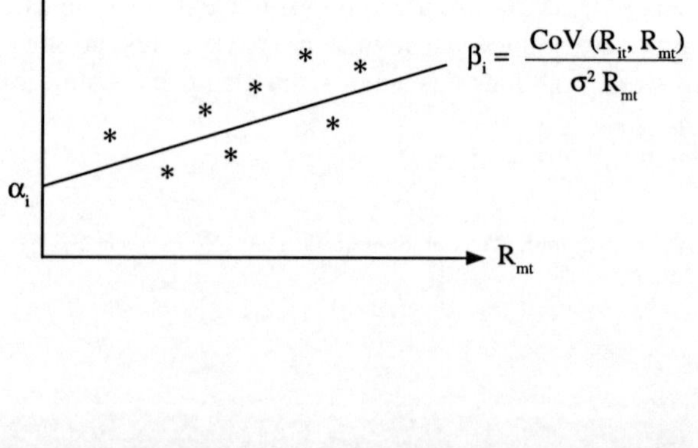

Il est alors possible de réécrire l'espérance et la variance de la rentabilité d'un portefeuille comme suit :

$$E(R_P) = \sum_{i=1}^{n} x_i E(R_i) \text{ avec } E(R_i) = \alpha_i + \beta_i E(R_m)$$

$$Var(R_P) = \sum_{i=1}^{n} x_i^2 \beta_i^2 Var(R_m) + \sum_{i=1}^{n} x_i^2 Var(\varepsilon_i) \text{ sachant que :}$$

$$Var(R_i) = \beta_i^2 Var(R_m) + Var(\varepsilon_i)$$

Ceci présente l'avantage de bien faire apparaître les deux composantes du risque de l'action :

- une composante systématique, également dénommée risque de marché : $\sum_{i=1}^{n} x_i^2 \beta_i^2 Var(R_m)$ qui fait référence aux facteurs macroéconomiques (niveau des taux d'intérêt, taux de croissance du PIB...) et qui est non diversifiable.
- Une composante non systématique et diversifiable : $\sum_{i=1}^{n} x_i^2 Var(\varepsilon_i)$ fonction des caractéristiques spécifiques de chaque action, qui peut être éliminée par l'intermédiaire de la constitution de portefeuilles diversifiés, c'est-à-dire comprenant au moins une vingtaine d'actions différentes.

2°). Calcul du coefficient β_i d'une action

Il faut pour ce faire disposer à la fois des prix de l'action *i* repérés par exemple au début de chaque mois pendant *13* mois, ainsi que des valeurs correspondantes de l'indice boursier sur les mêmes périodes.

Mois	Cours	Taux $R_{i,t}$	Indice Boursier	Taux $R_{m,t}$	$[R_{mt} - \bar{R}_{mt}]^2$	$[R_{it} - \bar{R}_{it}][R_{mt} - \bar{R}_{mt}]$
1	100		3000			
2	103	0,03	3050	0,016666	0,000058132	0,000126844
3	102	-0 ,009708	3020	-0,009836	0,000356361	0,000435533
4	106	0,03921	3080	0,0198675	0,000117202	0,000279813
5	109	0,02830	3130	0,0162337	0,000051727	0,000107426
6	107	- 0,01838	3110	-0,0063897	0,000238123	0,000489841
7	109	0,01869	3150	0,01286174	0,000014594	0,000020348
8	111	0,018348	3180	0,0095238	0,000000233	0,000002404
9	113	0,018018	3210	0,00943396	0,000000154	0,000001827
10	110	-0,026548	3190	-0,0062305	0,000233235	0,000609530
11	111	0,009090	3210	0,00626959	0,000007684	0,000011846
12	114	0,027027	3270	0,01869159	0,000093124	0,000131854
13	117	0,026315	3340	0,02140673	0,000152898	0,000160148
Total		0,160362		0,108498408	0,001323466	0,002377414

Rappelons que : $Var(R_{mt}) = \frac{1}{n-1}\sum(R_{mt} - \bar{R}_{mt})^2$

et que $Cov(R_{it}, R_{mt}) = \frac{1}{n}\sum(R_{it} - \bar{R}_{it})(R_{mt} - \bar{R}_{mt})$

$E(R_{it}) = \bar{R}_{it} = 0,01336423$ $\quad E(R_{mt}) = \bar{R}_{mt} = 0,009041534$

$\sigma^2(R_m) = 0,000120315$ $\quad \sigma(R_m) = 0,010968825$

$Cov(R_{it}, R_{mt}) = 0,000198118$

$$\beta = \frac{0,000198118}{0,000120315} = 1,64665$$

Si on calcule $\sigma^2(R_{it}) = 0,000431669$ et si on calcule ce que représente le risque systématique dans la variance totale, il vient :

$$\sigma^2(R_{it}) = 1,6466^2 * 0,000120315 + \sigma^2(\varepsilon_{it}) = 0,000431669$$

D'où $\sigma^2(\varepsilon_{it}) = 0,00010546$, soit assez peu de risque diversifiable.

Si l'on constitue des portefeuilles bien diversifiés, alors le risque total de ces derniers ne comprend plus que du risque systématique, et on obtient :

$$Var(R_P) = \sum_{i=1}^{n} x_i^2 \beta_i^2 Var(R_m) = \beta_P^2 Var(R_m)$$

Les gérants de portefeuille examinent de près la sensibilité des titres à une variation de l'indice de marché. Un titre volatile ($\beta = 2$) gagnera ainsi *2 %* quand l'indice de marché aura progressé de *1 %*. Cependant l'effet joue aussi à la baisse. Un portefeuille dont le coefficient β serait égal à l'unité, reproduirait exactement les variations de l'indice. Bien diversifié, ce portefeuille serait géré selon les principes de la gestion indicielle. En France, l'indice le plus représentatif est le *Cac 40.*

Le problème essentiel lié à ce type d'approche, est de savoir si le coefficient estimé est stable dans le temps. Ce coefficient est calculé à l'aide de données historiques et les études empiriques réalisées aussi bien en France qu'à l'étranger semblent montrer, qu'il n'est pas possible de savoir quel sera le niveau du β « futur ». Son instabilité peut néanmoins avoir beaucoup moins d'influence, si l'on raisonne au niveau de portefeuilles, et non plus au niveau de données individuelles. Un prolongement de ce modèle est constitué par le *Medaf* (Modèle d'équilibre des actifs financiers) qui va nous permettre d'évaluer le prix du risque.

3°). Le prix du risque

Le *Medaf* se fonde sur l'hypothèse de perfection des marchés financiers, ce qui implique que les conditions suivantes soient réunies :

- Tous les investisseurs sont rationnels ; ils cherchent à maximiser leur richesse personnelle ; ils possèdent des anticipations équivalentes en ce qui concerne les espérances et les variances des rentabilités futures des différents actifs.
- Ils peuvent prêter ou emprunter sans restriction au même taux d'intérêt.
- Tous les actifs sont parfaitement divisibles et négociables.
- L'information est disponible et sans coût.
- Il n'y a pas d'impôt, ni frais de transaction d'aucune sorte.
- Il existe un actif sans risque parfaitement liquide.

L'introduction d'un actif sans risque dans l'analyse modifie la forme de la frontière efficace des placements. Considérons un investisseur qui souhaite insérer dans son portefeuille un certain montant d'actions ayant une espérance et une variance de rentabilité $E(R_p), V(R_p)$, et placer le reste de son capital dans l'actif sans risque. Si l'on appelle x et $(1\text{-}x)$ les proportions du capital investies respectivement dans le portefeuille d'actions, et dans l'actif sans risque, l'espérance et la variance du portefeuille global k s'écrivent :

$$E(R_K) = (1 - x)r_f + xE(R_P)$$

$$\sigma^2(R_K) = x^2\sigma^2(R_P)$$

Où r_f dénomme le taux d'intérêt sans risque.

Donc : $x = \sigma(R_K)/\sigma(R_P)$ et en remplaçant x par sa valeur dans l'équation représentative de l'espérance de rendement, il vient :

$$E(R_K) = r_f + \sigma(R_K)\frac{\left[E(R_P) - r_f\right]}{\sigma(R_P)}$$

Cette relation linéaire lie la rentabilité au risque total du portefeuille. Si on considère le portefeuille de marché, c'est-à-dire $E(R_m)$ qui est censé inclure tous les titres du marché, ou avoir un comportement similaire à tel portefeuille, on peut montrer que la droite r_fM constitue la nouvelle frontière efficace (voir figure 2.8).

figure 2.8.
la construction de la frontière efficace

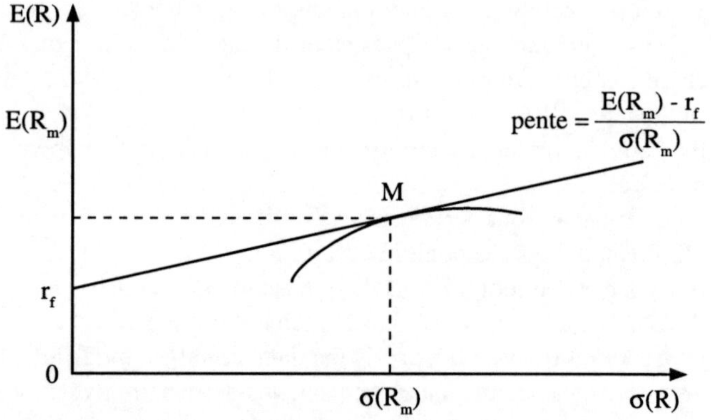

Pour un niveau de risque donné, on obtient sur cette droite la rentabilité maximale possible, et pour une rentabilité choisie, on minimise le risque. On retrouve alors le problème du choix d'un portefeuille efficace parmi l'ensemble des possibilités. En fonction de sa plus ou moins grande aversion pour le risque, l'investisseur inclura dans son portefeuille une proportion plus ou moins forte d'actif sans risque. Ayant la possibilité d'emprunter au taux sans risque, il pourra le faire pour acheter plus d'actions. Dans ce cas, son portefeuille ne comprendra plus que des actions et des dettes, ce qui le rapprochera (si les proportions sont bien choisies) de la détention d'options et le risque deviendra alors nettement plus élevé.

En reprenant les notations x et $1 - x$ pour dénommer les proportions investies dans le portefeuille de marché *M* et dans l'actif sans risque, on obtient les possibilités suivantes :

- $0 < x < 1$ et $0 < 1 - x < 1$ pour un portefeuille prêteur
- $x > 1$ et $1 - x < 0$ pour un portefeuille emprunteur

En fait, jusqu'au point *M* en partant de la gauche de la figure 2.9, l'intervenant investit une fraction de plus en plus importante de son portefeuille dans l'indice de marché, jusqu'à ne plus détenir du tout d'actif sans risque en *M*. Ultérieurement, il s'endette pour acheter des actions.

L'équation liant la rentabilité d'un portefeuille à son risque permet par ailleurs d'évaluer le prix du risque de marché :

$$E(R_K) = r_f + \sigma(R_K)\frac{\left[E(R_m) - r_f\right]}{\sigma(R_m)}$$

On note en effet que $\sigma(R_K)$ représente la quantité de risque et que $\frac{\left[E(R_m) - r_f\right]}{\sigma(R_m)}$ indique son prix unitaire. Cette mesure peut être adaptée pour les portefeuilles qui se situent sur la droite de marché, c'est-à-dire pour les portefeuilles efficaces. Ces derniers sont donc exempts de risque spécifique. On peut donc considérer que $\sigma(R_K) = \beta_K \sigma(R_m)$. Il vient alors :

$$E(R_K) = r_f + \frac{\left[E(R_K) - r_f\right]\beta_K \sigma(R_m)}{\sigma(R_m)}$$

On sait que $\beta_K = \frac{Cov(R_K, R_m)}{\sigma^2 R_m}$, et donc

$$E(R_K) = r_f + \frac{\left[E(R_K) - r_f\right]Cov(R_K, R_m)}{\sigma^2(R_m)}$$

figure 2.9.

les différents choix de portefeuilles possibles

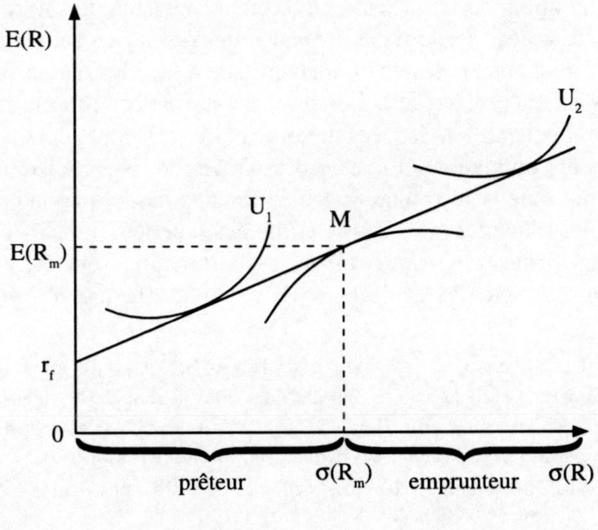

Pour un actif quelconque n'incluant que du risque non « diversifiable », donc systématique, la relation suivante prévaut :

$$E(R_i) - r_f = \left[E(R_m) - r_f\right]\beta_i$$

Avec $\beta_i = \dfrac{Cov(R_i, R_m)}{\sigma^2 R_m}$

Le coefficient β_i indique le niveau de risque systématique inhérent à la valeur *i*, et l'expression $\left[E(R_m) - r_f\right]$ exprime le montant de la prime de risque unitaire. Plus donc on prend de risque systématique, et plus on est rémunéré en termes d'espérance de rendement. Le résultat fondamental que l'on peut retirer du *Medaf* est que l'on ne doit prendre des risques que s'ils sont convenablement rémunérés[34]. Tout investissement réalisé sur les marchés des biens et services doit être comparé, étant donné les risques pris, aux performances résultant d'un investissement sur le marché financier.

Plus récemment, *Fama et French (1992)*[35] ont dénombré de façon empirique trois sources de risque systématique. En plus du risque de marché, leurs constatations empiriques les ont amenés à considérer l'existence d'une prime à la petite taille, et d'une autre prime relative à la prise en compte d'un fort ratio *book to market* ou *BE/ME* des capitaux propres des entreprises figurant sur le marché du *Nyse*. Ce dernier facteur représente peut-être le risque de défaut. En tout cas, le marché, selon *Fama et French (1992),* rémunérerait ces différents types de risques additionnels. Pour parvenir à cette conclusion, ils ont réparti les entreprises cotées sur le *Nyse, l'Amex* et le *Nasdaq* en deux classes de taille, et trois autres classes en mettant face à face les entreprises dites de croissance (*growth*) et celles dites de substance (*value*), éliminant ainsi de l'échantillon les cas intermédiaires. Ils ont alors construit des facteurs communs, et évalué des primes de risque en retranchant par exemple de la moyenne (calculée sur une base équipondérée) des rentabilités obtenues par le portefeuille des « petites firmes » celle des « grandes firmes ». Chaque année les portefeuilles ont été réajustés pour tenir compte des évolutions. Puis ils ont effectué, à l'aide de la

---

[34] Les ratios de Sharpe $(R_P - r_f)/\ \sigma_P$ et de Treynor $(R_P - r_f)/\ \beta_P$ sont utilisés pour mesurer la performance de portefeuilles d'actions. Plus ils sont élevés, mieux c'est. Le coefficient α de Jensen $\alpha_P = R_P - r_f - \beta_P(R_m - r_f)$ mesure lui, la capacité du gérant à sélectionner dans son portefeuille, des titres surperformants (*stock picking*).

[35] E. F. Fama, R.R. French, "The cross-section of expected stock returns", *Journal of Finance*, 1992, vol. 47, n° 2, p. 427-466.

base de données CRSP *(Center for Research in Security Prices)*, des régressions multiples concernant les rentabilités des différents titres de 1962 à 1989 sur le marché américain, avant de compléter encore leur analyse un peu plus tard, en étendant leur base de données. Le modèle obtenu devient alors le suivant :

$$R_{it} = a_{it} + b_{1t}(Rm_t) + b_{2t}(SMB_t) + b_{3t}(HML_t) + e_{it}$$

Les paramètres b_{it} s'assimilent alors à des coefficients d'exposition à diverses sortes de risque, dont le portefeuille de marché, la taille (*SMB : Small Minus Big*), et le ratio *book-to-market (HML : High Minus Low)*. Plus précisément, le deuxième facteur représente le différentiel de rentabilité existant entre les actions de faible et forte capitalisation boursière, tandis que le troisième fait référence au rapport entre la valeur comptable des actifs et la valeur de marché des capitaux propres, faible pour les sociétés de croissance par rapport aux autres firmes. Aucune justification théorique n'est donnée pour étayer la validité de ce modèle cependant maintes fois corroboré par des analyses empiriques effectuées dans différents pays. En fait, Fama et French (1992) pensent que l'explication principale de leurs résultats tient dans les forts niveaux de corrélation observés au niveau de l'évolution de certains titres entre eux. Ainsi, investir dans une entreprise de faible taille est-il plus risqué, car les réactions de ces titres sont corrélées entre eux, d'où l'existence d'un risque systématique à rémunérer. Pour le facteur HML, Fama et French (1992) reprennent l'idée du risque et défaillance et mettent en avant le lien existant entre le ratio BE/ME et le taux d'endettement. Notons qu'au niveau international, le risque systématique d'un actif peut être mesuré par rapport au portefeuille de marché mondial (donc composé de tous les actifs) protégé contre le risque de change. Ceci suppose implicitement que l'on ait choisi une monnaie de référence.

Carhart (1997)[36] a ajouté au modèle précédent un quatrième facteur : l'effet *momentum* ; Ce dernier est supposé prendre en compte la persistance des résultats obtenus dans le passé, par exemple durant l'année précédente (*PRYR*). Il applique cela à l'évaluation de la performance des *mutual funds* aux États–Unis. Le modèle devient alors :

$$R_{it} = a_{it} + b_{1t}(Rm_t) + b_{2t}(SMB_t) + b_{3t}(HML_t) + b_{4t}(PRYR_t) + e_{it}$$

La variable dépendante devient dans ce cas l'excès de rentabilité obtenu par rapport au taux sans risque période, et le facteur « *PRYR* » se définit

[36] M. M. Carhart, "On persistence in mutual fund performance", *Journal of Finance*, 1997, vol. 52, p. 57 - 81.

comme la différence entre la moyenne des rentabilités équipondérées des 30 % d'actions ayant le mieux « performé » l'année passée et celle des 30 % de titres ayant le moins bien « performé » durant la même période de 11 mois en fait. Carhart (1997) conclut que ce modèle explique mieux les rentabilités observées que le modèle à trois facteurs. Plus récemment, Lambert et Hubner (2009)[37] proposent un autre modèle faisant intervenir les primes de *coskewness* et de *cokurtosis*. On le constate donc, la recherche dans ce domaine bat son plein.

Le *Medaf* et ses extensions pour intéressant qu'il soit, n'est cependant pas à même d'expliquer complètement le comportement des titres boursiers. Issu d'un autre courant de pensée, la théorie de l'évaluation par l'arbitrage (*Arbitrage Pricing Theory*) suppose que le rendement des actifs dépend de plusieurs facteurs indépendants. Les rentabilités des différents titres, par exemple des actions, sont censées obéir à une relation linéaire du type suivant :

$$R_{it} = a + b_{1t}(facteur1) + b_{2t}(facteur2) + ... + b_{kt}(facteurk)$$

Pour Ross (1976)[38], plusieurs facteurs devraient pouvoir être extraits de la matrice des variances-covariances des rentabilités à l'aide d'une analyse en composantes principales. La théorie ne précise cependant pas le nombre des facteurs explicatifs des rentabilités et ne cherche pas non plus à les identifier. Il se peut qu'il y ait un facteur lié aux taux d'intérêt, un autre lié au prix du pétrole, etc. Certaines actions sont d'ailleurs supposées être plus sensibles à certains facteurs qu'à d'autres. Si un titre n'est sensible qu'à un seul facteur, acheter ce titre, revient en fait acheter ce « facteur ».

À l'issue de cette présentation, on constate que les raisonnements ont presque toujours été menés en situation de marché parfait. Or les marchés financiers dans la réalité ne se soumettent pas totalement à ces exigences-là. Pour que les constructions théoriques élaborées aient quelque validité, il faut alors que le marché soit efficient, c'est-à-dire qu'il ne conduise pas à des résultats trop différents de ceux que l'on aurait obtenus sur des marchés parfaits. Approfondir le concept d'efficience est donc important. L'hypothèse d'efficience a été validée empiriquement sur la plupart des grands marchés mondiaux (tests de forme faible ou semi-forte surtout) à l'aide de la méthodologie mise

---

37 M. Lambert, "Hedge funds and higher-order comoment equity risk premiums", *Thèse*, 2010, Universités de Liège et de Luxembourg.

38 S.A. Ross, "The arbitrage theory of capital asset pricing", *Journal of Economic Theory*, 1976, vol. 30, p. 341 -360

au point par *E. F. Fama*[39]. Un marché efficient de « forme faible » ne permet pas aux intervenants de prévoir les cours futurs à partir des cours passés. Un marché efficient sous la « forme semi-forte » existe, si les cours reflètent bien instantanément l'information publiquement disponible. Enfin, l'efficience sous sa « forme forte », implique qu'il soit impossible d'utiliser de l'information privilégiée pour faire des profits « anormaux » de façon systématique. Certaines « traces d'inefficience » ont cependant été découvertes sur les marchés...

§ 3. – Généralités sur les contrats de type *forward* et de *futures*

Les marchés à terme ont pris une ampleur considérable surtout depuis le début des années 1970. Les risques liés à la fluctuation des taux d'intérêt, des taux de change, aux variations du prix des actions, des matières premières ainsi qu'à la montée en puissance du risque de crédit en sont la cause. Pour pouvoir arbitrer, spéculer (contrepartie inévitable à la demande d'assurance), des contrats de plus en plus sophistiqués ont été mis à la disposition des intervenants sur les marchés.

Ce type de contrat est soit négocié sur un marché de gré à gré, soit sur un marché réglementé. Il apparaît clair que les marchés *forwards* sont les plus anciens.

Les contrats de type *forward* (marché de gré à gré) sont plus faciles à analyser que ceux de *futures* (marché réglementé), car il n'y a pas d'appel de marge journalier, mais seulement la signature d'un contrat au début de l'opération, puis à la fin, un dénouement par livraison ou paiement. Les prix de ces contrats sont de toute manière proches et c'est pourquoi on mettra l'accent sur l'étude des contrats de type *forward*.

Il faut d'abord distinguer les contrats concernant des actifs dits de « consommation » des contrats relatifs aux actifs « d'investissement ». Ainsi, par exemple, les actions et les obligations peuvent être considérées comme des actifs à fin d'investissement comme l'or, alors que certains actifs sont détenus principalement ou presque à des fins de consommation, comme le pétrole, le cacao, ou les céréales.

---

[39] E.F. Fama, "The behavior of stock market prices", *Journal of business*, janvier 1965. E.F. Fama, L.Fisher, M. Jensen, R. Roll, "The adjustment of stock price to new information", *International Economic Review*, février 1969.

Ensuite pour obtenir des prix de contrats, certaines hypothèses doivent être vérifiées : l'absence de coûts de transaction, la possibilité d'emprunter ou de prêter au même taux, l'absence d'opportunité d'arbitrage gagnant et d'imposition, puis la possibilité de vendre à découvert…

L'absence d'opportunité d'arbitrage (*AOA*) est fondamentale. En effet, au strict sens du terme, l'arbitrage gagnant est une stratégie qui ne nécessite aucune mise initiale, mais qui permet d'obtenir un flux financier positif en fin de période, associé à une probabilité non nulle. Sur un marché parfaitement concurrentiel, tout écart entre le prix observé et le prix théorique doit faire l'objet d'un ajustement par le biais d'un arbitrage. S'il y a confusion des deux prix, le marché est alors dit en « équilibre ». Au total, sur un marché efficace, toute opportunité d'arbitrage gagnante ne peut être que très ponctuelle.

A. – les différentes formules de valorisation

Les notations utilisées concernent, le prix de l'actif sous-jacent S, le prix du contrat *forward* y afférant F, la durée du contrat *forward* T, le taux sans risque continu (d'emprunt ou de placement) exprimé en termes annuels pour un investissement de même durée que le contrat à terme r.

Le contrat à terme le plus facile à valoriser (voir encadré 2.3. pour la valorisation d'une position à terme) est celui dont le sous-jacent ne distribue aucun dividende ou coupon durant la période de vie du contrat *forward*. La relation qui lie le prix *spot*, c'est-à-dire le prix au comptant, et le prix à terme s'écrit comme suit :

$$F_0 = S_0 e^{rT}$$

r (taux continu ici) représente en fait le coût de portage de l'action qui ne distribue pas de dividende. La relation signifie qu'il est donc équivalent d'emprunter S_0 pour acheter le titre de base et de payer un taux d'intérêt r, ou d'acheter le contrat à terme correspondant. Une opportunité d'arbitrage peut exister si F_0 est supérieur au prix *spot* multiplié par un plus le coût de portage. Dans cette hypothèse, on décide de vendre ce qui est cher et d'acheter le portefeuille équivalent. Ceci nous amène à vendre F_0, à acheter S_0 grâce à un emprunt du même montant. À l'échéance, on rembourse l'emprunt, on paie les intérêts, et on encaisse le produit de la vente du contrat à terme, dont l'actif sous-jacent est livré à son acheteur.

Bien sûr, en cas de prix *forward* inférieur au prix d'équilibre, l'arbitrage inverse peut être mis en place. On achète le contrat *forward* qui n'est pas cher et on vend le titre de base à découvert, en plaçant le produit de la vente au taux sans risque. À l'échéance, on paie le contrat *forward*, et on clôture l'opération de vente à découvert.

Application

Considérons un contrat à terme de type *forward* d'échéance trois mois $T = 0{,}25$ an. Le taux d'intérêt sans risque est de $5\ \%$ en composition continue, le prix de l'actif $S_0 = 100$. Sa valeur est égale à :

$$F_0 = 100e^{0{,}05\times0{,}25} = 101{,}258\ €$$

L'achat *spot* comme l'achat à terme conduisent l'intervenant à détenir le contrat à l'époque T. Le prix du contrat *forward* est plus élevé que le prix *spot* à cause du coût de portage de l'actif durant la période de vie du contrat à terme.

encadré 2.3.
valeur d'une position à terme

Suivi d'une position

Il ne faut pas confondre le prix d'un contrat à terme avec la valeur de la position initiée. En effet, si le prix du contrat est un prix d'équilibre (*VNP* nulle) au moment de la transaction, le prix de ce dernier évolue ultérieurement, et donc la valeur de la position change aussi, alors qu'au départ elle est nulle. Si on appelle K le prix auquel la transaction sur le contrat à terme s'est effectuée et qui ne varie plus, F_0 le prix à terme du contrat aujourd'hui, et V la valeur de la position, il vient $V = (F_0 - K)e^{-rT}$

Si l'on reprend l'exemple précédent, sachant qu'aujourd'hui $S_0 = 102$, et que $T = 2$ mois ; il vient $F_0 = 102e^{0{,}05\times(2/12)} = 102{,}854€$

Et donc $V = (102{,}85 - 101{,}26)e^{-0{,}05\times(2/12)} = 1{,}58\ €$

Supposons maintenant l'existence d'un contrat *forward* sur un actif d'investissement qui fournit pendant la durée du contrat, des revenus bien identifiés en montant, et dont la date de survenance est connue. On peut calculer I la valeur actuelle de ces flux qui ne seront pas perçus par l'acheteur du contrat à terme, mais par le détenteur du contrat *spot*.

Il faut donc déduire du prix du contrat à terme, les flux non perçus par son détenteur. Il vient alors :

$$F_0 = (S_0 - I)e^{rT}$$

Si maintenant on se trouve dans une situation où l'on est capable d'identifier le rendement de l'actif de base qui sera versé à son détenteur durant la période du contrat à terme, on peut écrire :

$$F_0 = S_0 e^{(r-q)T}$$

Ceci correspond à une situation où le flux de trésorerie versé (dividende, coupon…) peut être exprimé comme un pourcentage q du prix de l'actif sous-jacent, au moment où le versement est effectué.

Si l'on considère maintenant les contrats à terme sur biens de consommation ou de marchandises, il faut prendre en compte les coûts de stockage de l'actif physique, ce qui peut s'interpréter comme un revenu négatif sur l'actif physique, et vient alourdir son coût de détention. Z représente donc la valeur actuelle à l'instant zéro des flux financiers consacrés pendant la durée de vie du contrat à terme à la bonne conservation de l'actif sous-jacent, ce qui s'écrit :

$$F_0 = (S_0 + Z)e^{rT}$$

Une fois de plus, si le coût de stockage peut être exprimé en fonction du prix de l'actif de base, il vient :

$$F_0 = S_0 e^{(r+z)T}$$

Pour les actifs de consommation courante (céréales, cacao, cuivre, pétrole…), les égalités ci-dessus mentionnées ne prévalent pas forcément. Les utilisateurs de ces biens de consommation peuvent dans certains cas penser que la détention d'actifs physiques leur confère un avantage décisif vis-à-vis de la possession de seuls contrats à terme. En effet, en cas de mauvaises récoltes de céréales, et de stocks mondiaux relativement faibles, un industriel de l'agro-alimentaire peut préférer en détenir en stock, pour réguler au mieux son processus productif, plutôt que d'intervenir sur les marchés à terme. On dénomme alors *convenience yield*, noté w, l'excès de rentabilité procuré par la détention de l'actif *spot* qui se fait rare sur les marchés, par rapport à possession d'un contrat à terme. Si l'on tient compte des coûts de portage et de stockage, la relation s'écrit alors :

$$F_0 = S_0 e^{(r+z-w)T}$$

Pour des biens d'investissement w devrait être nul, faute de quoi des arbitrages gagnants pourraient être mis en œuvre. Le *convenience yield* w, reflète les inquiétudes du marché concernant la disponibilité future du bien en question (par exemple, le prix du pétrole en 2007 et 2008).

Les prix des contrats relatifs à l'or, au pétrole, au gaz naturel ont des prix qui augmentent en général avec l'échéance des contrats traités, mais certains contrats de denrées alimentaires peuvent enregistrer une évolution inverse de leurs prix par rapport au temps, ou impliquer une évolution mixte.

B. – l'égalité des prix *forward* et *future*

Quand les taux d'intérêt sont constants et les mêmes quelle que soit l'échéance, les prix d'un contrat *forward* et d'un contrat de *future* sont égaux. Par contre, quand l'évolution des taux est imprévisible, l'égalité signalée ne vaut plus. On peut avoir l'intuition des raisons qui génèrent ce résultat, en considérant une situation dans laquelle le prix de l'actif sous-jacent à un contrat est fortement corrélé de façon positive aux taux d'intérêt. Si le prix du sous-jacent augmente, un investisseur en position longue fera un gain immédiat du fait de l'appel de marge journalier. En effet, au moment où le prix de l'actif de base augmente, les taux d'intérêt s'élèvent, d'où un rendement de l'opération encore plus important pour lui. À l'inverse, si le prix du sous-jacent diminue, le taux pratiqué sera plus faible, et l'appel de marge moins coûteux.

Bien sûr, un opérateur intervenant sur un contrat à terme de type *forward* ne sera pas concerné par ces variations des taux d'intérêt. Il s'ensuit qu'un contrat de *future* sera plus attrayant pour un investisseur en cas de corrélation positive avec les taux d'intérêt, d'où un prix légèrement plus élevé.

En fait, la distinction à opérer entre un prix *forward* et *future* s'apparente à celle qui existe entre la stratégie de placement sur une longue période, et une autre qui consisterait à placer court, tout en renouvelant sans arrêt la position. Dans ce cadre, chaque prix est égal à la valeur d'un actif qui, à la date d'échéance, permet d'obtenir un certain nombre d'unités du bien sous-jacent. En ce qui concerne le prix *forward*, ce nombre est égal au retour globalement assuré par un investissement en obligation à coupon zéro dont l'échéance est celle du contrat. Pour le prix *future*, ce chiffre représente le gain total obtenu à l'aide d'une politique de réinvestissement continuelle dans des obligations sans coupon d'une seule période. On comprend donc que les prix de contrats de *futures* vont dépendre de la corrélation existante entre l'évolution des prix *spot* du sous-jacent et les taux d'intérêt, alors que cela n'est pas vérifié pour les prix *forwards*.

C. – prix à terme et prix futur comptant

On peut penser que les intervenants qui cherchent à couvrir leurs positions sur le physique, ont pris des positions courtes sur le marché à terme, alors que les spéculateurs détiennent le plus souvent des positions longues sur ces contrats de type *forward*. Les spéculateurs souhaitant se faire rémunérer les risques qu'ils prennent, ils interviendront seulement si en moyenne ils peuvent gagner de l'argent, ce qui a pour conséquence une légère perte moyenne pour les *hedgers*, c'est-à-dire les opérateurs en couverture. Cependant ceux-ci accepteraient cette situation, qui leur permettrait tout de même de considérablement diminuer leurs risques. De ce fait, le prix à terme serait un peu plus élevé que le prix *spot* futur espéré $F_0 > E(S_T)$ d'où une situation dénommée *contango, et backwardation* $F_0 < E(S_T)$ pour le cas opposé.

§ 4. – le cas spécifique des contrats de *futures* de taux d'intérêt

Ces contrats à terme d'échéance et de montant standardisés sont beaucoup moins souples que les précédents (quatre échéances principales : fin mars, fin juin, fin septembre, fin décembre). Cependant le risque de signature y est quasi-absent, la Chambre de compensation s'interposant entre acheteurs et vendeurs. Par ailleurs, on peut inverser sa position à n'importe quel moment, et donc clôturer une opération si le besoin s'en fait sentir. Ces contrats à terme sont donc négociables, et le volume de transactions assure que les prix observés des contrats sont réellement des prix d'équilibre. En fait, certains intervenants sur les marchés de gré à gré viennent se couvrir sur les marchés organisés ou réglementés, qui apparaissent comme les marchés « de gros » par rapport au marché « de détail » et du « sur-mesure » que symbolisent les marchés de gré à gré.

A. – les contrats de *futures* sur taux d'intérêt à court terme

Les contrats à court terme sont généralement construits en référence à un taux interbancaire à trois mois, c'est-à-dire l'*Euribor* en € ou le *Libor* trois mois (*London Inter-bank Offered Rate)* en £ ou en *$*. Ils sont cotés principalement sur l'*Eurex*, sur le *Nyse-Euronext-Liffe*, et par le *CME group*. Pour ce qui est des contrats à long terme, il existe sur l'*Eurex* (Francfort) des contrats de *futures* à *2* ans, *5* ans et à *10* ans, le dernier nommé faisant l'objet du plus grand nombre de transactions. Aux États-Unis, on trouve sur le *CBOT* (*Chicago Board of Trade*) qui fait partie du *CME group*, quatre contrats de *futures* de taux à 2 ans, *5* ans *10* ans et *30* ans. Le dernier, est le contrat phare (*T-Bond Futures*), qui n'accepte comme obligations livrables, que des titres ayant au moins quinze ans d'échéance. D'autres contrats existent sur *Nyse-Euronext-Liffe*, à Tokyo pour des échéances de *5,10*, et *20* ans, et dans bien d'autres endroits comme Sidney ou Rio de Janeiro. Nous présenterons succinctement le contrat à court terme *Euribor* trois mois, et le contrat à long terme à dix ans *FGBL* de l'*Eurex*.

1°). Le contrat *Euribor* 3 mois

Le contrat *Euribor* 3 mois implique un montant notionnel d'*un million* €. Il est coté sur une vingtaine d'échéances trimestrielles successives (mars, juin, septembre, décembre). La date de règlement du solde de l'opération (*cash settlement*) est fixée au deuxième jour ouvré suivant la date de liquidation. Ce contrat ne donne jamais lieu à une livraison du physique. La cotation de ce contrat s'effectue à l'aide d'une base 100 diminuée du taux de rendement pratiqué *in fine* sur le contrat *Euribor : 100 – 5,111 = 94,889* (prix arrondi à la troisième décimale). L'échelon de cotation ou *tick* est de *0,002 %*, et représente la somme suivante : $1\,000\,000 \times 0,002\% \times (90/360) = 5€$. Le dépôt de garantie est fixé à 0,2 % du nominal du contrat, soit 500€. Les appels de marge sont journaliers. Le taux *Euribor* (*Euro Bank Offered Rate*) résulte du calcul d'une moyenne arithmétique des taux offerts à trois mois sur l'euro, relative aux signatures de première catégorie. L'acheteur d'un contrat *Euribor* se protège contre la baisse des taux courts et un vendeur de contrat recherche une garantie contre leur hausse.

2°). La base sur les contrats à court terme

La base est constituée par la différence entre le cours à terme et le cours comptant. On peut donc écrire $B = F - C$. Il convient cependant de signaler que bien que les supports sous-jacents aux contrats à terme soient des instruments à trois mois, la base calculée est exprimée en termes annualisés. De plus, on peut estimer la base aussi bien à partir des taux annualisés, qu'à partir des prix des différents contrats, en inversant le sens de la définition présentée ci-dessus $B = r_c - i$ (Taux au comptant – taux implicite au prix du contrat à terme). Ainsi, dans la mesure où le taux *Euribor* vaut 5 % (taux *spot*), le cours correspondant prend la valeur suivante $95 = 100 - 5$. Si le contrat à terme *Euribor* cote *94*, la base vaut $B = 94 - 95 = -1$. On peut également l'obtenir à partir des taux $B = 5\% - 6\ \% = -1\%$

Les rentabilités d'actifs financiers négociés au comptant et à terme se correspondant ne fluctuent jamais de manière strictement parallèle. La base d'un contrat varie donc dans le temps. Cependant du fait de la convergence de la base, celle-ci devient égale à zéro quand la maturité du contrat terme devient nulle. On a alors $B = F_T - C_T = 0$. Si dans le cas des *commodities* dits d'investissement, le cours à terme tient compte du coût de stockage et de portage, et est donc supérieur au cours comptant, la relation est plus complexe au niveau des instruments de nature financière.

En faisant un raisonnement d'arbitrage[40], on peut en considérant un taux à terme implicite, commençant dans t périodes, et prévalant pendant d périodes, c'est-à-dire s'achevant en $t+d$, écrire $\left(1 + r_{t,d}\right)^d = \dfrac{\left(1 + r_{t+d}\right)^{t+d}}{\left(1 + r_t\right)^t}$

Si on utilise des taux proportionnels (échéances à moins d'un an), il vient $1 + d \times r_{t,d} = \dfrac{1 + (t + d) \times r_{t+d}}{1 + t \times r_t}$. On peut alors considérer que l'on observe en $t = 0$ à T mois de l'échéance, le taux implicite d'un contrat *Euribor* $i_{T,3}$, et que l'on constate sur le marché du comptant des taux r_T et r_{T+3}. Normalement en *AOA* on doit avoir: $i_{T,3} = r_{T,3} = \dfrac{\left(1 + r_{T+3}\right)^{T+3}}{\left(1 + r_T\right)^T}$, et si on raisonne sur l'*Euribor* trois mois, en retenant le mois comme période de référence, il vient: $1 + (3/12).i_{T,3} = \dfrac{1 + \left((T+3)/12\right) r_{T+3}}{1 + (T/12).r_T}$.

On peut décomposer le taux « long » en un produit de taux courts, et selon la théorie de la prime de liquidité écrire: $1 + ((T + 3)/12))r_{T+3} = (1 + (3/12)r_3)\left[1 + (T/12)).k_{3,T} + (T/12).L\right]$

Où $k_{3,T}$ est le taux à T mois anticipé dans 3 mois, et L la prime de liquidité correspondante. De façon approximative la valeur de la base s'écrit alors: $B = r_3 - i_{T,3} = (r_T - k_{3,T} - L)(T/3)$. Ainsi, la valeur de la base dépend-elle du temps restant à courir jusqu'à l'échéance du contrat à terme, et du taux court anticipé par le marché ainsi que de la prime qui y est associée.

---

40 F. Aftalion, P. Poncet, *Les futures sur taux d'intérêt : le Matif*, PUF, 1991, Paris, p. 103.

Lorsque la structure des taux est ascendante, le taux implicite figurant dans le prix du contrat à terme est supérieur au taux au comptant. Dans ce cas, le cours du contrat à terme est inférieur au cours du taux comptant, et la base est de ce fait négative. Comme, à l'échéance la base est nulle, les acheteurs à terme en bénéficient et les vendeurs la perdent.

Par contre, lorsque la structure des taux est descendante, le contraire se vérifie. La base est positive, et diminue donc pour devenir nulle à l'échéance. Les vendeurs bénéficient de la base, et les acheteurs la perdent.

B. – les contrats à long terme

En Europe, le contrat long terme *Euro Bund Future* de code *FGBL* est le plus négocié. Il est coté par l'*Eurex* à Francfort et est constitué par une obligation dite « notionnelle », puisque n'existant pas réellement, mais dotée d'un taux de coupon fixe de *6 %* et remboursable *in fine*. L'obligation a toujours dix ans à vivre, le contrat étant coté au pied du coupon en pourcentage du pair pour un montant nominal de *100 000€*. La variation de prix minimale est de *0,01 %* du nominal soit *10€*. Si un contrat arrive à échéance, un autre le remplace immédiatement. En fait, on cote les contrats sur les trois prochains mois, et les trois échéances trimestrielles les plus proches (mars, juin, septembre, décembre), c'est-à-dire, au maximum six contrats. Les cours de clôture de chaque jour sont dits cours de compensation, et à l'échéance des contrats, on parle de cours de liquidation. Dans ce dernier cas, on calcule le cours comme étant la moyenne des dix dernières transactions opérées. Le jour de livraison de ce contrat (*delivery day*) est fixé au *10* du mois concerné par l'échéance. Les obligations du gisement donc livrables, doivent avoir une durée de vie restante au moment de l'opération comprise entre huit ans et demi, et dix ans et demi. En 2003, ce contrat a dépassé en moyenne journalière, le million de contrats traités. Les règles de priorité d'exécution des ordres dans le carnet font référence d'abord aux meilleures limites, ensuite à la date et à l'heure exactes d'arrivée des ordres. Lors de chaque transaction, *EUREX Clearing AG* se porte contrepartie. L'activité du contrat évolue au cours du temps, et surtout quelques jours avant l'échéance du contrat précédent. Le contrat est coté de *8H* à *22H* chaque jour ouvrable. Le jeudi semble être le jour le plus actif[41]. Comme beaucoup de prises de positions ne donnent pas

---

[41] A. Richard, « Volatilités, rentabilités et sauts intra-journaliers sur le marché des *futures* obligataires européens », *Thèse*, Université de Rennes 1, 2009.

lieu à livraison *l'open interest*, donc le nombre de contrats ouverts à un moment donné diminue fortement juste avant l'échéance du contrat. Des options d'achat et de ventes sur ce contrat de *future* ont également vu le jour (*OGBL*).

1°). La base sur les contrats de taux à long terme

Si on suppose que le contrat notionnel peut être livré (à titre de simplification), et que le coupon vient d'être détaché, on peut considérer le cas d'un arbitragiste qui vend le contrat à terme *F*, achète au comptant l'obligation en empruntant la somme *C*. À l'échéance, il livrera, et recevra *F* ainsi que le coupon couru *100kT,* mais devra rembourser l'emprunt contracté en début de période et payer les intérêts $Cr_C T$.

Si le marché est en équilibre et qu'aucun arbitrage n'est gagnant, alors le prix du contrat à terme doit être égal à $F = C(1 + r_c T) - 100kT$

On peut alors en déduire l'expression de la base :

$$Base = F - C = \left(Cr_C - 100k\right)T$$

Si l'on tient compte de la relation approximative qui lie le taux de long terme au prix obligataire : $r_L = 100k / C$, il vient : $F - C = C\left(r_C - r_L\right)T$

La valeur de la base est donc proportionnelle au temps qui nous sépare de l'échéance du contrat, et dépend de la différence entre le taux court et le taux long.

2°). La livraison

Bien que beaucoup d'opérations soient soldées par inversion de la position initialement prise sur le marché, il est possible de livrer physiquement la contrepartie des contrats notionnels vendus, et non soldés avant l'échéance. Dans ce cas, on livre une obligation du gisement, et on choisit la moins chère. Pour ce faire, il faut connaître le facteur de conversion qui rend comparables les obligations livrables au contrat notionnel, puis comparer les coûts impliqués par les différentes solutions qui s'offrent à l'opérateur.

Le contrat de *future* à long terme autorise la livraison d'obligations, procédure qui n'intervient que dans 5 % des cas ou moins en pratique. Il existe donc un gisement d'obligations « livrables » associées à chaque contrat long terme. Certaines obligations rentrent donc dans le « gisement » ou en sortent en fonction de leurs caractéristiques, par exemple la durée de vie. Comme il n'existe aucune obligation « réelle » qui ressemble à l'obligation notionnelle, on recourt à un facteur de conversion pour les rendre comparables. Ce facteur définit le prix qui sera reçu par le vendeur du contrat, donc l'opérateur en position courte sur le contrat de *future*. Le prix perçu par le vendeur est égal au dernier prix constaté du contrat de *future* F_T multiplié par le facteur de conversion *(FC)*, plus les intérêts déjà acquis *(CC)* par l'obligation livrée. Il vient $\left[F_T \times FC\right] + CC$. Chaque contrat de *future* a pour sous-jacent une somme notionnelle, ou une valeur faciale de *100 000€*. Si le dernier cours coté du contrat *FGBL* est de *92*, si son facteur de conversion est de *1,180* et les intérêts courus de *2,50*, l'acheteur du contrat paie $\left[92 \times 1,18\right] + 2,50 = 111,06$ pour *100€* de valeur nominale. Le vendeur livre donc pour *100 000€* de valeur nominale qui valent *111 060 €*.

Application

Pour calculer le facteur de conversion, on suppose l'existence d'une courbe des taux plate au taux de *6 %*, c'est-à-dire le taux de rendement au pair de l'obligation notionnelle. On actualise alors tous les flux (*5 %* de taux de coupon pour un nominal de *100*, remboursable *in fine* dans exactement 10 ans) de l'obligation du gisement à ce taux. Si on suppose que le premier coupon intervient exactement dans un an, il vient : $\sum_{t=1}^{10} \frac{5}{(1,06)^t} + \frac{100}{(1,06)^{10}} = 92,9764$. En divisant cette valeur par le montant facial de l'obligation, on trouve le facteur de concordance (*0,929764*) de l'obligation à livrer, si celle-ci avait exactement la même durée de vie restante que l'obligation notionnelle, soit *10* ans. Notons que le facteur de concordance n'est qu'une approximation de ce qu'il devrait être, étant donnée la structure par terme des taux constatée ce jour-là. Cependant, on utilise ces facteurs estimés de manière très conventionnelle de manière à pouvoir les calculer à l'avance, et donc à les tabuler, ce qui évite aux opérateurs de faire les calculs présentés dans ce qui suit.

Comme lors de la livraison, on se situe rarement à une date qui suit juste le détachement d'un coupon, il faut procéder à un dernier ajustement. Si l'obligation possède une durée de vie de dix ans et six mois au moment de la livraison, alors il faut revoir le calcul réalisé, se situer six mois avant la date de perception du premier coupon annuel, et déduire du total, le montant du coupon couru (six mois ou *0,5* année = τ) pour obtenir le prix au pied du coupon (*clean price*) à la date de livraison :

$\sum_{t=1}^{11} \frac{5}{(1,06)^{t-\tau}} + \frac{100}{(1,06)^{11-\tau}} - 5\tau = 94,836234 - 2,5 = 92,336$ €, soit un coefficient de concordance de 0,92336 que l'on peut retrouver autrement en se situant à la date de versement du premier coupon, en actualisant tous les flux pour revenir six mois en arrière à la date de livraison, et en déduisant le coupon couru à cette date :

$$\frac{1}{1,029563}\left[5 + \sum_{t=1}^{10} \frac{5}{(1,06)^t} + \frac{100}{(1,06)^{10}}\right] - 2,5 = 94,836 - 2,5 = 92,336 \text{ €}$$

Ce qui revient à la formule suivante :

$$f = (1+k)^{-x/y} \times B - c\frac{(y-x)}{y}$$

Avec k le taux de rendement au pair de l'emprunt notionnel ;
Et x le nombre de jours jusqu'au prochain coupon
Puis y le nombre de jours du précédent coupon au suivant (*365 ou 366*)

$$f = (1,06)^{-182/365} \times 97,639607 - 5\frac{(365-182)}{365} = 92,336 \text{ d'où } \mathit{0{,}92336}$$

Le facteur de concordance est d'autant plus élevé que le taux de coupon est fort. En outre, si le taux de coupon est supérieur au taux nominal du contrat notionnel, la valeur du facteur de concordance augmente à mesure que l'échéance de l'obligation est plus lointaine. Rappelons qu'il est toujours calculé au pied du coupon.

Beaucoup d'obligations peuvent faire l'objet d'une livraison à un moment donné. On parle alors de synonymes. Cependant l'une d'entre elles, du fait de son taux de coupon ou de son échéance, est la moins chère à livrer. En effet, le vendeur doit se procurer cette obligation sur le marché avant de la livrer. Il doit donc maximiser son gain ou minimiser sa perte en achetant l'obligation du gisement qui optimise sa position :

– achat du prix coté de l'obligation et des intérêts acquis $P_T + CC$

– vente $\left[F_T \times FC\right] + CC$

Cash-flow de l'opération : $\left[F_T \times FC\right] - P_T$

Ceci oblige à considérer tous les titres du gisement (moins d'une dizaine), et à faire des calculs sur chaque cas, comme dans l'exemple présenté ci-dessous.

Contrat « *Euro Bund future* » juin 2003

Prix du contrat *Euro Bund 114,53*

Date 31/03/2003

Obligation	Coupon	échéance	Prix coté	Rendement (%)	Facteur de conversion	Flux pour le livreur
Bund	5 %	04/01/2012	107,42	3,977	0,934130	- 0,43409
Bund	5 %	04/07/2012	107,36	4,029	0,931516	- 0,67347
Bund	4,5 %	04/01/2013	103,51	4,055	0,892821	-1,25521

Source : *Eurex*

En fait, c'est le premier titre qui minimise la perte de l'opérateur. La formule $\left[F_T \times FC\right] - P_T$ implique le flux suivant : *114,53*x*0,934130 – 107,42 = -0,43409*. En fait, quand le taux actuariel de l'obligation livrée se situe au-dessus de *6 %*, il faut choisir l'obligation à duration la plus élevée, c'est-à-dire la plus longue, et impliquant des coupons faibles. À l'inverse, quand les rendements obligataires sont inférieurs à *6 %* il faut choisir de livrer des obligations courtes à forts coupons, c'est-à-dire des titres à faible duration. De même, lorsque la courbe des taux est croissante (décroissante) avec l'échéance, on doit préférer livrer des obligations longues (courtes).

3°). L'arbitrage *Cash* and *Carry*

Il s'agit d'un arbitrage réalisable entre les prix existants sur les marchés au comptant et à terme. Si le prix à terme apparaît supérieur à sa valeur théorique F_0, alors on peut vendre un contrat à terme ou plutôt fF_0, et acheter l'obligation sous-jacente (la moins chère à livrer du gisement), en empruntant au taux $r_{0,T}$ la totalité de ce qui est nécessaire pour acquérir l'obligation et son coupon couru $C_0 + CC_0$. En notant $\left[0, T\right]$ la période où l'arbitrage se déroule, et en supposant que durant cette période, l'obligation la moins chère ne distribue aucun coupon, il vient :

– Flux de trésorerie à l'époque 0 : $C_0 + CC_0 - C_0 - CC_0 = 0$ et vente de fF_0 contrats de *futures.*

Si on prend en compte les appels de marge successifs $\sum_{t<T} f\left(F_t - F_{t-1}\right)$ mais non le coût de leur financement, cela revient à traiter le problème dans un cadre de contrats de type *forward.*

– Flux à l'échéance en *T* :

$$\sum_{t<T} f\left(F_t - F_{t-1}\right) + fF_T + CC_{0,T} - (C_0 + CC_0)(1 + r_0 T)$$

Du fait de l'intervention sur $100f$ contrats de *futures*, le flux à l'échéance *T* devient :

$$fF_0 + CC_T - (C_0 + CC_0)(1 + r_0 T)$$

Avec CC_T le coupon couru total à la fin de la période de l'arbitrage

On peut réécrire cela différemment :

$$fF_0 + CC_T - C_0 - CC_0 - r_0 T(C_0 + CC_0)$$

Puisque $CC_T - CC_0 = 100kT$ c'est-à-dire le coupon couru de l'obligation synonyme entre la période $\left[0, T\right]$, on obtient :

$$fF_0 - C_0 - T[r_0(C_0 + CC_0) - 100k]$$

Ce flux met en lumière la logique de l'arbitrage. Pour qu'il soit gagnant, il faut que la base l'emporte sur le coût de portage.

$$fF_0 - C_0 > T[r_0(C_0 + CC_0) - 100k]$$

Le gain est donc connu dès la mise en place de l'opération, c'est-à-dire à l'époque *0*, s'il existe. On peut noter que la base est fonction du prix à terme ajusté par le facteur de concordance. L'arbitrage *Reverse cash and carry* permet au contraire de profiter d'une sous-évaluation du prix du contrat de *future*. Dans cette hypothèse, il faut acheter le contrat à terme, vendre à découvert l'obligation la moins chère à livrer, et placer le montant de la vente sur le marché monétaire. Il est cependant plus difficile à mettre en œuvre, du fait de la quasi-absence de prêt de titres pour réaliser une vente à découvert, et du changement potentiel du titre le moins cher à livrer lors du débouclage de l'opération.

§ 5. – la protection contre le risque de défaut : le *Credit Default Swap*

Le *CDS* fournit sur le marché de gré à gré une protection contre le risque de défaut d'une entreprise donnée. Cette dernière est dénommée entité de référence, et un défaut de sa part est appelé un « événement de crédit ». L'acheteur de la protection obtient le droit de vendre, les obligations émises par l'entreprise à leur valeur faciale, au vendeur de protection.

L'acheteur acquitte des paiements périodiques au vendeur jusqu'à la fin de la vie du *CDS,* ou jusqu'à ce qu'un événement de crédit intervienne. Le débouclage de l'opération implique, soit une soulte versée en espèces, soit la livraison physique d'obligations ou de titres de créances.

A. – l'évaluation des *Credit Default Swaps* [42]

Supposons que la probabilité de défaut d'une entité de référence durant une année conditionnellement au fait qu'aucun défaut ne soit intervenu avant soit de *3 %*. Ainsi, à la fin de la première année, la probabilité de survie est *0,97*. Durant la deuxième année, la probabilité de défaut s'écrit *0,03*x*0,97* = *0,0291* et donc la probabilité de survie à la fin de cette période vaut *0,97*x*0,97* = *0,9409* (voir tableau 2.1). La probabilité de défaut durant la troisième année vaut donc *0,03*x*0,9409* = *0,028227*. On supposera de plus, que si un événement de crédit survient, il se situera en plein milieu d'une année particulière et que les paiements de prime s'effectueront une fois par an, en fin de période. On fait en outre l'hypothèse, de l'existence d'un taux sans risque de *4 %* en composition continue et d'un taux de recouvrement en cas de défaut de l'ordre de *45 %*.

– Pour calculer la valeur espérée des paiements effectués par l'acheteur de protection, on considère qu'il paie ses primes annuelles *m* que multiplie la probabilité de survie de l'entreprise chaque année, et que multiplie encore le facteur d'actualisation de ces sommes. Ainsi, pour la troisième année, *P* = *0,91267*, donc on paie *0,91267m* que multiplie $e^{-0,04\times3}$ soit au total *0,809465m*. La somme actualisée des paiements espérés sur les cinq ans atteint *4,06745m* (voir tableau 2.2).

tableau 2.1.
probabilités de défaut inconditionnelles et probabilités de survie

Durée (en années)	Probabilité de défaut	Probabilité de survie
1	0,0300	0,97000
2	0,0291	0,94090
3	0,0282	0,91267
4	0,0274	0,88529
5	0,0266	0,85873

[42] J.C. Hull, *Options Futures and other derivatives*, 7e édition, 2009, p. 528.

tableau 2.2.

valeur présente des paiements espérés « *m* » par an

Durée (en années)	Paiement espéré	Facteur d'actualisation (4 %)	Valeur présente du paiement espéré
1	0,97000m	0,96079	0,931966m
2	0,94090m	0,92312	0,868563m
3	0,91267m	0,88692	0,809465m
4	0,88529m	0,85214	0,754391m
5	0,85873m	0,81873	0,703068m
Total			4,067453m

– Pour estimer ce que peut s'attendre à avoir à payer le vendeur de protection pour un nominal de *$1* (voir tableau 2.3), on peut considérer qu'il existe une probabilité de *0,0282* que lors de la troisième année un paiement soit effectué par la contrepartie à l'opération du fait d'un défaut. Puisque le taux de recouvrement est de *45 %*, la perte subie est de *55 %*, et la perte est égale à *0,0282*x*0,55 = 0,01551*, ce qu'il faut bien sûr actualiser, et finalement on obtient: $0,01551e^{-0,04\times2,5} = 0,014034$. La valeur totale espérée des remboursements à opérer, si on fait la somme de ce qui est dû à travers les différentes années, est donc de *0,07060*.

– La dernière étape consiste à prendre en compte les paiements supplémentaires qui seraient intervenus en cas de défaut, en fin de période. Elle est traitée dans le tableau 2.4. Ainsi, durant la troisième année, il y a une probabilité de *0,0282* qu'intervienne un défaut en milieu de période, donc *0,5m* doit être acquitté. On obtient donc *0,0282*x*0,5m = 0,0141m*. Sa valeur présente est égale à $0,0141e^{-0,04\times2,5} = 0,0127582$ m. La valeur totale actuelle espérée de ces paiements vaut *0,064182m*.

tableau 2.3.

valeur présente des paiements de la contrepartie en cas de défaut

Durée (en années)	Probabilités de défaut	Taux de recouvrement	Paiements attendus*	Facteur d'actualisation	Valeur présente des paiements
0,5	0,0300	0,45	0,01650	0,98012	0,016172
1,5	0,0291	0,45	0,01601	0,94176	0,015073
2,5	0,0282	0,45	0,01551	0,90484	0,014034
3,5	0,0274	0,45	0,01507	0,86936	0,013101
4,5	0,0266	0,45	0,01463	0,83530	0,012220
Total					0,070600

* paiements attendus de la part de la contrepartie en cas de défaut : il s'agit de *0,55*x probabilité de défaut.

tableau 2.4.

montant des paiements additionnels

Durée en années	Probabilités de défaut	Paiements attendus (50 %)	Facteur d'actualisation	Valeur présente des paiements
0,5	0,0300	0,01500	0,98012	0,0147018
1,5	0,0291	0,01455	0,94176	0,0137026
2,5	0,0282	0,01410	0,90484	0,0127582
3,5	0,0274	0,01370	0,86936	0,0119102
4,5	0,0266	0,01330	0,83530	0,0111095
Total				0,0641823

Donc l'équation de valorisation de ce *CDS* sur cinq ans s'écrit comme suit :

$$4,067453m + 0,064182m = 0,07060$$

$4,131635m = 0,07060$, donc $m = 0,0170876$ c'est-à-dire environ *171* points de base par an. Ce résultat est acquis compte tenu des hypothèses faites, c'est-à-dire, notamment d'un défaut ne pouvant intervenir qu'une fois par an et en milieu de période.

Bien sûr, à l'époque où le *swap* de défaut est conclu, la valeur de la position est nulle, puisque le contrat est équilibré. Plus tard, elle prend une valeur positive ou négative. Ainsi supposons que le *CDS* de notre exemple ait été négocié pour un *spread* de *190* points de base. La valeur présente des paiements à effectuer par l'acheteur serait alors de *4,13163*x*0,0190* = *0,07850* alors que celle des recettes attendues seraient de *0,0706* comme ci-dessus. La valeur du *swap* ne serait plus nulle mais de *0,0785-0,0706*, c'est-à-dire *0,0079* fois le montant du principal. L'acheteur de protection devant procéder au « *mark to market* » de sa position devrait afficher une position négative de *-0,0079* fois la valeur faciale du *swap*.

B. – extraction de la probabilité de défaut d'un prix obligataire

Il faut noter que la probabilité de défaut d'une entreprise peut être extraite à partir des prix des obligations qu'elle a émises. En général, on considère que l'une des raisons pour laquelle une obligation *corporate* puisse se vendre à un prix inférieur à une obligation similaire sans risque de défaut, est justement le risque de crédit, même si, dans certains cas, le manque de liquidité peut intervenir comme élément explicatif.

Supposons l'existence d'une obligation *corporate* qui possède une échéance de *5* ans, paye un taux de coupon annuel de *5 %* acquitté semestriellement et procure un taux de rendement actuariel de *6 %*. Le rendement obtenu sur une obligation similaire sans risque de défaut est, supposons-le, de *4 %*. Les conditions annoncées impliquent un prix de *104,31* pour l'obligation sans risque de défaut, et de *95,36* pour l'obligation *corporate*, d'où une différence de prix de *104,31 – 95,36*, c'est-à-dire *8,95€*. Appelons *P* la probabilité de défaut prévalant chaque année, supposée constante dans cet exemple, et faisons l'hypothèse d'un taux de recouvrement du nominal égal à *50 %* en cas de défaut. On peut alors calculer la perte attendue en cas de défaut, en supposant qu'il n'est censé intervenir qu'en milieu d'année, c'est-à-dire aux époques *0,5, 1,5, 2,5, 3,5, 4,5.*

tableau 2.5.
calcul de la perte émanant d'un défaut sur une obligation *corporate*

Périodes (en années)	Probabilité de défaut	Montant récupéré	Valeur du titre sans défaut*	Perte subie en cas de défaut	Facteur d'actualisation	Valeur présente de la perte attendue
0,5	P	50	106,41	56,41	0,98012	55,29P
1,5	P	50	105,60	55,60	0,94176	52,36P
2,5	P	50	104,76	54,76	0,90484	49,55P
3,5	P	50	103,88	53,88	0,86936	46,84P
4,5	P	50	102,97	52,97	0,83530	44,24P
Total						248,28P

*Le nominal de l'obligation est égal à *100€*.

Les taux d'intérêt sans risque sont supposés être de 4 % (taux continu) sur toutes les échéances concernées. Considérons alors la valeur de cette obligation dans 3,5 années, c'est-à-dire n'ayant plus que 18 mois à vivre. Sa formule d'évaluation est :

$$B = 2,5 + 2,5e^{-0,04\times 0,5} + 2,5e^{-0,04\times 1} + 102,5e^{-0,04\times 1,5} = 103,88 \text{ €}$$

Si le taux de recouvrement en cas de défaut implique une perte de *50 %* de la valeur faciale alors, on ne perdra à cette époque que *103,88 – 50 = 53,88*. Du fait de l'actualisation, la valeur présente perdue est donc $53,88e^{-0,04\times 3,5} = 46,84$ €. Si on multiplie cette somme par la probabilité *P*, la perte espérée devient *46,84P* (voir tableau 2.5). En faisant la somme à travers les cinq années, on trouve alors *248,28P*. Il vient donc *P = 8,95 / 248,28 =0,036* soit 3,60 %. Ces calculs supposent bien entendu que la probabilité de défaut soit la même chaque année, et que le défaut ne puisse prendre place qu'à un seul moment durant l'année. On peut bien sûr, au lieu de supposer l'existence d'une probabilité inconditionnelle de défaut constante, faire l'hypothèse de la constance de l'intensité de défaut. À l'aide de plusieurs obligations de différentes maturités *3, 5, 7, 10* ans, on peut en plus décrire la structure par terme des probabilités de défaut.

section II

l'évaluation des contrats à terme conditionnels : les options

La vogue des marchés d'options a commencé au début des années *1970.* C'est à cette époque qu'un certain nombre de modèles de valorisation d'options ont été développés [*Black et Scholes (1973)*[43], *Merton (1973)*] et *Cox Ross Rubinstein (1979).* Le premier type de modèle raisonne en temps continu, le second tient compte d'un univers de temps discontinu.

L'option est un actif financier, qui fournit à son détenteur le droit mais non l'obligation de vendre (option de vente) ou d'acheter (option d'achat) une certaine quantité d'actif sous-jacent (actions, marchandises) à une date future déterminée, à un prix d'exercice fixé, en contrepartie du versement immédiat d'un premium. Une option d'achat s'appelle un *call (C)*, une option de vente un *put* (*P*). L'option peut être soit européenne, soit de type américain, si on laisse de côté pour l'instant les options dites « exotiques ». L'option européenne n'est exerçable qu'à la fin de sa période de vie, alors que l'américaine l'est à n'importe quel moment durant cette dernière. À l'échéance, les valeurs des options d'achat et de vente sont égales à leurs valeurs intrinsèques[44] (voir figure 2.10a).

Au cours de sa période de vie, l'option est dite « à parité » ou *at the money* lorsque le cours de l'actif sous-jacent est égal au prix d'exercice de l'option. Si on est en présence d'une option d'achat, elle est dite « en dedans » ou *in the money* si le prix *spot* du titre de base est supérieur au prix d'exercice, elle est « en dehors » ou *out of the money* dans le cas inverse (voir figure 2.10b). Dans le cas d'une option de vente, l'option est dite « en dedans », si le prix de l'action est inférieur au prix d'exercice, et « en dehors » dans l'autre cas.

---

[43] F. Black, M. Scholes, "The pricing of options and corporate liabilities", *Journal of Political Economy*, mai-juin 1973.
J.C. Cox, S.A. Ross, M. Rubinstein, "Option Pricing : a simplified approach", *Journal of Financial Economics*, 7, 1979.
R. Merton, "Theory of rational option pricing", *Bell Journal of Economics and Management Science*, Vol. 4, 1973.

[44] La valeur intrinsèque d'une option d'achat ou de vente fait référence à sa valeur en cas d'exercice immédiat. Sa valeur temps devient donc nulle.

§ 1. – leur mécanique interne et leur fonctionnement

Les principaux déterminants du prix de l'option sont les suivants : le prix de l'actif sous-jacent *S*, le prix d'exercice *K*, la volatilité de l'actif sous-jacent σ (fluctuations plus ou moins fortes du cours du prix de l'action), la durée de vie de l'option *T-t*, et le taux d'intérêt sans risque continu *r* ou discontinu *r*" selon le modèle choisi. Les deux premières variables, *S*, *K*, déterminent la « valeur intrinsèque » de l'option (voir figure 2.10a). Cette dernière s'apparente à ce qui reviendrait immédiatement à son détenteur, si l'option était instantanément exercée. Cette valeur est toujours positive ou nulle : $C = Max(0, S - K)$ pour une option d'achat et égale à $P = Max(0, K - S)$ pour une option de vente. Les trois dernières variables $\sigma, r, T - t$ correspondent à la « valeur temps » de l'option. Par volatilité du support, on entend généralement les fluctuations du cours du titre de base, ce qui peut se traduire par un plus ou moins grand écartement de l'arbre binomial représentatif de l'évolution du prix de l'action. Plus donc les variations de cours seront fortes et erratiques, et plus la volatilité sera considérée comme importante.

figure 2.10 (a)

la valeur intrinsèque d'un *call* ou d'un *put*

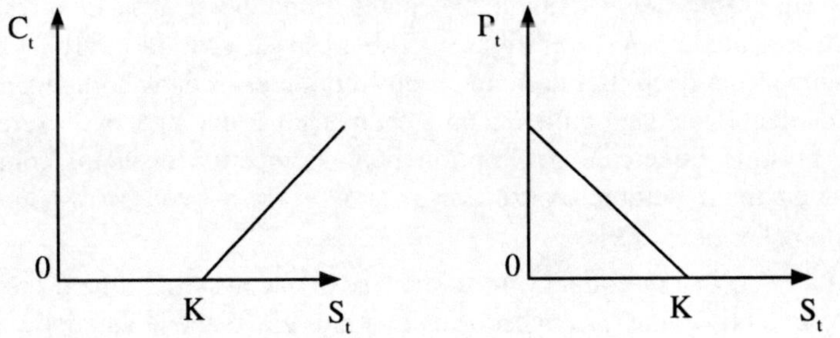

figure 2.10 (b)

la valeur totale d'un *call* ou d'un *put* en cours de période de vie

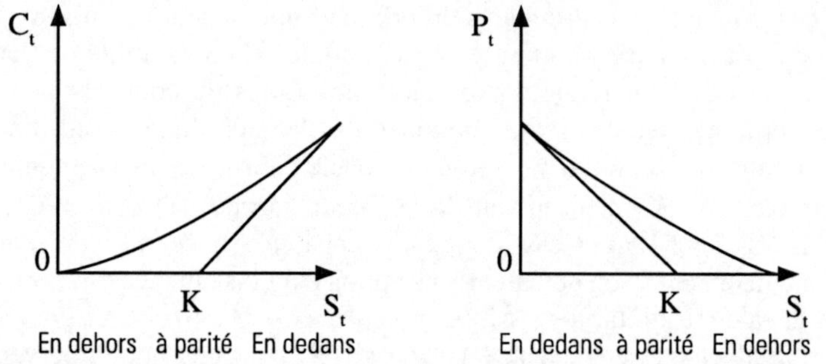

Il faut noter que la mesure de cette variable est extrêmement délicate. On calcule des volatilités historiques, mais aussi des volatilités implicites extraites de prix d'autres actifs optionnels.

La « valeur temps », qui correspond à l'espoir d'appréciation d'une position du fait du temps restant à courir avant l'échéance, est faible voire nulle pour une option d'achat, tant que le prix de l'actif sous-jacent est beaucoup plus faible que le prix d'exercice. En effet, dans cette situation, l'exercice de l'option est improbable, et très peu d'espoir existe. Cependant à mesure que le prix du titre de base s'élève, la probabilité d'exercice augmente, et la valeur temps de l'option s'accroît. Elle devient maximale quand l'option est à parité, c'est-à-dire lorsque $S = K$ (voir figure 2.10b l'espace sous la courbe). Elle commence à décroître au moment où l'option est « dans la monnaie », et devient quasiment nulle quand S est très supérieur au prix d'exercice K, puisque l'exercice de l'option peut alors être considéré comme pratiquement certain. Ainsi, lorsque $S \rightarrow +\infty$, C voit sa valeur se rapprocher de $S - K$

Le cas d'une option de vente s'analyse de façon symétrique. Lorsque le prix du titre sous-jacent est beaucoup plus élevé que la valeur du prix d'exercice, la « valeur temps » du *put* est très petite voire inexistante. Quand S diminue, et voit sa valeur se rapprocher de K, la « valeur temps » augmente, passe par un maximum pour $S = K$, puis diminue à nouveau lorsque $S \rightarrow 0$. Il est en effet presque sûr que l'option pourra être alors exercée. Dans ce cas, P voit sa valeur tendre vers $K - S$.

A. - le sens des relations

– On peut déduire de ce qui précède, que la valeur d'une option d'achat C est une fonction croissante de la valeur de l'actif sous-jacent, alors que pour l'option de vente P, il s'agit d'une relation décroissante.

– À l'inverse, plus le prix d'exercice d'une option d'achat est élevé et plus la valeur de l'option C est faible. En effet sa probabilité d'être exercée diminue au fur et à mesure que le prix d'exercice augmente. Par ailleurs, la pente de la courbe représentative du prix d'une option d'achat, en fonction de S, est d'autant plus élevée que le prix d'exercice est faible et la valeur de S forte. Cette pente indique la réaction du prix de l'option d'achat à une fluctuation unitaire du prix de l'actif de base $H = \frac{dC}{dS}$. On dénommera H « ratio de couverture » quand on évaluera par arbitrage ces contrats.

En ce qui concerne l'option de vente P, plus le prix d'exercice est fort, et plus la valeur de P est importante. Par ailleurs, la pente est d'autant plus élevée que le prix d'exercice est fort.

– Que l'on prenne en compte un *call* ou un *put*, la valeur de ces contrats est une fonction croissante de la volatilité de l'actif sous-jacent. En fait, l'opérateur qui acquiert ces contrats est prêt à payer d'autant plus cher que l'amplitude des fluctuations du titre de base est importante, et qu'il est donc susceptible de gagner son pari à la hausse comme à la baisse. En général, et en première approximation, c'est l'écart-type des rentabilités du titre de base qui est pris en compte comme variable *proxy* de la volatilité.

– En ce qui concerne le taux d'intérêt sans risque r, plus il est élevé et plus il augmente le prix de l'option d'achat C. L'intuition permettant de comprendre ce résultat est la suivante: comme l'achat de l'option économise la mise initiale de l'opérateur par rapport à l'achat ferme de S, ce dernier sera d'autant plus enclin à payer cher l'option, qu'il placera sur le marché le différentiel de capitaux économisé à un taux élevé. Pour l'option de vente, c'est l'inverse, son prix sera d'autant plus faible que le taux r sera fort. En effet, par rapport à une vente ferme, l'achat d'une option de vente P décale dans le temps la date de perception du flux financier, et ceci constitue un désavantage d'autant plus grand que les taux sont importants.

– Le prix d'un *call* ou d'un *put* est une fonction croissante de sa durée de vie. En effet, le pari fait par l'acheteur de l'option a d'autant plus de chances de se réaliser que l'échéance de l'option est lointaine. En fait, la probabilité d'exercice des options augmente avec leur durée de vie.

– En cas de versement de dividende durant la période de vie de l'option, ce dernier a une influence négative sur le prix du sous-jacent. En effet, tout se passe comme si, juste après distribution, le prix de l'action diminuait brutalement du montant distribué. Le prix de l'option n'étant pas protégé contre la distribution de dividende, cela profitera à l'acheteur d'une option de vente, mais défavorisera le détenteur d'une option d'achat. En cas de modifications du capital (augmentation de capital en numéraire par exemple), des correctifs sont cependant apportés au contrat initial.

Tout ceci est résumé dans le tableau 2.6 qui suit.

tableau 2.6

le sens des relations affectant la valeur d'une option

Les déterminants	Option d'achat *C*	Option de vente *P*
1 le cours du sous-jacent	Influence positive	Influence négative
2 le prix d'exercice	Influence négative	Influence positive
3 la volatilité	Influence positive	Influence positive
4 la durée de vie	Influence positive	Influence positive
5 le taux d'intérêt	Influence positive	Influence négative
6 le dividende	Influence négative	Influence positive

Il faut alors décrire la mécanique de fonctionnement de ces contrats, en considérant les flux financiers (le *pay-off*) qui interviennent à l'échéance des options européennes d'achat et de vente.

B. – étude de la relation de parité existante entre *C* et *P*

On peut établir par arbitrage la relation de parité censée exister entre $P(S_t, \tau, K)$ et $C(S_t, \tau, K)$, c'est-à-dire les options d'achat et de vente européennes qui se correspondent (même sous-jacent et mêmes autres caractéristiques). Supposons dans le cas où aucun dividende n'est distribué durant la vie des options, l'existence de deux portefeuilles *1* et *2*. Le premier comprend l'achat du titre *S*, et l'achat d'une option de vente de prix d'exercice *K*. le second implique une position longue sur l'option d'achat *C*, et une obligation coupon zéro de valeur *K* en *T*. Dans ce cas, en *T*, les valeurs des deux portefeuilles sont identiques.

En effet :

$Port_1 = S_T + \max(K - S_T) = \max(S_T, K)$

$Port_2 = K + \max(S_T - K, 0) = \max(S_T, K)$

Puisque ces deux valeurs sont équivalentes, à l'époque *0*, on doit constater que : $S + P = \frac{K}{1+r''} + C$

ou

$C - P = S - \frac{K}{1+r''}$ ce qui implique $P = C - S + \frac{K}{1+r''}$

Avec *r''* le taux sans risque discontinu de la période.

En effet, si le marché est en équilibre, les portefeuilles *1* et *2* qui ont une même valeur terminale en *T* doivent posséder une même valeur initiale en *0*.

C. - les limites de la valeur d'une option

R. Merton (1973)[45] a proposé des conditions nécessaires pour que l'on puisse établir des évaluations rationnelles. Des formules explicites en sont dérivées aussi bien pour les options d'achat que de vente, que pour les *warrants* ou les options à barrière. Les valeurs limites auxquelles il parvient, sont fondées uniquement sur des arguments d'arbitrage. On traitera d'abord des contrats européens et américains concernant les options d'achat, puis on considérera ensuite le cas des options de vente.

1°). Les options d'achat européennes et américaines

En notant, dans la suite, par $C_{US}(S_t, \tau, K)$ et $C(S_t, \tau, K)$ les prix d'option américaine et européenne d'achat de sous-jacent S_t, de durée de vie $\tau = T - t$ et de prix d'exercice *K*, l'application de ces arguments d'arbitrage conduit aux principaux résultats et relations suivantes :

– Par définition, les prix de ces deux contrats sont positifs :

$C_{US}(S_t, \tau, K) \geq 0$ (Option américaine)

$C(S_t, \tau, K) \geq 0$ (Option européenne)

45 R.C. Merton, "Theory of Rational Option Pricing", *Bell Journal of Economics and Management Science*, printemps 1973.

À la date d'échéance T, la valeur de l'option d'achat sera égale au maximum de la différence entre le prix de l'action, et le prix d'exercice, ou zéro :

$$C_{US}\left(S_T, 0, K\right) = \max\left(0, S_T - K\right)$$

$$C\left(S_T, 0, K\right) = \max\left(0, S_T - K\right)$$

À n'importe quelle date précédant l'échéance, une option d'achat américaine doit au moins valoir la différence existante entre le prix de l'action, et le prix d'exercice. Ceci s'écrit :

$$C_{US}\left(S_t, \tau, K\right) \geq Max\left(0, S_t - K\right)$$

Par ailleurs, une option d'achat américaine ne peut avoir un prix plus faible que celui de l'option européenne correspondante. Puisque l'option américaine confère tous les droits associés au contrat d'option européenne, plus la possibilité d'exercice anticipé. Pour qu'il n'y ait pas domination, il faut qu'à n'importe quel moment de la durée de vie de l'option, on constate :

$$C_{US}\left(S_t, \tau, K\right) \geq C\left(S_t, \tau, K\right)$$

– Si deux contrats d'option d'achat américains diffèrent seulement par leur date d'échéance, celui qui possède la durée de vie la plus longue τ_1 ne doit pas posséder une valeur inférieure à celle d'échéance plus courte τ_2. Il faut donc que l'on observe :

$$C_{US}\left(S_t, \tau_1, K\right) \geq C_{US}\left(S_t, \tau_2, K\right)$$

– À la limite, une action peut être considérée comme une option d'achat perpétuelle ($\tau \rightarrow \infty$) avec un prix d'exercice égal à zéro. Il vient alors :

$$S_t \geq C_{US}\left(S_t, \infty, 0\right) \geq C_{US}\left(S_t, \tau, K\right)$$

S en général est considéré comme étant supérieur à $C_{US}\left(S_t, \infty, 0\right)$ du fait des dividendes distribués.

– Une option d'achat américaine portant sur une action ne versant aucun dividende ne sera pas exercée avant l'échéance.

Pour démontrer ce résultat, on peut raisonner comme suit. Considérons $B\left(\tau\right)$ le prix d'une obligation sans coupon dénuée de risque de défaut versant un euro à l'échéance. Si les taux d'intérêt sont strictement positifs, on a pour des échéances ordonnées $\infty > \tau_1 > \tau_2 > \tau_3 > 0$:

$$0 = B\left(\infty\right) < B\left(\tau_1\right) < B\left(\tau_2\right) < B\left(\tau_3\right) < B\left(0\right) = 1 .$$

Formons deux portefeuilles *1* et *2* comprenant les actifs suivants :

1 Achat d'une option européenne $C(S_t, \tau, K)$ et d'obligations pour un montant $KB(\tau)$

2 Achat de l'action pour un prix S

Puisque la valeur terminale du portefeuille *1* n'est jamais inférieure à celle de *2*, et qu'elle lui est parfois supérieure, la valeur initiale du portefeuille *1* doit être supérieure ou égale à celle du portefeuille *2*. Donc, pour une action ne distribuant pas de dividende, on obtient avant l'échéance :

$$C(S_t, \tau, K) \geq \max\left[0, S_t - KB(\tau)\right]$$

L'option américaine possède alors une valeur telle que :

$$C_{US}(S_t, \tau, K) \geq C(S_t, \tau, K) \geq \max\left[0, S_t - KB(\tau)\right]$$

Si elle est exercée, la valeur d'une option américaine est égale à $\max\left[0, S_t - K\right]$ ce qui est moins que $\max\left[0, S_t - KB(\tau)\right]$ puisque $B(\tau)$ est inférieur à l'unité, si τ est plus grand que zéro. Ainsi donc avant l'échéance, le détenteur d'une option américaine n'a pas intérêt à exercer son option. Dans ce cas, l'option d'achat américaine possède la même valeur qu'une option européenne, autrement dit $C_{US}(S_t, \tau, K) = C(S_t, \tau, K)$.

– Enfin, le prix d'une option d'achat est une fonction convexe du prix d'exercice.

2°). Les options de vente européennes et américaines

Si maintenant, on revient à l'étude de la valeur d'une option de vente américaine, on sait que cette dernière est au moins égale à celle de l'option européenne correspondante :

$$P_{US}(S, \tau, K) \geq P(S, \tau, K)$$

De plus, elle peut être exercée à tout moment durant sa période de vie, et donc elle vaut toujours au moins sa valeur intrinsèque, c'est-à-dire :

$$P(S, \tau, K) \geq Max(0, K - S)$$

On peut alors utiliser la relation de parité trouvée entre l'option européenne d'achat et de vente de mêmes caractéristiques

$$C(S, \tau, K) - P(S, \tau, K) = S - \frac{K}{(1 + r'')}$$

Comme on sait aussi que $C(S, \tau, K) \leq S$

On peut en conclure que $P(S, \tau, K) \leq \dfrac{K}{(1 + r'')}$

Si donc la durée de vie d'une option européenne tend vers l'infini, on observe $P(S, \infty, K) = 0$. Cependant une option américaine pouvant être exercée à n'importe quel moment, elle est au moins toujours égale à sa valeur intrinsèque. Celle-ci est positive, si $K > S$. L'option de vente américaine peut donc être exercée avec profit avant l'échéance et sa valeur est donc supérieure à celle de son homologue européenne.

$P_{US}(S,\tau,K) > P(S,\tau,K)$

En fait, la probabilité d'exercice anticipé de l'option de vente américaine est différente de zéro, dès qu'il existe une possibilité pour que la valeur de l'option européenne correspondante devienne inférieure à sa valeur intrinsèque.

La présence d'un dividende éventuel complique un peu l'analyse. Dans le cas d'une option d'achat américaine, il peut être souhaitable d'exercer juste avant qu'intervienne la distribution du coupon. L'exercice ne doit avoir lieu que si la valeur intrinsèque de l'option avant distribution est supérieure à la valeur totale de l'option juste après distribution. Il faut donc que la valeur du dividende soit suffisamment importante pour déclencher l'exercice. Pour ce qui est de l'option de vente américaine, l'exercice peut intervenir à n'importe quel moment.

Après avoir présenté quelques-unes des principales conditions d'arbitrage, la méthode de valorisation d'une option va être exposée.

§ 2. – l'évaluation à l'aide du modèle binomial [46]

L'évaluation d'une option sur action au niveau le plus élémentaire, concerne une option de type européen, c'est-à-dire exerçable uniquement à la fin de sa période de vie. Le modèle binomial converge à la limite vers les résultats du modèle de *Black - Scholes - Merton* établi en temps continu. Il constitue l'instrument le plus simple permettant d'évaluer de telles options.

A. – sa mise en œuvre : le cas d'une seule période

Il suppose vérifiées les conditions suivantes :

- Le cours d'une action évolue dans le temps selon un processus binomial multiplicatif. Ceci implique, partant d'une valeur donnée

[46] J.C. Augros, P. Navatte, *Bourse : les options négociables*, Vuibert, 1987, p. 42.

S de l'action en début de période, qu'en fin de période binomiale, le prix de l'action devienne égal, soit à uS (hausse du prix de l'action), soit à dS (baisse du prix), u et d étant les facteurs multiplicatifs applicables à la valeur de l'action.

– Les rendements des actions sont supposés suivre une loi lognormale. On peut également considérer que le logarithme des rendements suit une loi normale. Cette hypothèse considérée au niveau du modèle de *Black - Scholes - Merton* implique au niveau du modèle binomial que $d = \frac{1}{u}$

– Si $r^* = 1 + r''$, c'est-à-dire si r^* représente l'unité plus le taux sans risque discontinu période r'', de façon à ce que le marché soit en équilibre, il faut que les inégalités suivantes prévalent : $u > r^* > d$. En effet, si $u > d > r^*$, on constate que même en cas d'évolution défavorable du marché des actions, la rentabilité obtenue est supérieure au taux sans risque, ce qui rend caduc le marché de l'actif sans risque. Par contre, si $r^* > u > d$, c'est le marché de l'actif risqué qui est dominé, puisque même en cas d'évolution favorable, le taux sans risque fournit aux investisseurs une meilleure rentabilité.

La durée de la période binomiale n'est pas fixée à l'avance. Elle peut correspondre à un mois, une semaine, un jour, une heure... Cependant au cours d'une période binomiale, la valeur de l'action (ici l'actif sous-jacent de l'option) ne peut évoluer qu'à la hausse ou à la baisse. Les simulations réalisées montrent qu'à partir d'une période calendaire donnée (9 mois par exemple), dès que l'on divise cette durée en plus de cinquante périodes binomiales, la valeur de l'option obtenue converge vers « l'évaluation en temps continu » trouvée à l'aide du modèle de *Black – Scholes – Merton (1973).*

1°). Le cas d'une option d'achat

L'évaluation se réalise en constituant un portefeuille d'arbitrage sans risque qui, de ce fait, sur un marché en équilibre, ne doit rapporter que le taux sans risque. Soit S le prix de l'action, K le prix d'exercice de l'option, à l'issue d'une période binomiale, le prix de l'action et de l'option C évoluent conformément à une représentation en arborescence du type suivant :

$$S \begin{cases} uS \text{ probabilité } v \\ dS \text{ probabilité } 1\text{-}v \end{cases} \qquad C \begin{cases} C_u = Max(0, uS - K) \\ C_d = Max(0, dS - K) \end{cases}$$

En effet, si l'option n'a qu'une période à vivre, en fin de période, sa « valeur temps » est nulle et sa valeur rejoint sa valeur intrinsèque. Cette dernière est soit positive, si le cours de l'action est supérieur à la valeur du prix d'exercice, soit égale à zéro dans les autres cas. Si l'investisseur peut être considéré comme étant neutre vis-à-vis du risque, le rendement de tout investissement a pour valeur espérée, le taux sans risque. Il vient donc :

$$vuS + (1 - v)dS = r^*S \text{ et probabilité } v = \frac{r^* - d}{u - d} = p$$

La probabilité v est historique et, pour évaluer C, on en vient à la probabilité p calculée dans un monde « neutre au risque ». Dans tel un monde, tous les individus sont indifférents au risque. Les investisseurs ne demandent donc aucune compensation en contrepartie du risque subi. Dans un tel univers, le retour attendu sur chaque actif est égal au taux sans risque période. Il faut noter que les résultats obtenus sont cependant valables dans n'importe quel autre univers. En effet, quand on quitte l'univers « risque neutre », et que l'on réintroduit dans le modèle l'aversion des investisseurs face au risque, il se produit deux effets. D'abord le taux de croissance espéré du prix de l'action se modifie et, ensuite, le taux d'actualisation n'est plus le taux sans risque. Or ces deux effets se compensent exactement. Le passage à un monde « neutre au risque » n'implique donc absolument pas que les investisseurs le soient, mais constitue un « artifice » permettant d'évaluer plus facilement les actifs dérivés.

Pour évaluer l'option C, on peut alors former un portefeuille d'arbitrage composé de H actions et de la vente d'une option d'achat. Ce portefeuille est réputé sans risque, si toute hausse des H actions est compensée par une perte sur l'option d'achat vendue, et inversement.

L'arbre représentatif de l'évolution du portefeuille à travers le temps se présente comme suit :

$$HS - C \begin{cases} HuS - C_u \\ HdS - C_d \end{cases}$$

Pour que le portefeuille soit sans risque, les deux branches de l'arbre doivent fournir une rentabilité équivalente. On peut alors écrire :

$$HuS - C_u = HdS - C_d$$

Il est alors possible de calculer *H* pour que l'égalité précédente soit satisfaite. *H* représente alors le « *Hedge ratio* » ou coefficient delta « δ » en matière de gestion d'un portefeuille d'options.

$$HuS - Hds = C_u - C_d$$

$$H = \frac{C_u - C_d}{(u - d)S}$$

Puisque le portefeuille est désormais exempt de risque, il ne doit, sur un marché en équilibre, rapporter que le taux sans risque. Il vient donc :

$$HS - C = \frac{HuS - C_u}{r^*} = \frac{HdS - C_d}{r^*}$$

Avec $r^* = 1 + r''$

À l'aide de cette double égalité, on peut alors calculer la valeur *C* de l'option d'achat.

$$C = \frac{r^* HS - HuS + Cu}{r^*}$$

$$C = \frac{1}{r^*}[HS(r^* - u) + C_u]$$

En remplaçant *H* par sa valeur dans l'équation ci-dessus, on trouve en réarrangeant les termes :

$$C = \frac{1}{r^*}[C_u \frac{r^* - d}{u - d} + C_d \frac{u - r^*}{u - d}]$$

Ou alors :

$$C = \frac{1}{r^*}[pC_u + (1 - p)C_d]$$

Avec $p = \frac{(r^* - d)}{u - d}$ et $1 - p = \frac{(u - r^*)}{u - d}$

La valeur d'une option d'achat s'apparente donc à la valeur présente de ses cash-flows futurs pondérés par leurs probabilités de survenance. L'actualisation s'effectue au taux sans risque, ce qui signifie que les probabilités *p* et 1 – *p* sont des probabilités risque neutre. D'ailleurs, la probabilité *v* n'intervient pas dans la formule permettant d'évaluer une option d'achat.

Application

Soit à évaluer une option d'achat dont les caractéristiques sont les suivantes :

$S = K = 100,\ u = 1{,}25,\ d = (1/u) = 0{,}8,\ r^* = 1{,}025\ ,\ n = 1$

L'arbre binomial représentatif de l'évolution du prix de l'action se construit en allant du présent vers le futur (de gauche à droite), et celui de l'option, à l'inverse, en partant du futur pour revenir vers le présent (de droite à gauche).

$$S = 100 \begin{cases} uS = 125 \\ dS = 80 \end{cases} \qquad C = 12{,}195 \begin{cases} C_u = Max(0, uS - K) = 25 \\ C_d = Max(0, dS - K) = 0 \end{cases}$$

$$p = \frac{1{,}025 - 0{,}8}{1{,}25 - 0{,}8} = 0{,}5$$

La valeur de l'option d'achat est donc égale à :

$$C = \frac{1}{1{,}025}\left[0{,}5 \times 25 + 0{,}5 \times 0\right] = 12{,}195\ €$$

L'option d'achat étant évaluée à son prix d'équilibre, il n'y a donc pas d'arbitrage gagnant à réaliser.

2°). Le cas d'une option de vente

On peut raisonner de façon similaire pour l'option de vente P. Cependant cette fois-ci, la valeur intrinsèque de l'option se calcule différemment. Il vient :

$$S \begin{cases} uS \\ dS \end{cases} \qquad P \begin{cases} P_u = Max(0, K - uS) \\ P_d = Max(0, K - dS) \end{cases}$$

En constituant un portefeuille d'arbitrage, composé cette fois-ci d'une option de vente et de H' actions, des compensations interviennent en son sein, puisque lorsque le cours des actions augmente, la valeur de l'option de vente diminue (et inversement). Le portefeuille qui comprend deux actifs risqués peut donc se révéler sans risque, si une exacte compensation des risques intervient à l'intérieur de ce dernier.

$$H'S + P \begin{cases} H'uS + P_u \\ H'dS + P_d \end{cases}$$

On peut calculer *H'* tel que l'égalité ci-dessous présentée prévale, et que le portefeuille soit dénué de risque pendant cette période binomiale.

$$H'uS + P_u = H'dS + P_d$$

$$H'uS - H'dS = P_d - P_u$$

$$H' = \frac{P_d - P_u}{(u-d)S}$$

Le portefeuille étant sans risque, il ne doit rapporter que le taux sans risque, ce qui implique :

$$H'S + P = \frac{H'uS + P_u}{r^*} = \frac{H'dS + P_d}{r^*}$$

Il est alors possible d'évaluer *P* en remplaçant *H'* par sa valeur dans l'équation ci-dessous :

$$P = \frac{-r^* H'S + H'uS + P_u}{r^*}$$

$$\boxed{P = \frac{1}{r^*}[pP_u + (1-p)P_d]}$$

Le prix d'une option de vente s'assimile lui aussi à la valeur actualisée des cash-flows futurs qu'elle a générés, pondérés par leurs probabilités de survenance.

Application

Soit à évaluer une option de vente dont les caractéristiques sont les suivantes :

S = K= 100, u = 1,25, d = (1/u) = 0,8, $r^* = 1{,}025$, *n =1*

L'arbre représentatif de l'évolution du prix de l'action se construit en allant du présent vers le futur (de gauche à droite), et celui de l'option, à l'inverse, en partant du futur pour revenir vers le présent (de droite à gauche). L'arborescence prend la forme suivante :

$S = 100$ → $uS = 125$; $dS = 80$

P → $P_u = Max(0, K - uS) = 0$; $P_d = Max(0, K - dS) = 20$

$$p = \frac{1{,}025 - 0{,}8}{1{,}25 - 0{,}8} = 0{,}5$$

$$P = \frac{1}{1{,}025}\left[0{,}5 \times 0 + 0{,}5 \times 20\right] = 9{,}7561 \text{ €}$$

On peut de plus vérifier les calculs en utilisant la relation de parité censée exister entre l'option d'achat et de vente qui se correspondent (même sous-jacent et autres caractéristiques).

$C - P = S - \frac{K}{r*}$ c'est-à-dire $C = P + S - \frac{K}{r*}$ ce qui implique :

$$C = 9,\ 7561 + 100 - \frac{100}{1,0250} = 12,195\ €$$

B. – généralisation

La formule d'évaluation d'une option peut facilement être généralisée à n périodes. Par extension des formules précédentes, on en déduit les formulations suivantes :

$$C = \frac{1}{r*^n}[\sum_{j=0}^{n}(\frac{n!}{j!(n-j)!})p^j(1-p)^{n-j}Max(0, u^j d^{n-j} S - K)]$$

$$P = \frac{1}{r*^n}[\sum_{j=0}^{n}(\frac{n!}{j!(n-j)!})p^j(1-p)^{n-j}Max(0, K - u^j d^{n-j} S)]$$

où la valeur de $\frac{n!}{j!(n-j)!}$ est donnée par le triangle de Pascal, avec j représentant le nombre de périodes de hausse parmi les n périodes binomiales envisagées, et $(n - j)$ le nombre de périodes de baisse intervenues.

Pour une option d'achat, et $n = 3$ périodes, il vient au niveau de la formule d'évaluation et de l'arborescence :

$$C = \frac{1}{r*^3}[p^3 Max(0, u^3 S - K) + 3p^2(1-p)Max(0, u^2 dS - K)$$
$$+ 3p(1-p)^2 Max(0, ud^2 S - K) + (1-p)^3 Max(0, d^3 S - K)]$$

			u^3S				$C_{uuu} = Max(0, u^3S - K)$
		u^2S				C_{uu}	
	uS		u^2dS		C_u		$C_{uud} = Max(0, u^2dS - K)$
S		udS		C		C_{ud}	
	dS		ud^2S		C_d		$C_{udd} = Max(0, ud^2S - K)$
		d^2S				C_{dd}	
			d^3S				$C_{ddd} = Max(0, d^3S - K)$

On peut alors remarquer qu'il est possible d'évaluer C en utilisant de façon itérative la méthode précédemment décrite. Il suffit d'évaluer C_{uu}, C_{ud}, C_{dd} puis C_u et C_d, à l'aide des formules qui suivent, avant de calculer C.

$$C_{uu} = \frac{1}{r*}[pC_{uuu} + (1-p)C_{uud}] \quad \text{et} \quad C_{ud} = \frac{1}{r*}[pC_{uud} + (1-p)C_{udd}]$$

$$C_{dd} = \frac{1}{r*}[pC_{udd} + (1-p)C_{ddd}] \quad \text{puis}$$

$$C_{u} = \frac{1}{r*}[pC_{uu} + (1-p)C_{ud}] \quad \text{et} \quad C_{d} = \frac{1}{r*}[pC_{ud} + (1-p)C_{dd}]$$

Avec enfin :

$$C = \frac{1}{r*}[pC_u + (1-p)C_d]$$

Une autre méthode est disponible. Elle nous exempte de calculs intermédiaires et permet d'obtenir directement la valeur de l'option. Elle consiste à tenir compte des flux terminaux, à les pondérer par leur probabilité de survenance à estimer et, enfin, à les actualiser avant d'en calculer la somme. On se « transporte » ainsi directement de la période *3* à la période *0*. Cette méthode « directe » est plus économe en calculs, mais nous prive de résultats intermédiaires utiles par exemple, si l'on souhaite évaluer les « grecs » ou paramètres de gestion des options. Il vient alors :

$$C = \frac{1}{r*^3}[p^3C_{uuu} + 3p^2(1-p)C_{uud} + 3p(1-p)^2C_{udd}(+1-p)^3C_{ddd}]$$

Ou

$$C = \frac{1}{r*^3}[p^3 Max(0, u^3S - K) + 3p^2(1-p)Max(0, u^2dS - K)$$
$$+ 3p(1-p)^2 Max(0, ud^2S - K) + (1-p)^3 Max(0, d^3S - K)]$$

Il n'existe qu'une seule manière pour obtenir trois hausses successives, et un seul chemin pour y parvenir, d'où l'emploi de la seule probabilité p^3. Cependant pour accéder à la deuxième branche, il faut deux hausses et une baisse, soit l'existence de trois chemins possibles, ce qui correspond à une probabilité égale à $3p^2(1-p)$. Pour la troisième branche, trois chemins y conduisent aussi, soit deux baisses et une hausse $3p(1-p)^2$. Enfin pour la dernière branche, trois baisses successives sont nécessaires, donc la probabilité associée à ce résultat est égale à $(1-p)^3$.

De façon similaire, on obtient pour l'option de vente :

$$P = \frac{1}{r^{*3}}[p^3 Max(0, K - u^3 S) + 3p^2(1-p)Max(0, K - u^2 dS)$$
$$+ 3p(1-p)^2 Max(0, K - ud^2 S) + (1-p)^3 Max(0, K - d^3 S)]$$

Application

Soit à évaluer une option d'achat dont les caractéristiques sont les suivantes :

$$S = K = 100,\ u = 1{,}25,\ d = (1/u) = 0{,}8,\ r^* = 1{,}025,\ n = 3$$

Rappelons que l'arbre représentatif de l'évolution du prix de l'action se construit en allant du présent vers le futur (de gauche à droite), et celui de l'option, à l'inverse, en partant du futur pour revenir vers le présent (de droite à gauche).

			$u^3S = 195{,}31$				$C_{uuu} = 95{,}31$
		$u^2S = 156{,}25$				C_{uu}	
	$uS = 125$		$u^2dS = 125$		C_u		$C_{uud} = 25$
$S = 100$		$udS = 100$		C		C_{ud}	
	$dS = 80$		$ud^2S = 80$		C_d		$C_{udd} = 0$
		$d^2S = 64$				C_{dd}	
			$d^3S = 51{,}2$				$C_{ddd} = 0$

$$p = \frac{1{,}025 - 0{,}8}{1{,}25 - 0{,}8} = 0{,}5$$

$$C = \frac{1}{1{,}025^3}\left[0{,}5^3 \times 95{,}31 + 3 \times 0{,}5^2 \times 0{,}5 \times 25 + 3 \times 0{,}5 \times 0{,}5^2 \times 0\right.$$
$$\left. + 0{,}5^3 \times 0\right] = 19{,}768\ €$$

On constate que plus la durée de vie d'une option est longue, plus sa valeur est forte. Le même résultat est obtenu par la méthode itérative : À l'aide des résultats intermédiaires, on obtient :

$$C_{uu} = \frac{1}{1{,}025}[0{,}5 \times 95{,}31 + 0{,}5 \times 25] = 58{,}687\ €$$

$$C_{ud} = \frac{1}{1{,}025}[0{,}5 \times 25] = 12{,}195\ €\ ;\ C_{dd} = 0$$

$$C_u = \frac{1}{1{,}025}[0{,}5 \times 58{,}687 + 0{,}5 \times 12{,}195] = 34{,}576\ €$$

$$C_d = \frac{1}{1{,}025}[0{,}5 \times 12{,}195] = 5{,}949\ €$$

$$C = \frac{1}{1{,}025}[0{,}5 \times 34{,}576 + 0{,}5 \times 5{,}949] = 19{,}768\ €$$

La valeur de l'option de vente P correspondante peut être déterminée par la relation de parité ou à l'aide de la formule directe, ou encore par la construction du treillis binomial approprié :

$$C - P = S - \frac{K}{r^{*3}} \text{ ou } P = C - S + \frac{K}{r^{*3}} \text{ c'est-à-dire}$$

$$P = 19,678 - 100 + \frac{100}{(1,025)^3} = 12,628 \text{ €}$$

ce que l'on retrouve comme suit, les valeurs intrinsèques représentant la valeur terminale des options :

			$u^3S = 195,31$				$P_{uuu} = 0$
		$u^2S = 156,25$				P_{uu}	
	$uS = 125$		$u^2dS = 125$		P_u		$P_{uud} = 0$
$S = 100$		$udS = 100$		P		P_{ud}	
	$dS = 80$		$ud^2S = 80$		P_d		$P_{udd} = 20$
		$d^2S = 64$				P_{dd}	
			$d^3S = 51,2$				$P_{ddd} = 48,8$

$$P = \frac{1}{(1,025)^3}[0,5^3 \times 0 + 3 \times 0,5^2 \times 0,5 \times 0 + 3 \times 0,5 \times 0,5^2 \times 20$$

$$+ 0,5^3 \times 48,8] = 12,628 \text{ €}$$

Ou

$$P_{uu} = 0 \; ; \; P_{ud} = \frac{1}{1,025}\left[0,5 \times 20\right] = 9,756 \text{ €};$$

$$P_{dd} = \frac{1}{1,025}\left[0,5 \times 20 + 0,5 \times 48,8\right] = 33,56 \text{ €}$$

$$P_u = \frac{1}{1,025}\left[0,5 \times 9,756\right] = 4,759 \text{ €} \; ;$$

$$P_d = \frac{1}{1,025}\left[0,5 \times 9,756 + 0,5 \times 33,56\right] = 21,129 \text{ €}$$

$$P = \frac{1}{1,025}\left[0,5 \times 4,759 + 0,5 \times 21,129\right] = 12,628 \text{ €}$$

Remarque

Il faut noter par ailleurs que l'acquisition d'une option européenne d'achat ayant pour actif sous-jacent le titre de base est une opération similaire à celle de l'achat d'un contrat à terme. Les deux stratégies impliquent que l'on échange de l'argent contre le titre de base à une date future spécifiée. Cependant il existe au moins une différence entre ces deux positions. Dans le second cas, on est contraint de dénouer l'opération, alors que dans le premier ce n'est qu'une possibilité. À l'échéance, la valeur du contrat à terme est égale à $S^* - F$, c'est-à-dire à la différence existante entre le prix de l'actif sous-jacent à cette date et le prix du contrat à terme le jour de la signature du contrat. Par contre, à l'échéance, la valeur de l'option est égale à $Max(0, S^* - K)$ où K représente le prix d'exercice. Bien qu'admettant des profils de résultats différents, il existe une relation entre le prix de ces contrats. Pour la mettre en relief, nous allons volontairement ignorer les frais de transaction, les appels de marge et autres impôts. Le tableau 2.7 montre que si l'on admet ces simplifications, l'achat d'un contrat à terme est équivalent à l'achat d'un portefeuille d'actifs de même échéance composé de :

- l'achat d'un *call* européen sur l'actif de base avec pour prix d'exercice le prix *forward* de l'actif ;
- la vente d'un *put* européen sur l'actif de base avec pour prix d'exercice le prix *forward* de l'actif

tableau 2.7.
relation entre prix du contrat à terme et valeur d'options européennes

	Date de passation du contrat	Date d'échéance ou	Date de livraison
Cas à l'échéance		$S^* \leq F$	$S^* > F$
Achat de F	0	$S^* - F$	$S^* - F$
Achat de C et vente de P avec $K = F$	$P - C$	$S^* - F$	$S^* - F$

Si le marché est en équilibre, c'est-à-dire s'il n'y a pas d'opportunité d'arbitrage, le prix *forward* doit être le prix d'exercice qui rend égales la valeur du *call* et celle du *put*. En effet, si C avait par exemple une valeur plus faible que P, on pourrait gagner de l'argent en achetant ce *call*, et en vendant le *put* et le contrat à terme. Cette stratégie procurerait un profit certain égal à $P - C$ et ne nécessiterait dans aucun scénario, de débours de fonds ultérieur. Inversement, si C possédait une valeur supérieure à P, pour réaliser un gain d'arbitrage $C - P$, il faudrait vendre le *call* et donc acheter en contrepartie le *put* et le contrat à terme. Il faut noter que ces conclusions sont valables, quel que soit l'actif de base.

En ce qui concerne les options sur actions, on a mis en relief l'existence d'une relation de parité du type suivant, en l'absence de dividende : $C - P = S - Kr^{*-t}$

À l'aide du raisonnement d'arbitrage que nous venons de développer, on sait que le prix *forward* est la valeur du prix d'exercice K pour laquelle le *call* et le *put* ont le même prix, donc : $C = P$ et $S = Kr^{*-t}$, et alors $Sr^{*t} = F = K$

L'évaluation d'options nous incite maintenant à réfléchir à la manière dont elles se comportent durant leur vie et non plus seulement à l'échéance.

§ 3. – la gestion des options

La gestion efficace d'une position d'options implique que l'on se réfère à certains des coefficients issus de leur formule de valorisation.

A. – les paramètres de gestion : les « grecs »

– Ainsi le coefficient Δ (*delta*) d'une option d'achat indique de combien augmente la valeur du *call* pour un accroissement unitaire du prix de son actif sous-jacent. Il se note comme suit :

$$\Delta C = \frac{C_u - C_d}{S(u-d)}$$

Pour une option de vente, il vient :

$$\Delta P = \frac{P_u - P_d}{S(u-d)}$$

– Le coefficient *gamma* (Γ) représente la variation du coefficient *delta* générée par l'élévation d'une unité monétaire du prix de l'actif de base. Il prend la forme suivante :

$$\Gamma = \frac{\Delta_u - \Delta_d}{S(u-d)}$$ avec pour une option d'achat $$\Delta_u = \frac{C_{uu} - C_{ud}}{uS(u-d)}$$ et

$$\Delta_d = \frac{C_{ud} - C_{dd}}{dS(u-d)}$$

$$\Gamma_c = \frac{dC_{uu} - (u+d)C_{ud} + uC_{dd}}{S^2(u-d)^2}$$

$$\Gamma_p = \frac{dP_{uu} - (u+d)P_{ud} + uP_{dd}}{S^2(u-d)^2}$$

– Le paramètre *thêta* (θ) exprime la déperdition de valeur subie par une option du simple fait du passage du temps, à valeur d'actif sous-jacent égale. Il s'évalue comme suit :

$$\theta_c = \frac{[C_{ud} - C]n}{2\tau}$$

$$\theta_p = \frac{[P_{ud} - P]n}{2\tau}$$

Où τ indique une période calendaire. Une des propriétés importantes de ces paramètres est leur additivité. Ainsi il est possible de gérer momentanément en *delta* neutre, un portefeuille comprenant plusieurs positions d'options, c'est-à-dire de le rendre insensible aux fluctuations de leur actif de base, en écrivant par exemple :

$$n_1\Delta_1 + n_2\Delta_2 = 0$$

Ce qui implique $-\frac{\Delta_1}{\Delta_2} = \frac{n_2}{n_1}$

Application

En reprenant l'exemple pris plus haut, celui d'une option d'achat dont les caractéristiques sont les suivantes :

$S = K = 100$, $u = 1{,}25$, $d = (1/u) = 0{,}8$, $r^* = 1{,}025$, $n = 3$, $\tau = 9 mois$

Les paramètres de gestion peuvent s'évaluer ainsi :

$$\Delta C = \frac{C_u - C_d}{S(u-d)}, \quad \text{donc} \quad \Delta C = \frac{34{,}576 - 5{,}949}{100(1{,}25 - 0{,}8)} = 0{,}63615$$

$$\Gamma = \frac{\Delta_u - \Delta_d}{S(u-d)}, \quad \text{donc} \quad \Gamma = \frac{0{,}8265 - 0{,}33875}{100(1{,}25 - 0{,}8)} = 0{,}010838$$

$$\theta_c = \frac{[C_{ud} - C]n}{2\tau}, \quad \text{donc} \quad \theta_c = \frac{[12{,}195 - 19{,}768]3}{2 \times 0{,}75} = -15{,}146$$

où τ représente une période de neuf mois, ou 0,75 année.

Si les valeurs des coefficients Δ, Γ s'interprètent facilement (accroissements respectifs de la valeur de l'option et du coefficient Δ pour une variation unitaire du prix de l'action), le paramètre θ est ici calculé sur une base annuelle, alors que l'option, par hypothèse, n'a que neuf mois à vivre. Pour savoir ce qu'il adviendrait de la valeur de l'option si une semaine plus tard, le cours de l'actif sous-jacent n'avait pas changé, il faudrait procéder comme suit :

$$C = 19{,}768 - \frac{15{,}146}{52} = 19{,}4767 \text{ €}$$

B. – la présence d'un dividende

Dans un but de simplification administrative, les promoteurs de marchés d'options ont renoncé à modifier les contrats d'options en cas de distribution de dividendes. Ainsi le détachement d'un dividende profite-t-il au vendeur d'une option d'achat et à l'acheteur d'une option de vente, mais désavantage l'acheteur d'une option d'achat et le vendeur d'une option de vente.

En cas d'options de type américain, elles peuvent être exercées à tout moment avant leur échéance. Dans le cas d'une option d'achat, l'exercice peut intervenir efficacement avant une distribution de dividende, pour une option de vente à tout moment. Ainsi le droit d'exercer par anticipation une option affecte sa valeur.

Nous admettrons par souci de simplicité, que la distribution de dividende a pour conséquence de réduire la valeur de l'action d'un montant équivalent à celui du dividende distribué. On supposera en plus que le dividende attendu pendant la durée de vie de l'option est parfaitement défini quant à son montant et à sa date de versement à l'actionnaire. Dans ces conditions, le modèle binomial peut alors être mobilisé pour évaluer une telle option. Il suffit pour cela, de construire le diagramme d'évolution de l'action, en n'omettant pas, à la fin de l'intervalle où intervient la distribution, de retrancher du cours du titre de base, le montant du dividende. On observe cependant que lors de chaque distribution de dividendes, l'arbre d'évolution de la valeur de l'action et de l'option se divise en autant de sous-arbres qu'il existe, à cette époque-là, de branches à l'arbre initial.

§ 4. – l'évaluation des options à l'aide du modèle de *Black – Scholes – Merton* (*B-S-M*)

Ce modèle apparaît comme une généralisation en univers de temps continu du modèle binomial. Les formules d'évaluation des options sont établies en fonction du prix de son actif sous-jacent. Il s'agit donc d'un modèle d'équilibre partiel qui suppose que S est bien évalué. La même logique de raisonnement prévaut. De façon plus précise, ce modèle suppose que le marché financier est « parfait ». Ceci signifie qu'il ne comporte aucun coût de transaction, d'information ou d'impôt. De plus, les titres sont supposés être parfaitement divisibles. Il est également possible de procéder à des ventes à découvert et de prêter ou d'emprunter au même taux d'intérêt supposé constant.

A. – la mécanique de base du modèle

L'option évaluée est de type européen, et l'évolution du cours S de l'action sous-jacente à l'option est censée suivre un processus défini par l'équation suivante :

$$\frac{dS}{S} = \mu dt + \sigma dz$$

La variation du prix de S pendant un court intervalle de temps dt serait fonction de l'espérance mathématique de la rentabilité instantanée de l'action μ, de son écart-type σ supposé constant multiplié par dz, où z est un processus standard de *Gauss-Wiener*.

On peut noter que, de ce fait, le rendement instantané de l'action dépend d'une composante déterministe (μdt) et d'une autre qui, elle, est aléatoire (dz). L'espérance de dz est nulle et sa variance égale à $\sigma^2 dt$. Ainsi la rentabilité instantanée de l'action est distribuée selon une loi normale de moyenne μdt et de variance $\sigma^2 dt$.

La stratégie mise en œuvre est de construire un portefeuille d'arbitrage s'autofinançant, ce qui signifie que toute modification de la composition du portefeuille à travers le temps est financée en interne.

1°). L'équation de valorisation

On peut désigner par *Port* la valeur d'un portefeuille d'arbitrage contenant des options et des actions : $Port = mC + nS$, et considérer qu'après un court intervalle de temps dt le portefeuille varie d'une certaine valeur $dPort = mdC + ndS$ avec dC et dS les variations respectives des prix de l'option et de l'action pendant un court intervalle de temps dt. Or selon le lemme d'*Ito*

$$dC = C_S dS + C_t dt + \frac{1}{2} C_{ss} (dS)^2$$

et selon les règles du calcul stochastique $(dS)^2 = S^2\sigma^2 dt$

d'où $dC = C_S dS + dt(C_t + \frac{1}{2} C_{ss} S^2\sigma^2)$

Si on choisit au niveau du portefeuille d'arbitrage, les pondérations suivantes m = -1 (vente d'une option d'achat) et $n = C_S$ (achat d'action), on obtient $Port = -C + C_S S$ et $dPort = -(C_t + \frac{1}{2} C_{SS} S^2\sigma^2)dt$

Ce portefeuille étant dénué de risque pendant un court intervalle de temps *dt*, il ne doit rapporter que le taux sans risque, si le marché est en équilibre :

$$\frac{dPort}{Port} = rdt$$

En intégrant dans *dPort* les informations précédentes, il vient :

$$\frac{1}{2}S^2\sigma^2 C_{SS} + rSC_S - rC + C_t = 0$$

Il est possible de trouver des solutions particulières à cette équation différentielle du second ordre en tenant compte des conditions aux bornes à l'échéance de l'option[47]. Elle prend la forme suivante :

$$C = SN(d_1) - Ke^{-rT}N(d_2)$$

$$d_1 = \frac{\ln(S/K) + (r + 0{,}5\sigma^2)T}{\sigma\sqrt{T}}$$

$$d_2 = d_1 - \sigma\sqrt{T}$$

Où $N(d)$ correspond à la fonction intégrale de la loi normale centrée réduite et cumulée de $-\infty$ à *d*.

Cette équation fait donc intervenir cinq variables : S, K, σ, T, r pour le calcul du prix de l'option. La volatilité est certainement celle la plus délicate à estimer.

On peut interpréter $N(d_2)$, comme étant la probabilité sous la mesure risque neutre, que l'option d'achat soit à l'échéance dans la monnaie. Quant à $N(d_1)$, c'est la dérivée partielle de *C* par rapport à *S* et on l'appelle le coefficient *delta*.

Le prix de l'option de vente peut s'obtenir à partir du même raisonnement que celui mené pour l'option d'achat ou par la formule de parité liant les options de mêmes caractéristiques. Il vient alors :

$$C - P = S - Ke^{-rT}$$

et

$$P = Ke^{-rT}[1 - N(d_2)] - S[1 - N(d_1)]$$

---

[47] F. Quittard-Pinon, *Mathématiques financières*, Éditions EMS, 2002.

2°). Les paramètres de gestion

– Il est possible de dériver C pour obtenir les principaux « grecs » ou paramètres de gestion de l'option d'achat :

$C_s = N(d_1)$, avec $0 \leq N(d_1) \leq 1$

$\Gamma = Z(d_1)\dfrac{1}{S\sigma\sqrt{T}} \geq 0$ où $Z(d) = \dfrac{1}{\sqrt{2\Pi}}e^{-\frac{d^2}{2}}$ représente la densité de probabilité de la loi normale centrée réduite.

C'est le coefficient *gamma* de l'option d'achat ou de vente.

$\Theta_C = -C_T = S[Z(d_1)\dfrac{\sigma}{2\sqrt{T}}] - rKe^{-rT}N(d_2) < 0$, c'est le coefficient *thêta* qui est de signe contraire à la dérivée, car il traite non de la maturité de l'option, mais de sa durée de vie restante.

$\upsilon_C = C_\sigma = SZ(d_1)\sqrt{T} > 0$ c'est le coefficient *véga* qui permet de mesurer l'impact d'un changement de volatilité sur la valeur de l'option.

– Les principaux paramètres de gestion pour l'option de vente sont :

$P_s = N(d_1) - 1$ avec $-1 \leq N(d_1) - 1 \leq 0$

Puis,

$\Theta_P = -P_T = S[Z(d_1)\dfrac{\sigma}{2\sqrt{T}}] + rKe^{-rT}N(-d_2)$, c'est le coefficient *thêta* qui fait lui référence à la durée de vie restante de l'option.

$\Gamma = Z(d_1)\dfrac{1}{S\sigma\sqrt{T}} \geq 0$

$\upsilon_P = P_\sigma = SZ(d_1)\sqrt{T} > 0$ c'est le coefficient *véga*.

B. – la mise en œuvre du modèle

La mise en œuvre du modèle fait intervenir l'estimation de la volatilité, en général mesurée en première approximation, par l'écart-type des rentabilités de l'actif sous-jacent. Les rentabilités d'un titre donné se calculent comme suit : $r_t = \dfrac{S_t - S_{t-1}}{S_{t-1}}$. Si r_t suit une loi lognormale, il est équivalent d'écrire que $Ln(1 + r_t)$ suit une loi normale. La moyenne et la variance de la distribution sont alors proportionnelles à la longueur de la période d'estimation (processus à accroissements indépendants). De ce fait, il vient, si l'on prend en compte des données annuelles, mensuelles ou journalières, l'égalité suivante :

$\sigma^2 an = 12\sigma^2 mois = 252\sigma^2 jours$

avec

$$\hat{\sigma} = \sqrt{\frac{1}{n-1}\sum_{i=1}^{n}[\ln(1+r_i) - \hat{\mu}]^2} \quad \text{avec} \quad \hat{\mu} = \frac{1}{n}\sum_{i=1}^{n}\ln(1+r_i)$$

On peut également recommander l'utilisation d'une procédure *Arch* ou *Garch*[48] pour estimer la volatilité en raison de son caractère instable au cours du temps. On peut encore tenter d'évaluer la volatilité implicitement. Dans ce cas, il faut l'extraire du prix d'actifs comparables existants sur le marché.

Application

Considérons le cas d'une option d'achat dont les caractéristiques seraient les suivantes :

$S = K = 100$

$r = \ln(1,045) = 0,044017$

$T = 9 mois(0,75 an), \sigma_{an} = 0,35$

$$d_1 = \frac{Ln[\frac{100}{100}] + (0,044017 + 0,5 \times 0,35^2)0,75}{0,35\sqrt{0,75}} = 0,2604683$$

$$d_2 = 0,2604683 - 0,35\sqrt{0,75} = -0,04264062$$

Le calcul de *N(d)* s'effectue généralement à l'aide d'une approximation polynomiale du type suivant :

$$N(d) = 1 - [\frac{1}{\sqrt{2\Pi}} e^{-\frac{d^2}{2}} (a_1 x + a_2 x^2 a_3 x^3 + a_4 x^4 + a_5 x^5 + \ldots)]$$

Avec $x = \dfrac{1}{1 + 0,2316419 \times d}$

$a_1 = 0,319381530 \qquad a_2 = -0,356563782 \qquad a_3 = 1,781477937$

$a_4 = -1,821255978 \qquad a_5 = 1,330274429$

Cette approximation polynomiale vaut surtout pour l'intervalle $-0,5 < d < 2,95$

---

[48] Ces modèles Arch (*Autoregressive conditional heterocedasticity*) et Garch (*Generalised autoregressive conditional heterocedasticity*) prennent en compte le fait que la volatilité n'est pas constante dans le temps, et que des dépendances temporelles existent (Bollerslev (1986). Le modèle Garch (1,1) inclut un processus de retour à la moyenne de long terme (voir *infra* p. 182).

Avec $d_1 = 0,2604683$, on obtient $x = 0,943097841$,

$N(d_1) = 0,6027497$

Puis pour $d_2 = -0,04264062$, il vient $x = 1,0099759$,

$N(d_2) = 0,482407635$

On en déduit donc la valeur de l'option d'achat :

$C = 100 \times 0,6027497 - 100e^{-0,044017 \times 0,75} \times 0,482407635 = 13,60$ €

Considérons maintenant le cas d'un contrat d'option de vente, correspondant à l'option d'achat précédente.

On applique donc la formule trouvée :

$P = Ke^{-rT} N(-d_2) - SN(-d_1)$

Avec

$N(-d_1) = 1 - N(d_1) = 1 - 0,6027497 = 0,3972503$

$N(-d_2) = 1 - N(d_2) = 1 - 0,482407635 = 0,517559$

D'où $P = 100e^{-0,044017 \times 0,75} \times 0,517559 - 100 \times (0,3972503) = 10,35$€

Pour vérifier le résultat, on peut appliquer la relation de parité censée exister entre une option d'achat, et une option de vente de mêmes caractéristiques :

$C - P = S - Ke^{-rT}$ ou $P = C - S + Ke^{-rT}$

c'est-à-dire $10,35 = 13,60 - 100 + 100e^{-0,044017 \times 0,75}$

Il existe en fait de grandes ressemblances entre le modèle de *Black-Scholes-Merton* et le modèle binomial. On devrait donc observer une convergence des résultats obtenus par l'un, ou par l'autre modèle, dès lors que le nombre de périodes prises en compte dans le modèle binomial augmente. Ceci en effet, nous fait nous rapprocher de l'univers en temps continu, où les réallocations de portefeuille sont incessantes.

C. – formules de passage du modèle de *B-S-M* au modèle binomial

On sait qu'il existe une correspondance entre la volatilité σ et les paramètres u et d du modèle binomial (plus ou moins grand écartement du treillis binomial). En fait, à la fin d'un court instant Δt représentant la durée d'une période binomiale, on constate l'égalité suivante :

$puS + (1 - p)dS = Se^{\lambda \Delta t}$

Où λ représente l'espérance de croissance du prix de l'action durant la période Δt . Cette égalité implique que :

$$p = \frac{e^{\lambda \Delta t} - d}{u - d}$$

La volatilité durant un intervalle de temps Δt s'écrit $\sigma\sqrt{\Delta t}$, et du point de vue du modèle binomial, la variance s'écrit comme suit[49] :

$pu^2 + (1-p)d^2 - \left[pu + (1-p)d\right]^2 = \sigma^2 \Delta t$ si l'on applique pour calculer la variance, la formule suivante $\sigma^2(Y) = E(Y^2) - \left[E(Y)\right]^2$

Si on remplace alors p par sa valeur dans l'égalité ci-dessus, on obtient un résultat du type suivant :

$$e^{\lambda \Delta t}(u + d) - ud - e^{2\lambda \Delta t} = \sigma^2 \Delta t$$

Si l'on ne tient pas compte des termes en Δt^2 ou de puissance supérieure, la solution de cette équation est :

$$u = e^{\sigma\sqrt{\Delta t}}, d = e^{-\sigma\sqrt{\Delta t}}$$

Ainsi, quand on divise une période calendaire en n périodes binomiales, il vient :

$$u = e^{\sigma\sqrt{\frac{\tau}{n}}}$$

et $d = e^{-\sigma\sqrt{\frac{\tau}{n}}} = \dfrac{1}{u}$

En outre, si on divise la période de vie de l'option en n intervalles égaux, on peut estimer le taux d'intérêt discontinu période de la manière suivante :

$$r^* = e^{\frac{r\tau}{n}}$$

La convergence du modèle binomial vers l'évaluation obtenue à l'aide du modèle de *B-S-M* peut être étudiée à partir du cas ci-dessous présenté. Nous nous proposons simplement d'illustrer le passage de l'un à l'autre modèle pour $n = 3$.

$$S = K = 100$$

$$r = \ln(1{,}045) = 0{,}044017$$

$$T = 9 mois, \sigma_{an} = 0{,}35$$

---

[49] J.C. Hull, *Options futures and other derivatives*, 7th edition, 2009, Pearson-Prentice-Hall, p. 249.

– Pour $n = 3$

$$r^* = e^{\frac{0,044017\times 0,5}{3}} = 1,01478035 \qquad u = e^{0,5\sqrt{\frac{0,75}{3}}} = 1,19123579$$

$$d = \frac{1}{u} = 0,839464$$

$$p = \frac{r^* - d}{u - d} = \frac{1,01478035 - 0,839464}{1,19123579 - 0,839464} = 0,498381$$

$$1 - p = 0,5016191$$

Il vient alors l'arborescence suivante :

			$u^3S = 169,04$
		$u^2S = 141,87$	
	$uS = 119,1$		$u^2dS = 119,1$
$S = 100$		$udS = 100$	
	$dS = 83,95$		$ud^2S = 83,95$
		$d^2S = 70,47$	
			$d^3S = 59,16$

$$C = \frac{1}{1,01478^3}[0,498381^3 \times 69,04 + 3 \times 0,498381^2 \times 0,5016191 \times 19,1] = 15,01\,€$$

Si ce résultat se situe assez loin des 13,60€ obtenus à l'aide du modèle de *B-S-M,* en divisant l'intervalle de neuf mois, à l'aide d'un nombre de périodes binomiales croissantes, on converge vers la valeur de l'option calculée en temps continu. Le lecteur pourra vérifier que pour $n = 1, C = 16,42€$, puis que pour $n = 2$ $C = 12,88$ €.

Puis, les itérations ultérieures montreraient que l'on encadre de plus en plus près, la valeur fournie par le modèle de *B-S-M*. En effet, dès que $n > 25$, les deux évaluations deviennent vraiment proches.

En cas de distribution d'un dividende durant la période de vie de l'option, à une date identifiée et pour un montant connu, la formule de *B-S-M* permet d'évaluer une option européenne d'achat non protégée. Il suffit pour cela d'actualiser le montant du dividende qui sera versé, et de le déduire du cours initial de l'option.

Des extensions et des applications du modèle de *B-S-M* ont été réalisées dans bien des domaines. Nous allons en présenter dans ce qui suit, succinctement deux, qui sont aujourd'hui très utilisées sur les marchés : les options sur indice et les options de change.

§ 5. – les extensions et difficultés d'application du modèle *B-S-M*

On peut appliquer à d'autres actifs sous-jacents qu'une action le modèle précédent. On peut par exemple considérer des options sur un indice boursier, ainsi que sur un taux de change.

A. – les options sur indice boursier

Certains indices tentent de représenter les fluctuations du marché dans son ensemble, alors que d'autres ont trait à des secteurs d'activité. Dans la première catégorie, on peut recenser des indices comme le *S&P100*, le *S&P500*, le *Dow Jones Industrial Average (DJX)*, le *Cac40*, etc. Ils font en général l'objet de contrats d'options européennes, mais peuvent aussi concerner des options américaines. Un contrat d'option sur indice représente en termes nominaux un montant égal à *10* ou *100* fois l'indice. Les positions prises sur ces contrats sont uniquement dénouées par règlement d'un solde en espèces, après exercice de la position. Ainsi le détenteur d'une option d'achat sur indice boursier reçoit-il, par exemple, en cas d'exercice $(S-K)\times 100$, et l'acheteur d'une option de vente $(K-S)\times 100$.

L'indice boursier peut être considéré comme un actif payant des dividendes au taux v, ce qui pénalise la croissance du prix de l'action S. En fait, tout se passe comme si le prix S qui devient S_T en T, aurait conduit sans dividende à la même échéance à un prix $S_T e^{vT}$. On obtient alors une borne basse du prix de l'option d'achat égale à $C > Se^{-vT} - Ke^{-rT}$ et pour l'option de vente une autre limite inférieure égale à $P > Ke^{-rT} - Se^{-vT}$

La relation de parité entre une option d'achat et de vente de mêmes caractéristiques s'écrit alors: $C - P = Se^{-vT} - Ke^{-rT}$

On obtient les prix des options d'achat et de vente européennes à partir des formules suivantes:

$$C = Se^{-vT} N(d_1) - Ke^{-rT} N(d_2)$$

$$P = Ke^{-rT} N(-d_2) - Se^{-vT} N(-d_1)$$

$$d_1 = \frac{\ln(S/K) + (r - v + 0,5\sigma^2)T}{\sigma\sqrt{T}}$$

$$d_2 = d_1 - \sigma\sqrt{T}$$

Où $N(d)$ correspond à la fonction intégrale de la loi normale centrée réduite et cumulée de $-\infty$ à d.

En France, l'indice *Cac 40* est calculé en continu par la société *Nyse-Euronext Paris SA*, et diffusé toutes les trente secondes. L'unité de négociation est constituée d'un contrat dans lequel, chaque point d'indice est affecté d'une valeur de *10 €*. La taille du contrat est égale à la valeur de l'indice x*10€*, et sa valeur est égale au cours de l'option x*10€*. Le contrat d'option européenne est appelé *PXA*. L'échelon minimum de cotation correspond à *0,1* point d'indice soit un euro. Les négociations portent sur treize échéances glissantes : trois échéances mensuelles, les sept trimestrielles suivantes du cycle mars, juin, septembre, décembre et les trois annuelles suivantes de la maturité décembre. Les options peuvent être négociées jusqu'au jour de bourse correspondant au troisième vendredi du mois d'échéance. Les horaires de cotation se situent entre *9H* et *17H30*. Le jour de liquidation est le premier jour de bourse suivant la clôture d'une échéance.

Application

Considérons l'existence d'une option d'achat européenne sur indice *Cac40*, qui aurait six mois à vivre, la valeur courante de l'indice étant de *3600*, et son prix d'exercice de *3650*. La volatilité annuelle de l'indice est supposée être de *20 %,* et le taux d'intérêt sans risque de *4 %* (taux exprimé en continu). Le taux de distribution annuel des dividendes est estimé pareillement à *2,5 %*. Il vient :

$$d_1 = \frac{\ln(3600/3650) + (0,04 - 0,025 + 0,5 \times 0,20^2)0,5}{0,2\sqrt{0,5}} = 0,02621$$

et $N(d_1) = 0,51045$

$$d_2 = d_1 - 0,2\sqrt{0,5} = -0,115211 \text{ et } N(d_2) = 0,454138$$

17,

soit si l'on multiplie par 10 une valeur d'environ *1900* € le contrat.

B. – l'évaluation d'options de change

On peut considérer *S* comme étant le taux de change actuel entre deux monnaies, *S* étant défini comme représentant une unité de monnaie étrangère en monnaie domestique, par exemple l'*us$* ou l'€. En fait, une monnaie est comparable en tant que support de l'option, à une action payant un dividende à rendement et date de versement connus. En effet, le détenteur de la monnaie étrangère, perçoit un revenu sous forme d'intérêt de son placement r_f, alors que le taux domestique s'écrit r_d.

Notons que des options d'achat et de vente sur une même monnaie se correspondent, en ce sens qu'une option de vente d'une monnaie *X* contre une monnaie *Y* au prix d'exercice *K*, est la même chose qu'une option d'achat permettant d'acquérir une monnaie *Y* avec une monnaie *X* à un prix d'exercice de $1/K$.

La relation de parité existante entre une option d'achat et de vente de mêmes caractéristiques s'écrit alors : $C - P = Se^{-r_f T} - Ke^{-r_d T}$

On obtient les prix des options d'achat et de vente européennes à partir des formules suivantes :

$$C = Se^{-r_f T} N(d_1) - Ke^{-r_d T} N(d_2)$$

$$P = Ke^{-r_d T} N(-d_2) - Se^{-r_f T} N(-d_1)$$

$$d_1 = \frac{\ln(S/K) + (r_d - r_f + 0,5\sigma^2)T}{\sigma\sqrt{T}}$$

$$d_2 = d_1 - \sigma\sqrt{T}$$

Où $N(d)$ correspond à la fonction intégrale de la loi normale centrée réduite et cumulée de $-\infty$ à d.

Application

Considérons une option de change européenne permettant d'obtenir des *US$* contre des euros. On suppose que le taux de change actuel est d'un euro pour *1,35 us$*. On souhaite acheter un *call* « à la monnaie », sachant que le taux sans risque aux États-Unis est de *2 %*, alors que dans la zone euro il est de *3 %*. L'option a une durée de vie de trois mois, et la volatilité annuelle du taux de change est considérée être de *15 %*.

$$d_1 = \frac{\ln(1,35/1,35) + (0,03 - 0,02 + 0,50 \times 0,15^2)0,25}{0,15\sqrt{0,25}} = 0,0708333$$

et $N(d_1) = 0,528234$

$$d_2 = d_1 - 0,5\sqrt{0,25} = -0,0041666 \text{, et } N(d_2) = 0,498337$$

$$C = 1,35e^{-0,02\times 0,25} \times 0,528234 - 1,35e^{-0,03\times 0,25} \times 0,498337 = 0,04204092$$

$$P = 1,35e^{-0,03\times 0,25} \times 0,501663 - 1,35e^{-0,02\times 0,25} \times 0,471766 = 0,038477$$

Les marchés réglementés d'options de change les plus importants sont le *Philadelphia Stock Exchange* et le *Chicago Mercantile Exchange (CME)*. Sur le marché de Philadelphie, les contrats sont en grande majorité de nature européenne.

C. – les problèmes posés par l'utilisation des actifs dérivés

La gestion de contrats d'options se heurte à des défis redoutables que les modèles précédemment exposés ne prennent pas explicitement en compte. Ainsi, l'hypothèse de la constance de la volatilité mérite d'être revisitée. En effet, la plupart des modèles opérationnels intègrent une non-constance de la volatilité à travers le temps et une structure par termes. De plus, l'effet *smile* introduit une variabilité du niveau de volatilité par rapport aux différents prix d'exercice.

1°). L'estimation de la volatilité

Si l'on considère que les volatilités sont non constantes dans le temps, alors il faut recourir à des modélisations auto-régressives et conditionnellement hétérocédastiques (*ARCH* ou *GARCH*) pour en tenir compte.

– On définit σ_t comme étant la volatilité d'un prix d'actif donné le jour t, sachant qu'elle a été estimée le jour $t\text{-}1$, et σ_t^2 comme la variance. Supposons que le prix de cet actif le jour j soit égal à S_j. La variable r_j se définit alors comme le rendement continu obtenu de la détention de S_j durant le jour j, c'est-à-dire de $j\text{-}1$ à j.

$$r_j = \ln \frac{S_j}{S_{j-1}}$$

Une estimation sans biais de la variance journalière est alors obtenue comme suit : $\widehat{\sigma_t^2} = \frac{1}{n-1}\sum_{j=1}^{n}(r_{t-j} - \overline{r})^2$ Avec $\overline{r}$ la moyenne des r_j

$$\overline{r} = \frac{1}{n}\sum_{j=1}^{n} r_j$$

Si l'on souhaite réviser de façon journalière l'estimation de la volatilité, on peut effectuer alors les modifications suivantes: On considère que $\overline{r} = 0$, de plus, on remplace $n-1$ par n, et on écrit $r_j = \frac{S_j - S_{j-1}}{S_{j-1}}$, ce qui simplifie l'écriture de la variance $\widehat{\sigma_t^2} = \frac{1}{n}\sum_{j=1}^{n} r_{t-j}^2$

Il faut noter que cette équation confère un poids égal à toutes les observations. Or, si notre objectif est d'estimer σ_t, cela a du sens de donner plus de poids aux observations les plus récentes. Dans ce cas on obtient : $\widehat{\sigma_t^2} = \sum_{j=1}^{n} \omega_j r_{t-j}^2$

Avec $\sum_{j=1}^{n} \omega_j = 1$, les coefficients ω étant positifs. Si on a $\omega_i \leq \omega_j$ si $i < j$, alors, dans ces conditions, moins d'importance est conférée aux observations les plus anciennes. S'il existe une moyenne de long terme pour la volatilité, on doit lui donner une représentation et une pondération. La formule de la variance s'écrit alors $\widehat{\sigma_t^2} = \chi V_{LT} + \sum_{j=1}^{n} \omega_j r_{t-j}^2$ où V_{LT} représente la valeur de la variance à long terme. Puisque l'ensemble des pondérations doit être égal à l'unité, on doit avoir $\chi + \sum_{j=1}^{n} \omega_j = 1$. Cette formulation est plus connue sous le nom de modèle *Arch(n)*.

– Dans un modèle *Garch (1,1)*, $\widehat{\sigma_t^2}$ est estimée à l'aide de V_{LT}, et σ_{t-1}, r_{t-1}. L'équation devient alors : $\widehat{\sigma_t^2} = \chi V_{LT} + \theta r_{t-1}^2 + \rho \sigma_{t-1}^2$

Puisque la somme des pondérations doit être égale à l'unité, il vient : $\chi + \vartheta + \rho = 1$. $\widehat{\sigma_t^2}$ est donc estimée à partir des observations les plus récentes de r_{t-1}^2 et les estimations les plus rapprochées de la variance σ_{t-1}^2. En fait, dans ce modèle *Garch* (1,1), les poids déclinent de façon exponentielle, au fur et à mesure où l'on remonte dans le temps.

2°). La prise en compte du *smile* de volatilité

Les distributions de probabilités des prix actifs sont-elles réellement lognormales, comme le suppose le modèle de *Black – Scholes - Merton* (1973) ? Sans doute pas tout à fait. Ceci explique le fait que les intervenants sur les marchés considèrent que le niveau de volatilité puisse dépendre du prix d'exercice de l'option, ainsi que de son échéance. Du fait de la relation de parité existante entre une option d'achat et de vente, la déformation de la valeur de la volatilité doit être la même pour une option d'achat et une option de vente.

Pour les options de change, la volatilité implicite du prix d'options cotées sur le marché est relativement faible lorsque les options sont cotées à parité. Cependant dès que les contrats deviennent très « dans la monnaie » ou au contraire très « hors de la monnaie », elle s'élève de façon significative (voir figure 2.11a). Ceci est dû au fait que la distribution implicite des taux de change n'est pas lognormale, mais comporte des queues de distribution plus épaisses. Les résultats empiriques montrent que le *smile* de volatilité utilisé par les opérateurs pour les options de change implique qu'ils considèrent que la distribution lognormale sous-estime la probabilité de mouvements extrêmes. Ainsi Hull et White (1998) montrent à l'aide d'une étude empirique, que les rendements journaliers qui excédent trois écarts-types, ont une fréquence de 1,34 %, et non de 0,27 % comme le voudrait une distribution lognormale.

figure 2.11 (a, b)

***Smile* et *skew* de volatilités**

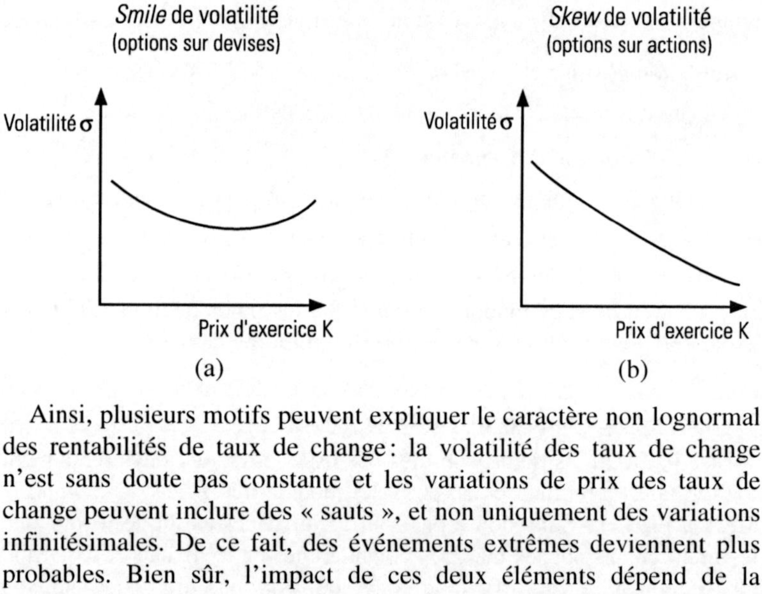

Ainsi, plusieurs motifs peuvent expliquer le caractère non lognormal des rentabilités de taux de change : la volatilité des taux de change n'est sans doute pas constante et les variations de prix des taux de change peuvent inclure des « sauts », et non uniquement des variations infinitésimales. De ce fait, des événements extrêmes deviennent plus probables. Bien sûr, l'impact de ces deux éléments dépend de la maturité de l'option, qui, lorsqu'elle est importante, tend à lisser les événements extrêmes, d'où un effet *smile* moins prononcé.

Pour ce qui est des options sur actions (*cf Jackwert et Rubinstein, 1996)*[50], on parle d'un *skew* de volatilités (voir figure 2.11b). En effet, la volatilité décroît au fur et à mesure que le prix d'exercice augmente. La

[50] J.C. Jackwerth et M. Rubinstein, "Recovering Probability Distributions from Option Prices", *Journal of Finance*, 51, 1996, p. 1611-1631.

volatilité utilisée pour évaluer une option de vente hors de la monnaie, ou une option d'achat fortement dans la monnaie (prix d'exercice faible) est nettement plus élevée que celle employée pour calculer le prix d'une option d'achat hors de la monnaie, ou d'une option de vente dans la monnaie (prix d'exercice élevé). En fait, il semble que la distribution implicite possède une queue de distribution à gauche, plus forte que celle de la distribution lognormale, et à droite moins épaisse, d'où une asymétrie.

Une explication possible du *skew* de volatilités concernant les options sur actions serait l'impact du levier financier. Si la valeur des actions décroît, le levier financier augmente. Cela signifie que les capitaux propres deviennent plus risqués et que la volatilité s'accroît. Par contre, quand le prix des actions augmente, le levier financier diminue, et les capitaux propres deviennent moins risqués, donc la volatilité baisse. On peut donc s'attendre à ce que la volatilité des actions soit une fonction décroissante de leur prix.

Mais le *smile* de volatilité ne se définit pas qu'au travers de la relation entre le prix d'exercice et la volatilité. La relation dépend aussi du prix actuel de l'actif sous-jacent. Ainsi, dans la mesure où le prix de l'action s'élève à partir d'un point initial, la volatilité va diminuer plus ou moins vite, et pour cette raison, on exprime le *smile* de la volatilité plutôt en fonction de K/S que de K. Un raffinement supplémentaire peut consister à calculer le *smile* de volatilité en fonction de K / F_0, F_0 étant un contrat à terme sur l'action de même maturité que l'option. L'option « à la monnaie » se définit alors comme une option pour laquelle $K = F_0$. En effet, F_0 est la valeur espérée de l'action, à l'échéance de l'option, dans un monde neutre au risque.

Le *smile* de volatilité complique l'évaluation des paramètres de gestion d'une option. En effet, quand le prix de l'actif sous-jacent se modifie, la volatilité de l'option elle aussi change de valeur.

3°). La structure par terme des volatilités

Les intervenants sur les marchés utilisent la structure par terme des volatilités en complément du *smile* de volatilité. Ceci signifie que la volatilité employée pour évaluer une option d'achat à la monnaie, dépend de l'échéance plus ou moins lointaine de l'option. La volatilité a tendance à être une fonction croissante de l'échéance, quand les volatilités à très court terme se situent à un niveau historiquement bas, l'inverse étant également vérifié, si les volatilités à court terme sont très élevées. Il existe une tendance au retour à la moyenne de long terme des différentes volatilités. Les surfaces de volatilités combinent les deux dimensions : le *smile* de volatilité et la structure par terme. On peut donc à leur aide, interpoler les valeurs de différentes volatilités, pour obtenir le niveau approprié à la valorisation d'un contrat particulier.

§ 6. – l'évaluation dynamique des contrats dérivés de taux

L'évaluation d'une obligation passe nécessairement par l'actualisation à la fois des coupons futurs, et de la valeur de remboursement. En actualisant les flux financiers au taux période constaté à la date du jour, on suppose implicitement que les taux futurs sont connus avec certitude et égaux aux taux actuels. Or les coupons obtenus seront en fait réinvestis à un taux d'intérêt inconnu aujourd'hui, car non encore déterminé par le marché. Il est donc vraiment essentiel de considérer dans l'évaluation obligataire et celles des actifs dérivés de taux dans un contexte élargi, la variation aléatoire des taux d'intérêt.

L'objectif poursuivi ici sera de montrer l'apport des modèles utilisant les processus stochastiques d'évolution des taux d'intérêt. Deux types de propositions ont été faites à ce niveau. Des modèles ont été construits en univers de temps discontinu et considèrent comme exogène la structure initiale des taux. Ils tentent de repérer et d'expliquer les déformations de cette structure au cours du temps. Ces modèles sont libres d'arbitrage. D'autres modèles ont été conçus en univers de temps continu et s'attachent à décrire le processus d'évolution du taux court, aussi bien dans un cadre d'équilibre partiel que général. Des propositions plus complexes ont également été faites, impliquant à la fois les évolutions des taux court et long, mais ne seront pas abordées dans le cadre limité de cet ouvrage.

Dans ce qui suit, l'accent est mis sur le modèle binomial d'évolution des taux d'intérêt. On évalue par son intermédiaire des actifs de base, et des contrats dérivés de taux ou d'obligations. Toute la puissance du modèle de *Ho et Lee (1986)* est mise en relief du fait de son ancrage dans la réalité (structure des taux existante prise initialement en compte), les modèles en temps continu étant présentés ultérieurement plus succinctement.

A. - le Modèle de *Ho* et *Lee*[51]

Ils proposent une modélisation en temps discret, qui repose sur un modèle d'évolution binomiale de la structure des taux d'intérêt, pour en représenter la dynamique. Il s'agit d'un modèle monofactoriel, les déformations du taux court se transmettant intégralement aux taux longs. La structure initiale des taux est obtenue de façon exogène. Précisons qu'elle ne concerne que des taux sans risque de défaut, c'est-à-dire des créances sans risque de remboursement. Ce modèle est également libre d'arbitrage.

1°). La mécanique de base du modèle

– Pour chaque date future, on considère un nombre limité d'états du monde repérés par l'indice *i*. À tout moment *n*, la structure des taux est indirectement définie, en fonction de l'état de la nature qui prévaut, par une fonction d'actualisation notée $B_i^n(\tau)$, qui s'apparente à une obligation coupon zéro de durée de vie $\tau = \left[0, T\right]$, et qui paie *1€* à l'échéance *T*.

– A maturité, l'obligation sans coupon vaut $B_i^n(0) = 1$ pour tout *i*, *n*. Par contre, si l'échéance de l'obligation est infinie, alors sa valeur devient nulle $B_i^n(\infty) = 0$ pour tout *i*, *n*.

– Au début, c'est-à-dire lorsque *n* = *0*, il n'existe qu'un seul état du monde, puis pour *n* = *1*, il en existe deux (*i* = *0*, *i* = *1*), et pour *n* = *2*, on en dénombre trois (*i* = *0*, *i* = *1*, *i* = 2) et ainsi de suite. Le facteur $B_1^1(\tau)$ prévaut en cas d'augmentation du facteur d'actualisation (baisse des taux) pour une durée $\tau - 1$, et $B_0^1(\tau)$ en cas de baisse du facteur d'actualisation (hausse des taux).

On peut alors représenter comme suit le treillis binomial des fonctions d'actualisation sur plusieurs périodes, si τ représente la durée de vie restante de l'obligation à coupon zéro. Il faut alors choisir le pas de l'arbre binomial, par exemple la semaine ou le mois. L'arborescence se présente alors comme suit :

[51] T.S.Y. Ho et S.B. Lee, "Term Structure Movements and Pricing Interest Rate Contingent Claims", *Journal of Finance*, décembre 1986, p. 1011-1029.

			$B_3^3(\tau - 3)$
		$B_2^2(\tau - 2)$	
	$B_1^1(\tau - 1)$		$B_2^3(\tau - 3)$
$B_0^0(\tau)$		$B_1^2(\tau - 2)$	
	$B_0^1(\tau - 1)$		$B_1^3(\tau - 3)$
		$B_0^2(\tau - 2)$	
			$B_0^3(\tau - 3)$
n = 0	n = 1	n = 2	n = 3

Périodes binomiales

A chaque valeur $B_i^{n+1}(\tau)$ correspond un taux au comptant post-compté $T_i^n(\tau)$ qui se calcule comme suit : $T_i^n(\tau) = \left[\frac{1}{B_i^n(\tau)} - 1\right] \times \frac{360}{\tau - n}$ (taux proportionnel)

Le taux continu s'exprime lui comme suit :

$$r_i^n(\tau) = -Ln\left[\frac{B_i^n(\tau)}{\tau}\right]$$

Par définition, le treillis est bâti pour que l'on puisse atteindre $B_1^2(\tau - 2)$ à partir de deux cheminements différents : une hausse suivie d'une baisse ou l'inverse. De ce fait, à chaque date *n, n + 1* nœuds existent et représentent *n + 1* états de la nature.

Ainsi la valeur d'une obligation sans coupon n'est-elle connue qu'en début (*n = 0*) et en fin de période de vie. En revanche, durant toutes les périodes intermédiaires, la variation des taux d'intérêt entache d'incertitude sa valeur. Bien sûr, l'incertitude disparaît peu à peu à mesure que l'on se rapproche de l'échéance.

– Pour éviter l'occurrence de toute opportunité d'arbitrage, les variations successives des fonctions d'actualisation doivent satisfaire certaines conditions. Si, en avenir certain, les facteurs d'actualisation sont faciles à connaître et prédéterminés :

$$B_i^{n+1}(\tau) = B_{i+1}^{n+1}(\tau) = \frac{B_i^n(\tau + 1)}{B_i^n(1)}$$

En situation d'incertitude par contre, l'égalité initiale ne tient plus et $B_i^{n+1}(\tau) \neq B_{i+1}^{n+1}(\tau)$ en raison de l'existence de fonctions perturbatrices $G(\tau)$ à la hausse et $G^*(\tau)$ à la baisse des facteurs d'actualisation. Il vient alors :

$$B_{i+1}^{n+1}(\tau) = \frac{B_i^n(\tau+1)}{B_i^n(1)} G(\tau) \text{ avec } G(\tau) > 1 \text{ (donc baisse des taux)}$$

Et,

$$B_i^{n+1}(\tau) = \frac{B_i^n(\tau+1)}{B_i^n(1)} G^*(\tau) \text{ avec } G^*(\tau) < 1 \text{ (donc hausse des taux)}$$

Les fonctions perturbatrices $G(\tau)$ et $G^*(\tau)$ voient leur valeur varier, de période en période, et doivent être définies de telle sorte qu'il n'y ait pas d'opportunité d'arbitrage. Pour qu'aucune opportunité n'existe, il faut, quel que soit τ, que l'on puisse vérifier l'équation suivante :

$$\frac{1 - G^*(\tau)}{G(\tau) - G^*(\tau)} = \pi \text{ (} \pi \text{ est une constante)}$$

Elle peut être transformée comme suit : $\pi \times G(\tau) + (1-\pi)G^*(\tau) = 1$, le paramètre π représente la probabilité binomiale implicite du modèle de *Cox, Ross et Rubinstein* (1979). En remplaçant les expressions $G(\tau)$, et $G^*(\tau)$ par les valeurs issues des équations précédentes, on peut écrire la valeur de $B_i^n(\tau)$, comme suit :

$$B_i^n(\tau) = B_i^n(1)\left[\pi B_{i+1}^{n+1}(\tau-1) + (1-\pi)B_i^{n+1}(\tau-1)\right]$$

$$\text{Avec } \pi = \frac{(r^* - d)}{(u-d)} \text{ et } u = \frac{B_{i+1}^{n+1}(\tau-1)}{B_i^n(\tau)},\ d = \frac{B_i^{n+1}(\tau-1)}{B_i^n(\tau)},\ r^* = \frac{1}{B_i^n(1)}$$

Ainsi, la valeur d'une obligation sans coupon à la période n n'est autre que la valeur espérée de l'obligation en $n+1$ pondérée par les probabilités de survenance $[\pi, 1-\pi]$ des différents *scenarii* (à la hausse, à la baisse), et actualisée au taux sans risque période $B_i^n(1)$.

Grâce aux propriétés mises en évidence précédemment, on peut écrire :

$$B_{i+1}^{n+2}(\tau) = \frac{B_i^n(\tau+2)G(\tau+1)G^*(\tau)}{B_i^n(2)G(1)} \text{ ou encore}$$

$$B_{i+1}^{n+2}(\tau) = \frac{B_i^n(\tau+2)G^*(\tau+1)G(\tau)}{B_i^n(2)G^*(1)}$$

Après quelques transformations et une généralisation, *Ho et Lee (1986)* montrent en résolvant une équation linéaire aux différences finies du premier ordre, que $G(\tau)$ et $G^*(\tau)$ doivent également satisfaire pour $\tau > 0$ les relations suivantes, pour qu'il n'y ait pas d'arbitrage possible à travers l'arbre décrivant la structure des taux :

$$G(\tau) = \frac{1}{\pi + (1-\pi)\delta^{\tau}}$$

$$G^*(\tau) = \frac{\delta^{\tau}}{\pi + (1-\pi)\delta^{\tau}} = \delta^{\tau} G(\tau)$$

Donc, si l'on est à même de donner des valeurs aux deux paramètres du modèle, π *et* δ, et si l'on connaît la structure initiale des taux d'intérêt de manière exogène, on peut définir le processus d'évolution de la structure des taux d'intérêt pendant toutes les périodes intermédiaires considérées. Le paramètre δ est relatif à l'écartement plus ou moins prononcé du treillis binomial, et représente donc le risque de taux d'intérêt. Si δ est égal à l'unité, on se retrouve en univers certain et s'il tend vers zéro le risque de taux est infini. En fait, on observe : $0 \leq \delta \leq 1$. La probabilité binomiale implicite π permet par ailleurs de se faire une idée de la tendance dominante : la hausse ou la baisse des taux d'intérêt.

On peut alors donner un contenu plus opérationnel aux fonctions d'actualisation présentées, et les écrire comme suit :

$$B_i^n(\tau) = \frac{B(\tau + n)}{B(n)} \times \frac{G(\tau + n - 1)G(\tau)\delta^{\tau(n-i)}}{G(n-1)G(n-2)...G(1)}$$

Les propriétés du modèle peuvent alors être utilisées pour évaluer un grand nombre d'actifs contingents liés aux taux d'intérêt.

2°). La modélisation d'actifs dérivés de taux[52]

Si l'on dénomme C une option d'achat sur un actif obligataire (obligation sans coupon par exemple), on peut décrire l'évolution de sa valeur dans le temps $C(n, i)$ grâce à un arbre binomial. Il vient l'arborescence suivante :

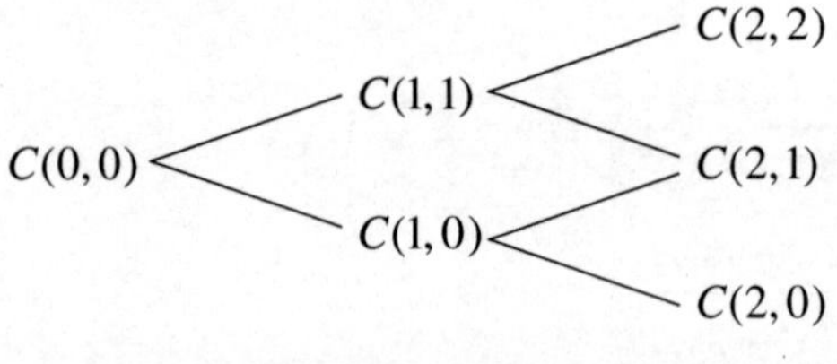

Pour parvenir à l'évaluation de ce contrat, on forme comme d'habitude un portefeuille d'arbitrage. Dans ce cas précis, il est constitué d'une obligation sans coupon d'échéance τ', et de g actifs contingents. L'arbre d'évolution du portefeuille prend la forme suivante :

---

52 P. Navatte, *Éléments de gestion obligataire*, Sirey, 1992, p. 110.

$$B_i^n(\tau') + gC(n,i) \left\langle \begin{array}{l} B_{i+1}^{n+1}(\tau' - 1) + gC(n+1, i+1) \\ \\ B_i^{n+1}(\tau' - 1) + gC(n+1, i) \end{array} \right.$$

On peut réécrire cela, comme suit :

$$B_i^n(\tau') + gC(n,i) \left\langle \begin{array}{l} \dfrac{B_i^n(\tau')}{B_i^n(1)} G(\tau' - 1) + gC(n+1, i+1) \\ \\ \dfrac{B_i^n(\tau')}{B_i^n(1)} G^*(\tau' - 1) + gC(n+1, i) \end{array} \right.$$

Afin que le portefeuille demeure sans risque, il est nécessaire que, quel que soit l'état de la nature, le résultat demeure équivalent. On doit donc avoir :

$$g = \frac{B_i^n(\tau')}{B_i^n(1)} \times \left[\frac{G^*(\tau' - 1) - G(\tau' - 1)}{C(n+1, i+1) - C(n+1, i)} \right]$$

S'il est dénué de risque, ce portefeuille ne doit, sur un marché en équilibre, que rapporter le taux sans risque période $(1 / B_i^n(1))$, d'où :

$$B_i^n(\tau') + gC(n,i) = B_i^n(1) \left[\frac{B_i^n(\tau')}{B_i^n(1)} G(\tau' - 1) + gC(n+1, i+1) \right]$$

En remplaçant g par sa valeur, on obtient celle de l'actif contingent :

$$C(n,i) = B_i^n(1) \left[\pi C(n+1, i+1) + (1 - \pi) C(n+1, i) \right]$$

Il suffit alors de se placer à l'échéance du contrat contingent pour observer les valeurs intrinsèques, puis remonter le temps à travers l'arbre pour en revenir à la période actuelle, et trouver son prix.

Application

Nous allons considérer des contrats fictifs et appliquer les formules explicitées ci-dessus. Les principales hypothèses retenues sont les suivantes :

- La fonction d'actualisation du modèle binomial va être spécifiée pour dix-huit mois, chaque période binomiale représentant trois mois. Elle est donnée de façon exogène.

$B(1) = 0,9850 \qquad B(4) = 0,9400$

$B(2) = 0,9700 \qquad B(5) = 0,9250$

$B(3) = 0,9550 \qquad B(6) = 0,9100$

Ces fonctions impliquent des taux d'intérêt, le taux à trois mois étant égal (en données proportionnelles annualisées) à :

$$T(0,1) = \left[\frac{1}{0,985} - 1\right] \times \frac{360}{90} = 0,060913706$$

La courbe des taux considérée est dans ce cas très légèrement ascendante (*0,063829787* à un an).

Les paramètres δ et π ont été fixés de la manière suivante (après un calibrage supposé des données) : δ = 0,999 et π = 0,500

On peut, pour illustrer les formules précédentes, estimer l'évolution du treillis binomial de la fonction d'actualisation à trois mois (et donc indirectement les taux à trois mois) jusque dans cinq périodes binomiales :

$$G(\tau) = \frac{1}{\pi + (1-\pi)\delta^T} \text{ et}$$

$$G(1) = \frac{1}{0,5 + 0,5 \times 0,999} = 1,00050025,$$

$$G(2) = \frac{1}{0,5 + 0,5 \times 0,999^2} = 1,0010005,$$

$$B_1^1(1) = \frac{B(2)}{B(1)} \times G(1) \text{ donc}$$

$$B_1^1(1) = \frac{0,970}{0,985} \times 1,00050025 = 0,985264206$$

$$\text{et } B_0^1(1) = \frac{B(2)}{B(1)} \times G(1) \times \delta \text{ donc}$$

$$B_0^1(1) = \frac{0,970}{0,985} \times 1,00050025 \times 0,999 = 0,984278941$$

$$\text{puis } B_2^2(1) = \frac{B(3)}{B(2)} \times G(2) = \frac{0,955}{0,970} \times 1,0010005 = 0,98552111$$

$$B_1^2(1) = \frac{B(3)}{B(2)} \times G(2) \times \delta = \frac{0,985}{0,990} \times 1,0010005 \times 0,999$$
$$= 0,98453559$$

$$B_0^2(1) = \frac{B(3)}{B(2)} \times G(2) \times \delta^2 = \frac{0,985}{0,990} \times 1,0010005 \times 0,999^2$$
$$= 0,983551054, \text{ etc.}$$

On obtient alors pour l'évolution du taux à trois mois au cours des périodes à venir, les fonctions d'actualisation suivantes jusqu'en $n = 5$:

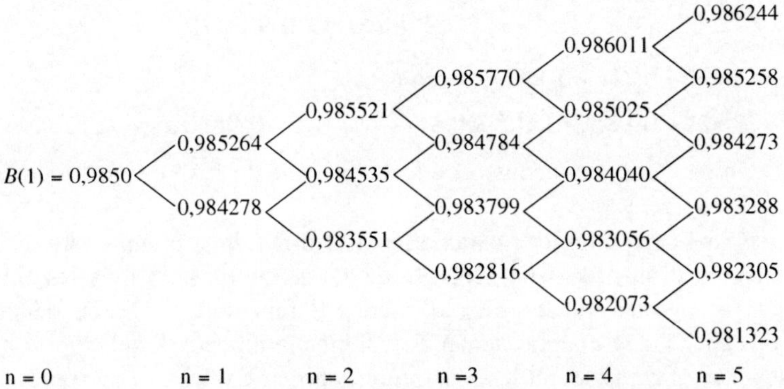

On peut noter que le graphe d'évolution des fonctions d'actualisation, et donc des taux de $B_i^n(2)$, peut être reconstruit à partir de celui de $B_i^n(1)$.

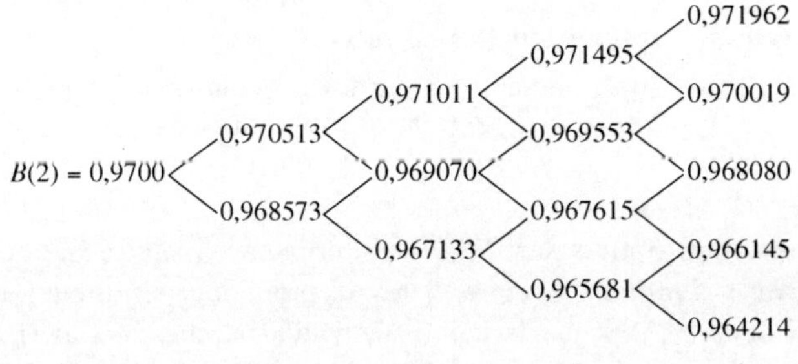

On peut bien sûr également calculer les différents nœuds du treillis binomial de $B_i^n(3)$ jusqu'en $n = 3$, et de $B_i^n(4)$ jusqu'en $n = 2$. Par ailleurs, on peut retrouver les éléments constitutifs du diagramme de $B_i^n(2)$, à l'aide de celui de $B_i^n(1)$. À l'époque 0, la fonction d'actualisation $B_i^n(2)$ représente la valeur d'une obligation sans coupon qui en $n+1$ devient une obligation à qui il reste une seule période binomiale à vivre (ici trois mois). Il vient alors :

$$B_i^n(2) = B_i^n(1)\left[\pi B_{i+1}^{n+1}(1) + (1-\pi)B_i^{n+1}(1)\right]$$

Soit ainsi à calculer $B_3^3(2)$

$$B_4^4(1) = 0,986011$$

$$B_3^3(2) = 0,971495$$

$$B_3^4(1) = 0,985025$$

Comme $B_3^3(1) = 0,985770$, on a:

$$B_3^3(2) = 0,985770\left[0,5 \times 0,986011 + 0,5 \times 0,985025\right] = 0,971495$$

On peut encore, reconstruire le diagramme de $B_i^n(4)$ à partir de celui de $B_i^n(3)$, etc.

Pour l'évaluation des paramètres π, δ, il faut bien comprendre qu'ils relèvent d'un processus général, auquel se conforment tous les actifs liés à la structure des taux d'intérêt. Il faut donc, à l'aide de prix existants sur le marché, tenter de calibrer le modèle de telle sorte que les prix obtenus soient les plus proches possibles des prix observés sur le marché. Cette procédure ressemble donc à celle utilisée sur le marché des options sur actions, quand on tente à partir du prix de marché et du modèle, d'estimer la volatilité implicite.

3°). L'évaluation d'options sur taux d'intérêt

On peut à l'aide de ce modèle, évaluer les options sur taux à court terme telles que des options sur *FRA* (*Future Rate Agreement*).

L'option sur FRA[53]

Considérons une option sur *FRA* « Emprunteur », autorisant une firme à « lever » *5 millions d'euros* dans six mois pour six mois à un taux garanti de *6 %*. Dès que le taux effectif du marché est supérieur à *6 %*, la banque contrepartie à l'opération devra verser une soulte à l'entreprise. Bien sûr, ce contrat peut avoir été conclu avec une autre banque que celle qui effectuera la trésorerie du prêt.

Il faut préciser ici que les intérêts calculés seront versés à l'échéance de l'option, c'est-à-dire au début de la période d'emprunt ou de prêt. Il s'agit donc d'intérêts précomptés. Pour les transformer en taux post-comptés il faut donc tenir compte des intérêts acquis par le replacement de ces sommes durant la durée effective de prêt. Il vient alors:

$$M + \frac{M\left[r_m \times j\right]}{360} = \frac{(r_m - r_G) \times j \times S}{360}$$

---

[53] J.C. Augros, *Les options sur taux d'intérêt: Dynamique des taux et évaluation*, 1989, Economica, p. 183.

Avec M le montant de la soulte, r_m, r_G les taux d'intérêt du marché et garanti pendant la période de référence, j son nombre de jours, et S la somme prêtée ou empruntée. La valeur de la soulte à l'échéance de l'option devient donc égale à :

$$M = \frac{(r_m - r_G) \times j \times S}{360 + r_m \times j}$$

L'évaluation de l'option de durée six mois et portant également sur une durée de six mois implique la connaissance de la fonction d'actualisation pendant au moins douze mois. En reprenant les mêmes fonctions et paramètres que précédemment, il vient, chaque période binomiale représentant trois mois l'arborescence suivante :

$B(2) = 0{,}9700$ → 0,970513 → 0,971011 ; 0,969070
$B(2) = 0{,}9700$ → 0,968573 → 0,969070 ; 0,967133

n = 0 n = 1 n = 2

Si le taux du marché est supérieur au taux garanti, c'est que le facteur d'actualisation est inférieur à $\frac{360}{360 + 0{,}06 \times 180} = 0{,}970873786$

Dans ce cas, le vendeur de l'option doit acquitter une prime à l'acheteur. On peut alors calculer les différentes soultes selon les états de la nature à l'échéance de l'option. Pour $i = 2$, $C(2,2) = 0$, mais pour $i = 1$, il vient :

$$r_m = \left[\frac{1}{0{,}969070} - 1\right]\frac{360}{180} = 0{,}063834398$$

La soulte est donc de :

$$M = C(2,1) = \frac{(0{,}063834 - 0{,}06) \times 180 \times 5000000}{360 + 0{,}063834 \times 180} = 9289{,}50\ €$$

Puis pour $i = 0$:

$$r_m = \left[\frac{1}{0{,}967133} - 1\right]\frac{360}{180} = 0{,}067967901$$

$$M = C(2,0) = \frac{(0{,}0679679 - 0{,}06) \times 180 \times 5000000}{360 + 0{,}0679679 \times 180} = 19265{,}047\ €$$

On peut alors en « remontant le temps » calculer la valeur de l'option sur *FRA* grâce à l'application de la formule suivante :

$$C(n,i) = B_i^n(1)\left[\pi C(n+1,i+1) + (1-\pi)C(n+1,i)\right]$$

Sachant que les fonctions d'actualisation pertinentes sont présentées ci-dessous :

0,971011

0,985264

$B(1) = 0{,}9850$ 0,969070

0,984278

0,967133

n = 0 n = 1

Il vient alors :

C(2,2) = 0

C(1,1) = 4576,3

C(0,0) = 9174,84 *C(2,1) = 9289,50*

C(1,0) =14052,81

C(2,0) =19265,05

Avec : $C(1,1) = 0,985264\left[0,5 \times 0 + 0,5 \times 9289,5\right] = 4576,305$ €

$C(1,0) = 0,984278\left[0,5 \times 9289,5 + 0,5 \times 19265,05\right] = 14052,81$ €

$C(0,0) = 0,9850\left[0,5 \times 4576,3 + 0,5 \times 14052,81\right] = 9174,84$ €

La valeur de l'option sur *FRA* atteint donc *9174,84€.*

B. – les modèles d'évolution des taux conçus en univers de temps continu

Une autre voie possible de modélisation a été de spécifier le processus d'évolution du taux court, plutôt que la structure initiale des taux et les paramètres de sa volatilité de manière à ce que le modèle multifactoriel n'admette aucun arbitrage gagnant. Plusieurs modèles d'équilibre supposent implicitement, qu'une ou plusieurs variables d'état enferment dans leur structure, toute l'information nécessaire à la valorisation des obligations concernées. L'ambition de ces modèles est donc très forte, puisqu'à l'aide des valeurs prises par les variables d'état, on doit pouvoir évaluer des actifs de n'importe quelle échéance. En effet, une obligation à coupons peut être considérée comme une somme d'obligations sans coupon. Le premier modèle d'arbitrage a été construit par *Vasicek (1977).* Des versions alternatives ont également été proposées *(Cox, Ingersoll et Ross, 1985)*. Des versions plus sophistiquées impliquant la dynamique de la gamme des taux à terme instantanés, ont été construites ultérieurement *(Heath, Jarrow et Morton, 1992)*[54].

1°). Le modèle de Vasicek[55]

Vasicek considère l'évolution du taux à court terme (théorie des anticipations) comme étant l'unique déterminant du prix des actifs liés aux taux d'intérêt. Son modèle est construit en temps continu et s'affirme comme étant un modèle d'équilibre partiel. Le processus d'évolution du taux d'intérêt à court terme r est markovien, ce qui implique que ses valeurs futures dépendent uniquement de sa valeur présente et non de ses valeurs passées. Il est du type suivant :

$dr = a(b - r)dt + \sigma dz$ où, a, b *et* σ sont des constantes. Ce modèle inclut un phénomène de retour vers la moyenne *(mean reversion)*, c'est-à-dire que le taux court instantané est poussé vers sa moyenne de long terme b à la vitesse a (force de rappel). En outre, on superpose à ce processus, un terme aléatoire normalement distribué σdz.

Dans le modèle de *Vasicek*, le marché financier est supposé efficient et il n'existe donc aucune possibilité d'arbitrage profitable sans risque. Le prix de marché du risque de taux instantané q est le même pour tous les titres et, ceci, quelle que soit leur maturité. On peut donc dire que le rendement attendu d'un titre est constitué par le taux sans risque et par la prime de risque prévalant sur le marché à une époque donnée que multiplie la quantité de risque assumée. *Vasicek* a considéré ce prix de marché du risque comme une constante, quel que soit le niveau du taux d'intérêt et quelle que soit l'époque, pour pouvoir trouver une solution particulière.

Vasicek montre alors que le prix d'une obligation zéro coupon peut être obtenu pour ce type de processus d'évolution des taux à l'aide de la formule analytique suivante :

$$B(t,T) = A(t,T)e^{-C(t,T)r(t)}$$

Avec $C(t,T) = \dfrac{1 - e^{-a(T-t)}}{a^2}$

---

[54] D. Heath, R. Jarrow, A. Morton, *Bond pricing and the term structure of interest rates : A new methodology for contingent claim valuation*, 1992, Econometrica, 60, (1), p. 77-105.

[55] O. A. Vasicek, "An Equilibrium Characterization of The Term Structure", *Journal of Financial Economics*, 5, 1977, p. 177-188.

Et $A(t,T) = \exp\left[\frac{(C(t,T) - T + t)(a^2 b - \sigma^2 / 2)}{a^2} - \frac{\sigma^2 C(t,T)^2}{4a}\right]$

Une fois, *a, b,* σ choisis, la structure par terme des taux est déterminée. Elle peut prendre des formes assez diversifiées (croissante, descendante, en bosse). Les taux d'intérêt implicites aux prix d'obligations sans coupon s'écrivent alors :

$$r(t) = \frac{-1}{T} \ln B(0,T)$$

Le tableau 2.8 ci-dessous, montre les prix issus de ce modèle, comparés à ceux de la proposition suivante due à *CIR*.

tableau 2.8.

valeur d'une Obligation d'un euro d'échéance 1 à 7 ans

Années	**Modèle de *Vasicek***	**Modèle de *C.I.R***
1 an	0,905892	0,904943
2 ans	0,824254	0,819279
3 ans	0,753410	0,742056
4 ans	0,691052	0,672338
5 ans	0,635357	0,609308
6 ans	0,585045	0,552262
7 ans	0,539235	0,500604

Légende

$\sigma = 0{,}10,\; a = 0{,}5, b = 0{,}10, r = \ln(1{,}105171), q = 0$

Plus la variance anticipée des taux courts est importante, plus l'incertitude est élevée, ce qui justifie alors un prix actuel important des obligations sans coupon.

2°). Le modèle de *Cox, Ingersoll* et *Ross*[56]

Il s'agit cette fois-ci d'un modèle d'équilibre général permettant d'évaluer des obligations à coupon zéro dans un cadre inter-temporel. Le modèle considère une économie concurrentielle, intégrant à la fois des phénomènes financiers et réels. Pour éviter l'apparition possible

[56] J. Cox, S. Ross, J.E. Ingersoll, *A Theory of Term Structure of Interest Rates*, Econometrica, 53, mars 1985, p. 385-407.

de taux négatifs, le processus d'évolution retenu est un processus « racine carrée ».

$$dr_t = a(b - r_t)dt + \sigma\sqrt{r_t}\,dw_t$$

Le prix de l'obligation dépend donc à nouveau d'une seule variable d'état, le taux d'intérêt à court terme. L'équation qui précède, permet d'obtenir une solution analytique. Elle est de la forme :

$$B(0,T) = \left[A(t,n)\exp(-C(t,n)r)\right]$$

$$A(t,n) = \left[\frac{2\gamma\, e^{0,5(\gamma+q+a)t}}{(\gamma + a + q)(e^{\gamma t} - 1) + 2\gamma}\right]^{\frac{2ab}{\sigma_r^2}}$$

$$C(t,n) = \frac{2(e^{\gamma t} - 1)}{(\gamma + a + q)(e^{\gamma t} - 1) + 2\gamma}$$

$$\gamma = \sqrt{(a+q)^2 + 2\sigma_r^2}$$

La valeur de l'obligation est une fonction convexe décroissante du taux d'intérêt, et une fonction croissante concave de la vitesse d'ajustement *a,* si le taux d'intérêt est plus élevé que *b*. Le paramètre *q* représente le prix de marché du risque égal à une constante ou à zéro.

Les taux d'intérêt s'obtiennent à partir des fonctions d'actualisation, ou prix d'obligation sans coupon comme suit :

$$r(t) = -\frac{1}{T}\ln A(T) + C(T)\frac{r}{T}$$

La courbe des taux peut alors à nouveau prendre des formes très variées, croissante, décroissante ou en bosse.

Des propositions théoriques reposant sur deux variables d'état (le taux court et le taux long, le taux court et l'écart entre ces deux taux) ont été mises au point, car la prise en compte d'une seule variable d'état a pour conséquence la corrélation de tous les taux au comptant. Dans la réalité, ceci n'est sans doute pas vérifié, plusieurs facteurs régissant de façon différenciée la structure des taux.

Brennan et Schwartz (1979 et 1982)[57] ont intégré en plus la dynamique du taux long dans l'analyse. Pour justifier le choix de ce

---

[57] M. Brennan, E. Schwartz, "A continuous time approach to the pricing of bonds", *Journal of Banking and Finance*, vol. 3, juillet 1979.
M. Brennan, E. Schwartz,, "An equilibrium model of bond pricing and a test of market efficiency", *Journal of Financial and Quantitative Analysis*, septembre 1982.

second facteur, on peut rappeler que la théorie de la prime de liquidité suppose que le taux long est un indicateur avancé des taux courts futurs. Les deux processus d'évolution des taux sont interdépendants et, de ce fait, aucune solution analytique n'est possible. On observe dans cette configuration, deux prix de marché du risque, un à court terme q_1, l'autre à long terme q_2. Du fait de sa complexité, ce modèle contraint à l'estimation d'un nombre non négligeable de paramètres et pose des problèmes de mise en œuvre.

Schaefer et Schwartz (1984)[58] prennent en compte pour leurs deux variables d'état, le taux court et l'écart existant entre le taux court et le taux long. Ce dernier est défini comme le rendement d'une rente perpétuelle. Ils espèrent que les deux variables d'état peuvent être considérées comme non corrélées, ce qui autoriserait l'existence d'une solution analytique. *Fong et Vasicek* (1991) ont considéré comme seconde variable, la volatilité du taux court. Là encore les primes de risque sont supposées constantes et les études empiriques réalisées n'ont pas prouvé de façon définitive la supériorité de ces modèles complexes et difficiles à calibrer.

Tous ces modèles qui ont forgé la théorie financière, ont constitué des avancées sans précédent dans la compréhension des phénomènes financiers. Cependant à l'épreuve des faits, ils s'avèrent encore insuffisants pour prendre en compte des aspects importants voire déterminants comme l'impact de la microstructure des marchés et de leur liquidité sur la formation des prix. De plus, *Mandelbrot*[59] pense que les modèles mathématiques inspirés de l'analyse du mouvement brownien géométrique sont trop simplistes et qu'ils n'ont été que de peu d'utilité pour prévenir la crise financière de 2008. Selon lui, ces techniques ont pu donner l'impression d'une certaine maîtrise du risque, alors que des sauts et des mouvements extrêmes se produisent beaucoup plus souvent (loi d'échelle) que ne le prédit la théorie classique. On peut alors se demander pourquoi ces modèles continuent d'être appliqués ? Sans doute d'abord, parce qu'ils ne sont pas trop compliqués, mais ensuite aussi, parce que peut être que l'utilisation de modèles plus réalistes obligeraient les banques à reconnaître qu'elles prennent plus de risques qu'on ne le pense. Ceci aurait alors pour effet de les contraindre

---

58 S. Schaefer, E. Schwartz, "A two factor model of the term structure : An approximate analytical solution", *Journal of financial and quantitative Analysis*, vol. 19, décembre 2004.

59 B. Mandelbrot, *Le Monde*, 19 octobre 2009.

B. Mandelbrot, R. Hudson, *Une approche fractale des marchés*, Éditions Odile Jacob, 2005.

à disposer d'encore plus de fonds propres, d'où de nouvelles difficultés et une rentabilité peut être aussi en retrait... En fait, il reste donc aux chercheurs à imaginer de nouveaux modèles, encore plus complets et encore plus robustes... pour prendre en compte de manière plus satisfaisante, ces discontinuités et ces événements extrêmes.

Pour l'instant, nous allons dans ce qui suit, tenter d'illustrer tous ces concepts de théorie financière, en décrivant certaines de leurs utilisations possibles.

chapitre 3

les stratégies d'utilisation des instruments issus de la théorie financière

Les firmes peuvent émettre en fonction de leurs besoins, des actions des obligations, voire des billets de trésorerie, ou d'autres actifs plus complexes (*OBSO, ABSAR, ORA,...*) pour financer leurs projets d'expansion. La palette des instruments possibles s'est considérablement enrichie ces dernières années. Il reste aux entreprises à en apprécier les conséquences et à les émettre au moment le plus opportun.

Cependant, au-delà des outils récemment créés sur le marché au comptant (les *trackers*, certificats...), il semble que la montée en puissance d'instruments financiers prévalant sur les marchés à terme ferme et à terme conditionnels ait « révolutionné » les méthodes de gestion des entreprises. Ces instruments fournissent aux firmes et aux institutions financières la souplesse de gestion dont elles ont besoin pour contrôler les risques qu'elles doivent assumer, dans l'exercice de leurs métiers. De façon schématique, on peut circonscrire ces risques à trois ou quatre domaines : le risque de taux d'intérêt, de change, de crédit, voire le risque de fluctuation de prix boursiers (actions) ou de matières premières.

De manière générale, les entreprises faisant face à une concurrence accrue sur les marchés des biens et services, elles ont tenté de diminuer leurs coûts en améliorant l'efficacité de leur outil productif et en réalisant des économies partout où cela était possible. Peu à peu, on s'est mis à considérer l'argent au même titre qu'une matière première. Tout naturellement, on a recherché à optimiser son rendement, et à en diminuer le coût, à chaque fois que cela était possible. À cet égard, les marchés financiers offrent aux entreprises, c'est-à-dire à l'économie productive, une série d'opportunités alléchantes que n'ont pas hésité à saisir les plus grandes d'entre – elles, il y a déjà de nombreuses années. Aujourd'hui, les entreprises de taille plus modeste, voire les *PME* tentent de recourir à ces instruments qui ne constituent bien évidemment pas une panacée, mais qui, bien utilisés, peuvent permettre à l'entreprise d'obtenir un avantage concurrentiel sur le marché des biens et services. En effet, si on parvient à diminuer le poids des frais financiers, à diminuer les pertes de change, ou à réaliser quelques gains dans ce domaine, on pourra consacrer un peu plus d'argent que le concurrent à financer des stocks ou des crédits à la clientèle indispensables en matière de vente.

Quoique les organismes financiers (banques, institutions financières spécialisées, assurances...) soient les plus concernés par le risque de taux, toutes les entreprises du secteur productif y sont également soumises. Toutes possèdent à leurs passifs des dettes financières, et certaines plus aisées que d'autres, ont en plus la possibilité d'effectuer certains placements, même s'ils sont temporaires. Les sociétés doivent donc envisager de minimiser le coût de l'argent utilisé et d'optimiser le rendement de leurs placements. On constate alors souvent, que les opérations de couverture ne sont pas toujours faciles à distinguer de celles qualifiées de spéculatives.

En plus de positions ponctuelles que peut être amené à prendre le trésorier d'une organisation sur ces instruments dérivés, ces derniers ont été utilisés de façon plus systématique en matière de gestion de portefeuille. Les institutions financières ont intégré dans leurs opérations courantes, l'utilisation des options et des contrats à terme. Du reste, au cas où les options nécessaires à la construction des stratégies décidées ne seraient pas cotées, une duplication d'options pourrait être mise en œuvre. La stratégie la plus courante dans le domaine s'appelle l'assurance de portefeuille. Après avoir traité de prises de positions ponctuelles sur les marchés à terme (première section), l'assurance de portefeuille ainsi que les possibilités de « sur-mesure » offertes par les options exotiques seront abordées (seconde section).

section I
les opérations de couverture

Beaucoup d'entreprises ne disposent pas des informations et des services d'études nécessaires à la prévision des taux de change, des taux d'intérêt ou du prix des marchandises. Elles vont donc souhaiter couvrir les positions qu'elles vont devoir prendre dans le futur en intervenant sur les marchés à terme. Ceci va leur permettre de consacrer l'essentiel de leurs efforts au « cœur » de leur métier, puisqu'elles auront minimisé le risque inhérent à des fluctuations de prix, que de toutes façons, elles ne peuvent maîtriser sur les marchés.

§ 1. – la couverture de positions à l'aide des marchés à terme ferme

Une couverture est dite « parfaite », si elle implique que le résultat de l'opération soit identifié et définitif dès l'origine de la prise de position. Dans ce qui suit, nous ne traiterons que de couvertures dites « statiques » qui sont mises en place une fois pour toutes, au contraire de stratégies dites « dynamiques », qui elles, sont revues périodiquement, voire journellement pour s'adapter au mieux aux évolutions du marché. Signalons enfin, que nous tenterons d'identifier la couverture la plus efficace possible, quand une couverture parfaite sera impossible à trouver.

A. – les principaux cas de figure

– Un producteur qui devra vendre dans quelque temps tout ou partie de ses récoltes souhaite s'assurer d'un prix de vente dès maintenant pour une transaction prenant effectivement place dans quelques mois. Puisqu'il possède l'actif sous-jacent, sa position est dite « longue » sur le marché *spot* (marché au comptant), et il devra donc, pour se couvrir, vendre des contrats sur le marché à terme, c'est-à-dire prendre une position « courte ». S'il existe un contrat à terme coté ayant pour sous-jacent l'actif concerné, la couverture peut être parfaite au cas où l'échéance d'un contrat à terme coïncide exactement avec la date de vente au comptant des produits fabriqués par le producteur.

– À l'inverse, un industriel qui sait qu'il devra acheter des matières premières un peu plus tard pour fabriquer un produit fini, est donc en position « courte » sur le marché au comptant et devra donc, pour s'assurer d'un prix d'achat, prendre une position « longue » sur le marché à terme, c'est-à-dire acheter des contrats. On considère que l'on se trouve sur un marché non réglementé, donc qu'il n'y a ni appel de marge, ni dépôt initial de garantie, sinon la performance de la couverture pourrait en être légèrement altérée.

La couverture d'une position au comptant à l'aide de contrats de type *forward* peut cependant rendre un résultat final moins bon, que si aucune couverture n'avait été mise en place. En effet, en fixant dès l'origine de la prise de position sur le marché à terme, le prix de vente (d'achat) d'un bien particulier dans plusieurs mois, on s'expose au risque de voir le prix de l'actif sous-jacent augmenter (baisser) à l'échéance. Dans une telle hypothèse, on aurait mieux fait de ne rien tenter, l'évolution du cours *spot* de la marchandise ou du bien nous étant favorable, contrairement à nos attentes, sans doute plus pessimistes. Il est donc important pour le trésorier d'une entreprise de s'assurer de l'avis de sa direction générale avant d'entreprendre une telle opération de couverture. En effet, en cas de position « longue », donc de vente future de la production sur le marché *spot*, la vente de contrats à terme fait réaliser une perte à l'entreprise sur le marché à terme, qui annule la bonne nouvelle intervenant sur le marché au comptant (hausse des cours non anticipée). Il risque alors d'être difficile d'expliquer au dirigeant de l'entreprise, qu'au moment où tout le secteur d'activité en profite, l'entreprise, elle, n'en bénéficiera pas, parce qu'elle s'est couverte !

À ce propos, il faut noter qu'il existe une différence notable entre l'utilisation d'un contrat *forward* et d'une option pour couvrir une position. Les contrats de type *forward* sont bâtis pour réduire le risque à zéro, tandis que les contrats d'options fournissent une assurance en cas d'événements défavorables, mais aussi l'opportunité de profiter d'événements favorables s'ils se produisent. Il faut cependant acquitter le montant d'une prime pour en devenir propriétaire.

Il faut de plus intégrer le fait que dans certains secteurs d'activité, les us et coutumes de la profession font que personne ne se couvre. Dans ce cas, les prix des biens fabriqués fluctuent, et témoignent des pressions qui s'exercent sur les différents producteurs. Dans ce cadre, une firme particulière qui se couvre avec profit, va faire mieux que la performance moyenne de son secteur, mais moins bien aussi dans certains cas moins favorables à d'autres époques. Le résultat inattendu d'une telle stratégie de couverture systématique est alors de rendre plus volatiles les résultats de l'entreprise vis-à-vis de ceux obtenus par ses concurrentes !

Mais au-delà de ces vicissitudes, il est rare que l'on fasse face dans la réalité à des cas de figures aussi simples que ceux pris en compte jusqu'ici. En effet, rarement les besoins de couverture coïncident exactement avec les dates et les montants des contrats disponibles sur les marchés de *futures*. Dans l'hypothèse d'un différentiel de dates d'échéance, on est alors en présence du risque de base. En outre, on n'est pas toujours dans une situation où l'actif sous-jacent fait l'objet d'un contrat à terme qui lui corresponde exactement. Dans cette hypothèse, on subit alors un risque de corrélation.

B. – l'importance de la base, et le risque de base

En ce qui concerne les biens de consommation ou de marchandises, la base se calcule de la manière suivante : $Base_t = S_t - F_t$ avec S_t le cours comptant et F_t le cours à terme. Au fur et à mesure que le temps passe, les prix au comptant et à terme n'évoluent pas nécessairement de la même manière (voir figure 3.1). De ce fait, la valeur de la base se modifie pour converger vers zéro à l'échéance du contrat à terme. Pour les biens d'investissement, la base s'évalue au contraire comme suit : $Base_t = F_t - S_t$, car F_t est général supérieur à S_t du fait du coût de portage. Un renforcement de la base intervient quand elle augmente, un affaiblissement se produit quand elle diminue.

figure 3.1.

l'évolution de la base jusqu'à l'échéance du contrat

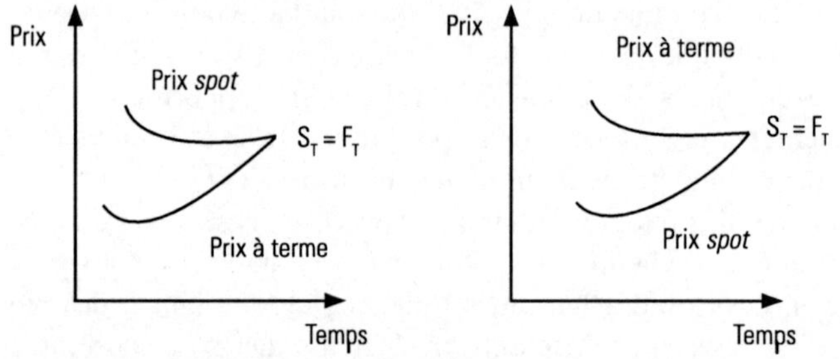

Les actions, les obligations sont clairement des actifs détenus pour des motifs d'investissement. Des métaux comme l'or et l'argent font partie de cette catégorie, bien qu'ils puissent aussi être utilisés par l'industrie. Les biens dits de consommation sont eux détenus en priorité à des fins de consommation (cuivre, céréales, cacao).

L'intervenant sur les marchés peut ne pas être en mesure de déterminer la date précise à laquelle des actifs ou des marchandises devront être achetés ou vendus. À l'échéance d'un contrat à terme portant sur le même actif sous-jacent que celui à couvrir, la base doit être nulle, ce qui signifie que $F_T = S_T$. Avant l'échéance, la base peut être positive ou négative. Elle voit sa valeur se modifier en fonction des variations de prix intervenant sur les deux marchés et décroître au fur et à mesure que l'on se rapproche de l'échéance. Supposons le cas d'un industriel vendeur de matières premières en t_1 qui prend position sur le marché à terme (vente de contrats) en t_0 pour limiter la baisse anticipée des prix. Il va donc vendre à un prix égal à :

$$S_1 + (F_0 - F_1) = F_0 + Base_1$$

Alors que la valeur de F_0 est connue à l'époque t_0, la valeur de la base B_1 ne l'est pas, d'où l'impossibilité de construire une couverture parfaite. Le risque de base est donc lié à la valeur de celle-ci en t_1. On sait qu'en principe la valeur de la base diminue avec le temps, pour valoir zéro à l'échéance du contrat à terme ($S_T = F_T$). Cependant faire l'hypothèse d'une diminution linéaire de la base, à mesure que le temps passe, peut s'avérer fort inexact.

Application

Supposons qu'à l'instant *0,* on constate sur le marché d'une matière première hypothétique les prix suivants: $S_0 = 100, F_0 = 98,5$, et qu'un producteur cherche à couvrir les ventes qu'il va effectuer à l'époque *1*, avant la clôture du contrat à terme au moment *2*. Faisons de plus l'hypothèse qu'à l'époque *1,* les prix suivants prévalent: $S_1 = 99, F_1 = 98,3$ et que, pour finir, à l'échéance, on ait $S_2 = F_2 = 98,00$. Alors dans ce cas, la couverture qui s'effectue par la vente de contrats à terme à l'époque *0,* fait que le producteur vend à l'époque *1*, à un prix égal à *99 + (98,5 – 98,3) = 99,2* ou dit d'une autre manière à *98,5 + (99 – 98,3) = 99,2.*

Le risque de base peut ainsi provoquer une amélioration, ou une détérioration de la position couverte.

C. - le risque de corrélation

Quand l'actif physique dont on cherche à couvrir la position ne fait pas l'objet de contrat à terme, on est obligé de recourir à d'autres contrats existants sur le marché. On recherche alors un contrat qui offre une forte corrélation entre les évolutions de leurs prix respectifs. Si on appelle S_1' le prix de l'actif sous-jacent au contrat à terme, alors, en reprenant le cas précédent il vient:

$$F_0 + (S_1' - F_1) + (S_1 - S_1')$$

Le terme $(S_1' - F_1)$ représente le risque de base, si le contrat de couverture était approprié et la différence $(S_1 - S_1')$ témoigne de l'existence du risque de corrélation.

Notons qu'il peut exister d'autres risques résiduels comme ceux de trésorerie, ou d'estimation et d'indivisibilité. Celui dit de trésorerie est lié aux contrats de *futures* qui impliquent des réponses aux appels de marge quotidiens.

D. - le roulage ou le « *Roll over* » des positions de couverture

Lorsque la date d'échéance souhaitée de la couverture est très largement postérieure aux dates terminales des contrats à terme en vigueur, l'entreprise qui recherche une couverture pour protéger par exemple durablement le prix de vente de sa production, peut souhaiter renouveler sa position sur des contrats successifs. Elle vend donc des contrats à terme sur le contrat à l'échéance la plus proche, puis à l'échéance de ce dernier, une fois sa position soldée, recommence la même opération sur le contrat suivant, etc. Cette stratégie n'est cependant pas exempte de risque. En effet, si le prix de l'actif sous-jacent se met à monter dans les mois à venir, la mise en place de la couverture crée une perte d'opportunité pour la firme. L'effet positif attendu ne se manifeste qu'en cas de chute des prix prolongée de l'actif sous-jacent. En outre, en cas de couverture par des contrats de *futures*, les aspects « trésorerie » du fait des appels de marge, peuvent prendre beaucoup d'importance.

E. – le ratio de couverture impliquant une variance minimale de la position couverte

Supposons que l'on souhaite vendre sur le marché du physique N_S unités d'un actif à l'époque t_1, et que l'on choisisse de couvrir cette position en vendant à terme en t_0 N_F contrats à terme sur le même actif. Le ratio de couverture, appelé H, prendra la forme suivante : $H = \frac{N_F}{N_S}$

Si l'on désigne par P_c la valeur de la position couverte en fin d'opération, puis par S_0, S_1 et F_0, F_1, les prix des contrats au comptant et à terme à l'époque *0* et à l'époque *1*, il vient :

$$P_C = S_1 N_S - (F_1 - F_0) N_F$$

Ou encore $P_C = S_0 N_S - (F_1 - F_0) N_F + (S_1 - S_0) N_S$

On peut alors réécrire l'expression précédente comme suit :

$P_C = S_0 N_S + (\Delta S - H \Delta F) N_S$ puisque $N_F = H \times N_S$

Avec $\Delta F = F_1 - F_0$ et $\Delta S = S_1 - S_0$

Puisque S_0, N_S sont connues à l'époque t_0, la variance de la position couverte est minimale lorsque la variance de $\Delta S - H\Delta F$ est, elle aussi, minimum. Cette dernière s'écrit :

$$V = \sigma_S^2 + H^2 \sigma_F^2 - 2H\rho\sigma_F\sigma_S$$

Il suffit alors de calculer la dérivée première de V par rapport à H et de l'annuler pour obtenir le ratio de couverture optimal :

$$\frac{dV}{dH} = 2H\sigma_F^2 - 2\rho\sigma_F\sigma_S = 0$$

On obtient donc $H = \frac{\rho\sigma_S}{\sigma_F}$ sachant que $\frac{d^2V}{dH^2} > 0$, donc il s'agit bien d'un minimum. Le ratio H minimise donc bien la variance de la position couverte.

On déduit de l'analyse précédente, que seulement si $\rho = 1$ et si $\sigma_S = \sigma_F$ alors le *hedge ratio* est égal à l'unité. Dans ce cas, les variations du prix du contrat à terme représentent exactement celles du prix *spot*. En fait, le ratio optimal H est constitué par la pente de la droite qui ajuste au mieux le nuage des points formés par les fluctuations du *spot* ΔS, lorsqu'on les régresse contre les variations de ΔF du contrat à terme. En général, tous les paramètres sont estimés à partir de données historiques. On fait donc ainsi implicitement l'hypothèse que le passé est garant de l'avenir.

Application

Supposons l'existence d'un contrat hypothétique qu'un industriel de l'agro-alimentaire pourrait utiliser pour couvrir sa position. En supposant qu'il soit acheteur de matières premières (blé, maïs, cacao) dans les semaines à venir, il va devoir couvrir sa position « courte » au comptant, en prenant une position longue sur les marchés à terme, c'est-à-dire en

Semaine	ΔS	ΔF
1	1,80	2,10
2	–8,20	–8,35
3	1,00	0,75
4	–4,10	–3,25
5	–0,80	–2,70
6	1,70	1,90
7	–0,30	0,30
8	–3,60	–4,20
9	1,60	1,05
10	1,60	1,70
11	–1,90	–3,20
12	1,30	2,15

$$\Delta S_t = \alpha + \beta \Delta F_t + \varepsilon_t$$

$$\bar{y} = -0,979166, \sum y^2 = 132,742, \sigma_y = 3,319875$$

$$\bar{x} = -0,825, \sum x^2 = 115,29, \sigma_x = 3,120642$$

$$y = 0,0660442 + 0,9100026x + \varepsilon_T$$

$$\beta = 0,9100026$$

$$R^2 = 0,9372$$

achetant des contrats. En supposant ici que les sommes en jeu portent sur *10 millions €*, chaque contrat représentant *500 000 €*, cela signifie que, pour se couvrir, l'industriel doit acquérir $0,91 \times \frac{10000000}{500000} = 18,2$, soient *18* contrats. Ceci minimisera la variance de la position couverte. Bien entendu, dans la réalité, les calculs qui précèdent peuvent sembler insuffisants du fait du peu de données historiques prises en compte (stabilité supposée des estimateurs à travers le temps) et surtout parce que nous n'utilisons pas les résultats obtenus, sur un autre échantillon de données pour tester leur validité. En outre, on peut se demander si les régressions menées doivent l'être sur le prix des contrats, ou sur leurs différences de prix. On peut en effet montrer que si les résidus d'une régression en différences sont indépendants, ceux qui sont relatifs à la relation en niveau de prix ne satisfont pas cette condition (et inversement).

On peut mesurer l'efficacité de la couverture, en comparant la variance de la position couverte à celle de la position non couverte. Si les variations des prix de *futures* n'expliquent pas totalement les fluctuations de prix de l'actif sous-jacent, alors les résidus (variance non expliquée) ne seront pas nuls. L'efficacité de la couverture se mesure donc ainsi :

$\rho^2 = 1 - \sigma_c^2 / \sigma_s^2$, ce qui s'avère être la mesure du R^2. La couverture mise en place permet d'éliminer 93,7 % des risques que l'on supporterait avec une position non couverte. En général, il n'est pas optimal de couvrir complètement sa position et d'exclure tout risque. En effet, en éliminant tout risque, on évite une mauvaise surprise, mais on se prive aussi de toute possibilité de profiter d'un mouvement favorable du prix de l'actif sous-jacent qui aurait pu se produire, quelles que soient nos anticipations. Le *hedger*, au lieu de recourir à la stratégie de protection maximale, c'est-à-dire celle qui minimise la variance de la position couverte, tentera de conserver une certaine composante « spéculative ». C'est pourquoi la frontière entre la couverture et les opérations de spéculation est parfois assez ténue.

§ 2. – la couverture du risque de taux d'intérêt

C'est le risque le plus communément répandu et beaucoup d'attention a été portée à sa couverture. Le risque de taux d'intérêt est celui que fait courir au porteur d'un actif ou d'une dette à taux fixe ou libellée à taux variable, l'évolution future des taux d'intérêt (hausse, baisse, déformation de la structure des taux, variation de la volatilité, etc.).

Le risque de taux se traduit par une éventualité de perte en capital (perte de valeur d'obligations en portefeuille), par un risque d'exploitation au sens où des modifications de flux de produits financiers ou de charges afférentes à des dettes peuvent modifier le résultat net, et pour une institution financière, par un risque de transformation du fait de l'existence dans le bilan d'emplois et de ressources, dont la durée et la nature des taux sont différents.

Pour une banque, il y a risque de taux si elle emprunte à taux fixe à douze mois et prête à taux fixe à trois mois. En effet, si les taux baissent dans trois mois, la chute des taux peut contraindre l'institution à prêter à un taux inférieur à celui auquel elle emprunte. L'adossement parfait des échéances et des montants empruntés et prêtés supprime le risque de taux. Cela ne protège cependant pas contre le risque de crédit ou de défaillance de ses clients. Une autre situation peut intervenir, l'institution emprunte à taux variable sur deux ans, et prête à taux fixe sur la même échéance à ses clients. Dans ce cas, il existe un risque de perte, si les taux augmentent et renchérissent le coût de la ressource.

Pour une entreprise, on comprend que si elle souhaite s'endetter à taux fixe dans l'avenir, elle craint la hausse des taux, alors que si elle veut effectuer des placements, elle craint la baisse des taux. Le risque de taux affecte donc le montant de ses charges et produits financiers futurs, ainsi que les valeurs de ses avoirs en portefeuille.

En fait, tout porteur d'actif financier à taux fixe encourt un risque de perte en capital à moins qu'il ne le détienne jusqu'à l'échéance. La position de taux a pour objet de mesurer l'exposition de l'entreprise ou de la banque au risque de taux. Une position de taux doit donc regrouper tous les avoirs et tous les engagements présents à taux fixe et à taux variable. Il s'agit donc de construire un échéancier des positions détenues.

– Sur une échéance donnée, la position est dite « longue » si les avoirs (créances ou prêts) sont supérieurs aux dettes (emprunts). Si l'on prend cette position, sans qu'une contrainte commerciale particulière ne nous y conduise et en ne recourant qu'à des instruments à taux fixe, c'est sans doute que l'on anticipe que les taux vont baisser. Une même anticipation prévaut, si on recourt aux taux variables, alors que l'on se trouve en position « courte ».

– Sur une autre échéance, la position est dite « courte » si les prêts ou créances sont inférieurs aux montants empruntés. En cas de recours à des outils à taux fixe, un gain sera réalisé en cas de hausse des taux. Le même résultat intervient, si on utilise des instruments à taux variable, et si l'on détient une position « longue ».

– La position est dite « fermée », ou parfaitement adossée quand, pour une échéance donnée, les actifs et les passifs se compensent exactement. Cependant le *matching* des positions initiales est très rare.

On peut bien sûr choisir de couvrir chaque opération particulière (micro-couverture), c'est ce que font beaucoup d'entreprises pour préserver leurs marges industrielles. Mais lorsqu'il y en a énormément et que la gestion du risque de taux devient l'élément central de la gestion de l'institution, on peut utiliser les notions de duration de l'actif et du passif. On en arrive alors à mettre en place une gestion actif-passif (*asset-liability management*), c'est-à-dire à mettre en place une macro-couverture. L'immunisation du bilan intervient lorsque la duration de l'actif est égale à celle du passif. En fait, on est ainsi protégé contre des chocs qui provoquent des variations parallèles des taux et non pas contre la déformation de leur structure. Dans la réalité, ce *matching* n'intervient pas automatiquement, et donc il faut en général recourir au marché à terme en achetant ou en vendant des contrats pour fermer la position. On peut aussi, lorsque l'on gère un portefeuille obligataire (*SICAV, FCP*), vouloir s'abstraire de ce risque et recourir à l'immunisation de portefeuille. Cependant, le plus souvent, on utilisera le recours aux marchés à terme dits de « gré à gré » ou dits réglementés.

A. – la couverture à l'aide des instruments à terme dits de gré à gré

L'immunisation d'une position sur les marchés au comptant supposant une grande liquidité de ces derniers, il est donc parfois plus aisé de mettre en place des couvertures sur les marchés à terme de gré à gré. Ces derniers se sont d'ailleurs considérablement développés ces trente dernières années et ont ouvert aux intervenants de nombreuses possibilités.

1°). Le *FRA* (*Forward Rate Agreement*)

Supposons qu'une entreprise soit capable de faire des prévisions de trésorerie fiables à un horizon proche d'un an, et qu'elle décèle la possibilité de disposer de *1,25* million € dans deux mois et pour quatre mois. N'ayant pas à cette époque à financer d'investissement particulier, elle souhaite placer cet argent sur le marché financier. Elle craint alors la baisse des taux. Actuellement, le taux de placement à quatre mois est, supposons-le, de *3,75 %*. Cependant, les récentes déclarations des responsables de la politique monétaire, et la détente prévue des taux au niveau international laissent envisager une baisse prochaine des taux courts. Le trésorier peut alors contracter un « *FRA* placement ». Par l'intermédiaire de ce contrat, si à la date du placement (dans deux mois), le taux de référence est inférieur au taux garanti par le *FRA*, la société recevra de sa contrepartie, sur le marché de gré à gré, la différence de taux. Par contre, si c'est l'inverse, c'est la société qui paiera à sa contrepartie le différentiel de taux calculé sur la période de placement. On constate donc que, dans tous les cas, la société a garanti son taux de placement du fait de la compensation des gains et des pertes entre le *FRA,* et l'opération réelle de placement sur le marché du « physique »[60]. Il faut noter que les versements de différence d'intérêt s'effectuent à la date du placement. Une actualisation des sommes dues au titre de la soulte devra donc intervenir.

Application

Supposons que deux co-contractants se soient accordés sur le taux de *3,5 %* en ce qui concerne le *FRA*. Deux *scénarii* sont possibles à l'échéance :

- deux mois plus tard, les taux d'intérêt ont baissé, comme anticipé, et le taux de placement est de *3 %*. La société fait donc jouer à son profit le contrat de *FRA* et reçoit *(3,5 % -3 %)*x*1,25*x*(120/360)= 0,002083*, soit *2083€*. Cette somme doit être actualisée, car elle est perçue en début de période : *2083/(1+(0,03*x*(120/360)) =2062,70€*
- deux mois plus tard, les taux d'intérêt ont augmenté à l'inverse de ce qui avait été anticipé. Si le taux de placement à quatre mois est de *4 %*, l'entreprise aurait mieux fait de ne pas conclure de contrat de *FRA*. En effet, dans ce cas-là, elle aurait pu placer ses fonds sans encombre au taux rémunérateur du marché, soit *4 %*. Cependant ayant conclu un contrat à terme ferme, elle doit, quoi qu'il arrive, le dénouer. Elle devra donc reverser à sa contrepartie, la différence entre le taux actuel et le taux garanti au contrat. En fait, elle versera la somme suivante qu'il faudra actualiser : *(0,04 – 0,035)*x*1,25*x*(120/360) = 2083€*. En début de période, on obtient alors *2083/(1+(0,04*x*(120/360))) = 2055,92€*

---

[60] Ceci suppose effectivement que la contrepartie à l'opération ne soit pas défaillante.

Cette solution garantit un taux de placement (d'emprunt) mais ne permet pas à l'entreprise de bénéficier de l'évolution favorable des taux, ce que permet l'option sur *FRA*.

L'option sur *FRA* permet de se prémunir contre une variation défavorable des taux d'intérêt, tout en permettant de profiter d'un scénario favorable, en contrepartie du versement immédiat d'une prime. En considérant la même opération, à l'échéance du contrat d'option, si le taux de marché pour la durée de placement est inférieur au taux garanti par le contrat, on exerce l'option. Par contre, si le taux du marché est supérieur ou égal au taux d'exercice, la firme abandonne son option.

Dans le premier cas, le rendement du placement est égal au taux d'exercice de l'option diminué du montant de la prime.

Dans le second cas, le taux obtenu du fait du placement, est égal au taux pratiqué sur le marché, moins le montant de la prime.

- Si le montant de la prime à acquitter est, par exemple, de *0,15 %* pour un taux d'exercice de *3,5 %*, dans l'hypothèse où les taux sont de *3 %*, le rendement du placement est de *(0,035 – 0,0015) = 0,0335* ou *3,35 %*. La protection est donc un peu « moins efficace » que dans le cas du contrat à terme ferme où, dans toutes les hypothèses, on percevait *3,5 %*.
- Si les taux valent *4 %*, on n'exerce pas l'option et on place à *4 %* moins le coût de la prime acquittée *(0,15 %)*. On place à *3,85 %*, ce qui est supérieur à ce qu'il advenait dans le cas d'une prise de position sur le marché à terme ferme.

La protection à la baisse des taux est donc légèrement moins efficace que dans le cas du terme ferme, du fait du versement de la prime. Mais en cas de variation de taux dans le sens non anticipé, le résultat du placement est meilleur. Il faut se souvenir que les accords conclus sur les marchés de gré à gré sont très peu négociables, on est donc obligé de les détenir jusqu'à l'échéance, la couverture est donc « statique » sauf à superposer plusieurs opérations sur le marché à terme, comme cela va être le cas des *swaps* de taux.

2°). Les *swaps* de taux d'intérêt

Supposons l'existence d'une dette de *5 millions* € figurant au passif du bilan de l'entreprise. Pour la simplicité de l'exposé, faisons l'hypothèse qu'elle vienne d'être conclue pour une durée de *10* ans, étant remboursable uniquement en fin de période de vie et à taux d'intérêt fixe de *9 %*.

Plaçons-nous maintenant un an après la date du contrat et supposons que le niveau général des taux s'oriente à la baisse. Si la même société devait emprunter sur neuf années, elle pourrait y parvenir en payant un taux de *8 %* (on suppose pendant toute cette simulation que le risque de défaut de l'entreprise est maintenu constant et que la même notation lui est attribuée). Elle ne peut cependant pas bénéficier de la baisse des taux puisque son endettement est libellé à taux fixe. Si elle est convaincue de la continuité de la baisse des taux dans le futur, elle peut alors tenter d'adjoindre à son opération au comptant (le contrat d'endettement) une opération à terme ferme pour tenter de diminuer le coût de sa dette. Dans ce cas, elle peut être intéressée par une opération de *swap*.

Ce produit financier consiste pour deux (ou plusieurs) contreparties à échanger des flux d'intérêts calculés sur une somme « notionnelle », ici égale au montant de l'emprunt contracté par la société, soit *5 millions €*. Pariant sur la baisse des taux, l'entreprise qui est endettée à taux fixe, va choisir au niveau du contrat à terme de payer des intérêts à taux variable et de recevoir un flux d'intérêts à taux fixe. Ce faisant, elle modifie l'exposition de sa dette en la convertissant en dette à taux variable.

Supposons donc qu'un an après la conclusion du contrat d'endettement, les conditions soient les suivantes sur le marché des *swaps* pour neuf années : *8 %* contre *Euribor*. Transportons-nous encore un an plus tard, une fois ce contrat de *swap* conclu avec une contrepartie qui peut être bien différente de celle qui a initialement accordé l'emprunt. Faisons alors l'hypothèse selon laquelle le taux *Euribor* vaut *7 %*. Quel est le coût la dette cette année-là pour l'entreprise ?

Taux d'intérêt pratiqué sur la dette au comptant *9 %*

Effet du *swap* de taux :

– on reçoit le taux fixe *8 %*

– on paye le taux variable *Euribor 7 %*

Le coût de la dette atteint cette année-là *[9 % -(8% – 7%)] = 8%* ou *Euribor +1 %*. On a donc réduit les frais financiers. Cependant, il faut noter que si les taux étaient devenus encore plus élevés qu'avant, on aurait, par l'intermédiaire du *swap*, augmenté le coût de la dette. L'opération de *swap* n'est donc pas sans risque. Équilibrée au départ, elle favorise le gagnant qui n'obtient comme rémunération, que ce que sa contrepartie perd. Il ne faut cependant pas croire que la contrepartie de l'entreprise dans ce cas est obligatoirement une organisation qui possède les anticipations inverses et, donc, qui parie sur la hausse des taux. Il est en effet parfaitement admissible que pour des besoins d'adossement particuliers, une contrepartie ait pu être motivée à participer à cette opération.

3°). L'adjonction d'un *cap*

Si les taux continuent à diminuer de niveau trois ou quatre ans après, le coût de la dette initiale s'amenuise chaque année. Ainsi, dans le cas où le taux *Euribor* atteint *3 %*, la dette du fait du *swap* ne coûte plus que *4 %*. À ce stade, on peut se demander, si la baisse ultérieure des taux reste probable, ou si ce qui le devient plus, c'est la remontée des taux d'intérêt. Si les taux s'élèvent, l'entreprise dont l'endettement est implicitement libellé à taux variable (*Euribor +1 %*) y est pleinement exposée.

Pour se couvrir contre la remontée des taux d'intérêt, deux solutions au moins sont possibles :

– La première consiste à conclure une deuxième opération de *swap* de taux. Celle-ci aura pour objectif de transformer l'exposition de la dette actuellement à taux variable en exposition à taux fixe. Dans ce cas, quelle que soit la hausse des taux, l'entreprise aura définitivement limité le montant de ses frais financiers sur les années restantes. L'inconvénient d'une telle approche est, qu'en cas de poursuite de la baisse des taux, l'entreprise ne pourra pas en bénéficier. Supposons que l'entreprise puisse conclure sur le marché un deuxième *swap* sur la base suivante : *6 %* contre *Euribor*. Cette fois-ci, elle accepte de payer le flux d'intérêt à taux fixe et de recevoir en contrepartie celui indexé sur la valeur de l'*Euribor*. Même si le taux *Euribor* remonte à *10 %,* elle limite le coût de son endettement à :

– taux d'intérêt pratiqué sur l'opération au comptant : *9 %*
– *Swap* N° 1
– on paie l'*Euribor*
– on reçoit le taux fixe *8 %*
– *Swap* N° 2
– on reçoit l'*Euribor*
– on paie *6 %*

À un taux *9 % – (8 % – 6 %) = 7 %* Certaines entreprises superposent ainsi de nombreuses opérations de *swap* pour gérer de manière dynamique leur risque de taux d'intérêt.

– La seconde consiste à acheter un contrat de *cap* (*floor* dans le cas inverse). Ce contrat s'apparente à l'achat d'une série d'options qui protège l'entreprise contre la remontée des taux lors des prochaines échéances. Par contre, l'exercice des options n'étant pas obligatoire, il permet de continuer à profiter de la baisse des taux, si elle se produit. En fait, si le taux de référence lors de chaque échéance intermédiaire du contrat est supérieur au taux garanti, la différence sera reversée à l'entreprise. Dans le cas inverse, rien ne se produira. En reprenant l'exemple ci-dessus, on peut supposer que l'entreprise a acheté un *cap* au taux de 6 % en contrepartie d'une prime de *0,35 %*. Si les taux remontent à *10 %*, l'entreprise, par le biais de l'achat du *cap* limite le coût de son endettement :

– taux d'intérêt pratiqué sur l'opération au comptant : *9 %*
– *Swap* N° 1
– On paie l'*Euribor*
– On reçoit le taux fixe *8 %*
– Achat de *cap*
– Paiement d'une prime de *0,35 %*, taux garanti *6 %*
– Réception de *(10 %-6 %) = 4 %*

À un taux de *7,35 %,* la protection est légèrement moins bonne que dans le cas de la conclusion d'un deuxième *swap*, mais en contrepartie, en cas de baisse des taux inopinée, l'entreprise en profite. En effet, si l'*Euribor* devient égal à *5 %*, le coût de la dette s'élève à *6,35 %*.

Un certain nombre d'entreprises averties de ces techniques, s'endettent aujourd'hui à taux variable, achètent un *cap* et vendent un *floor* sur la durée de l'emprunt réalisé. Ceci se dénomme un *collar* (tunnel) et implique que le coût de l'emprunt fluctue à l'intérieur d'une limite basse, conséquence de la vente du *floor* et d'une limite haute, conséquence de l'achat du *cap*. Ainsi dans l'hypothèse où le taux variable est l'*Euribor*, où le taux d'exercice du *cap* est de *6 %* pour un coût de prime achetée de *0,35 %*, et où le taux d'exercice du *floor* est de *4 %* avec une prime vendue de *0,15 %*, on est sûr, quelle que soit l'évolution ultérieure des taux, que le coût de l'emprunt sera borné à la hausse au niveau de *6,20 %* et, à la baisse, au niveau de *4,20 %* (voir figure 3.2). Vendre un *floor* s'assimile en effet à la vente à une contrepartie, de la possibilité de profiter de la baisse des taux ultérieure sous les *4 %*.

figure 3.2.
la mise en place d'un *collar* ou « tunnel de taux »

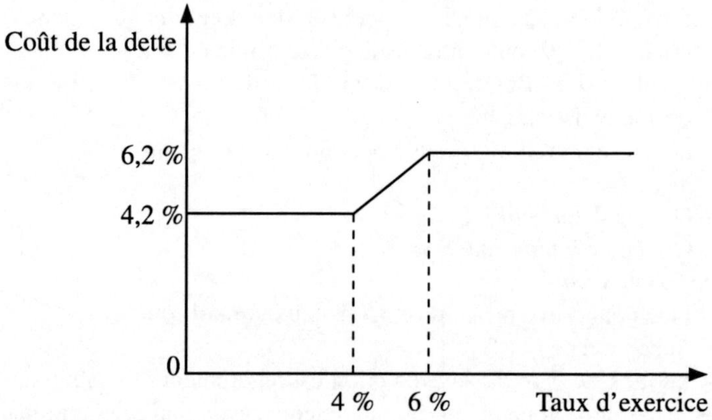

4°). La mise en place de *swaps* multiples

Ils sont nécessaires si les emprunts conclus n'ont pas tous la même échéance ou si la dette n'est pas remboursée *in fine*, mais par fractions égales, tout au long de sa période de vie.

Application

Une entreprise a mis en place, il y a trois ans, deux emprunts à long terme aux conditions suivantes :

1er emprunt : *30 millions €*, durée *10* ans, taux d'intérêt *6,00 %*, et amortissement du capital : *3 millions €* par an.

2e emprunt : *10 millions €*, taux d'intérêt *5 %* sur huit ans, avec une franchise de remboursement de trois ans. L'amortissement du capital est de *2 millions €* par an.

L'objectif est de réduire la charge annuelle d'intérêts payée par l'entreprise entre 2010 et 2014, du fait de la baisse anticipée des taux d'intérêt.

Voici l'échéancier auquel fait face l'entreprise à l'instant de la décision de couverture :

Nominal	2010	2011	2012	2013	2014	Taux	2010	2011	2012	2013	2014
30M€ capital	21	18	15	12	9	6 % (intérêts)	1,26	1,08	0,90	0,72	0,54
10M€ capital	10	8	6	4	2	5 % (intérêts)	0,50	0,40	0,24	0,16	0,08
Total intérêts							1,76	1,48	1,14	0,88	0,62
Total encours	31M€	26M€	21M€	16M€	11M€						

Les paiements annuels d'intérêt sont inégaux d'une année sur l'autre, du fait du remboursement progressif des emprunts. Il est donc nécessaire de conclure un contrat d'échange pour chaque échéance, c'est-à-dire un total de cinq *swaps*, dont le premier est de cinq ans et le dernier, d'un an d'échéance.

Les cinq *swaps* doivent se superposer de telle sorte que la somme des paiements annuels auxquels ils donnent lieu, corresponde à la charge annuelle payée par la société. Pour l'année 2014, le montant d'intérêt à payer est de *0,62 million €*, le premier *swap* à mettre en place doit donc correspondre à ce montant et durer *5* ans. Le taux offert par une contrepartie bancaire est de *4,5 %* contre *Euribor*. Le montant nominal du *swap* est donc de *620 000/0,045 –13,77 millions €*

La banque versera donc chaque année *4,5 %* du principal de *13,77 M€*, et recevra de la société l'*Euribor* aux mêmes dates.

Pour l'année 2013, les intérêts dus s'élèvent à *0,88 million €*. Comme *0,62 million €* sont déjà payés par la quatrième échéance du *swap* à *5* ans, seule la différence doit être couverte, soit *0,26 million €*. Le taux fixe étant le même *0,045*, le principal est de *260 000/0,045 = 5,77 M€*. Un deuxième accord de *swap* à *4* ans est donc conclu sur cette base.

En procédant ainsi par itérations successives, chaque année le différentiel d'intérêts restant dû est couvert par un nouveau *swap* (cinq au total). On obtient alors une couverture complète des charges d'intérêts de la société.

Montant des intérêts reçus par l'entreprise en million d'euros

Années	2010	2011	2012	2013	2014
Swap N° 1 13,77 M€ (4,5 %), 5 ans	0,62	0,62	0,62	0,62	0,62
Swap N° 2 5,77 M€ (4,5 %), 4 ans	0,26	0,26	0,26	0,26	
Swap N° 3 6,05 M€ (4,3 %), ans	0,26	0,26	0,26		
Swap N° 4 8,09 M€ (4,2 %), 2 ans	0,34	0,34			
Swap N° 5 7,00 M€ (4,0 %), 1 an	0,28				
Total des intérêts reçus	1,76	1,48	1,14	0,88	0,62
Total notionnel des swaps	**40,68 M€**	**33,68 M€**	**25,59 M€**	**19,54 M€**	**13,77 M€**
Tx moyens annuels	4,32 %	4,40 %	4,45 %	4,50 %	4,50 %

Lors de la mise en place des *swaps*, l'*Euribor* vaut *4,60 %* et fin 2010, on suppose qu'il vaut *4,10 %* (chute des taux envisagée).

En 2010, la société paie à la banque *A* (prêt initial) : *21*x*0,06* +*10*x*0,05= 1,76 million €.*

Pour les *swaps*, la société paiera le taux variable, donc à la banque *B* la somme de : *4,10 %*x*40 680 000€ = 1 667 880€*

Pour les *swaps*, la société recevra de la banque *B* le taux fixe de *4,32 %* sur un notionnel de *40,68 M€ = 1 757 376€.*

La société a bien diminué son coût de financement (*5,677 %*) de *29* points de base : *1 760 000 – (1,757376 -1,667880) = 1,670 504€* soit *5,388 %* rapporté à *31* millions de capital effectivement empruntés en 2010.

5°). Les produits plus complexes : les *swaps* non standards

Un certain nombre de contrats font intervenir plusieurs variantes par rapport au *swap plain vanilla,* jusque-là étudié. Par exemple, le nominal du contrat peut fluctuer en fonction du temps. Les *step-up-swaps* voient leur valeur nominale augmenter de façon prédéterminée avec le temps, alors que les *amortizing swaps* voient, au contraire, celle-ci diminuer à mesure que l'échéance se rapproche. Dans ce dernier cas, si une entreprise amortit progressivement un emprunt à taux fixe, ce type de *swap* convient parfaitement pour fournir une protection adaptée et modifier l'exposition de la dette. On peut aussi rencontrer des cas où les sommes nominales sur lesquelles sont calculés les montants d'intérêts versés et reçus par les deux parties ne sont pas les mêmes, ou encore des contrats dans lesquels la fréquence des flux n'est pas la même. En fait, tant qu'il est possible de calculer le montant des intérêts dus ou à percevoir, sur la base des taux à terme supposés être égaux aux taux futurs comptant et d'actualiser le tout à l'aide de la gamme des taux fournie par les obligations sans coupon, on peut évaluer ce type de *swap*.

On trouve aussi sur le marché des *basis swaps*, impliquant des échanges de flux d'intérêts faisant référence à deux taux variables différents, mais aussi des *compounding swaps*, qui effectuent un seul paiement des coupons composés dus jusqu'en fin de vie du *swap*.

Application

Un *swap* à intérêts composés a, supposons-le, une durée de vie de deux ans. Le taux fixe est de *5 %*, et le taux variable contrepartie est constitué par le taux *Libor* à douze mois. La composante fixe verra ses intérêts composés à *4,5 %* et les coupons issus de la branche à taux variable seront composés à *Libor – 0,10 %*. On considère dans cet exemple que la courbe des taux est plate à *4,8 %* et que le notionnel du *swap* est de *100 millions €*.

– Du point de vue de la branche à taux fixe, *5 millions €* sont perçus en fin de première année, et composés au taux de *4,5 %* et rendent *5,225 millions €* en fin de seconde année. Il faut cependant ajouter les *5 millions* obtenus en fin de seconde année pour conclure que la branche à taux fixe rapporte globalement *10,225 millions €*.

– Du point de vue de la branche à taux variable, les intérêts perçus sont de *4,8 millions €*, et composés au taux de *4,7 %*, cela donne *5,0256 millions €* en fin de seconde année. Si on ajoute les *4,8 millions €* perçus au titre de la seconde année, il vient comme revenu pour cette branche de l'alternative *9,8256 millions €*.

– Le *swap* peut alors être évalué. Si on considère que l'on reçoit le taux fixe et que l'on paie le taux variable, le *swap* vaut la somme suivante :

$$\frac{10,225-9,8256}{1,048^2}=0,363652\ \textit{million}\ €$$

Ce résultat ne tient pas compte du nombre exact de jours à décompter au niveau du *swap*.

D'autres types d'outils existent. Un *swap* à échéance constante (*Constant Maturity Swap*) consiste en un *swap* où le taux d'intérêt variable est égal au taux d'un *swap* d'une maturité donnée (par exemple *5* ans). Les *swaps* différentiels ou *differential swap* sont des contrats où le taux d'intérêt flottant est observé dans une monnaie et appliqué au principal dans une autre. Les *equity swaps* impliquent pour chaque contrepartie de payer, soit le *Libor,* soit le rendement d'un indice boursier, eu égard à une somme notionnelle déterminée par avance. Supposons l'existence d'un *equity swap* de durée de vie *6* mois permettant d'échanger le rendement de l'indice *S&P500* contre le taux *Libor*. On fait l'hypothèse d'un nominal de *100 millions €*. La valeur d'un tel contrat est nulle au départ, car une banque peut, sans coût, dupliquer les flux de liquidités impliqués. En effet, il est possible d'emprunter la somme initiale au taux *Libor* et de l'investir dans l'indice jusqu'à l'échéance, en réinvestissant le montant des dividendes perçus… N'oublions cependant pas que l'on peut aussi perdre des sommes importantes avec les *swaps* !

B. – l'intérêt des instruments standardisés

Ces contrats à terme d'échéance et de montant standardisés sont beaucoup moins souples que les précédents. Cependant, le risque de signature y est quasi-absent, la Chambre de compensation s'interposant entre l'acheteur et le vendeur. Par ailleurs, il est possible à n'importe quel moment d'inverser sa position et donc de clôturer une opération si le besoin s'en fait sentir. Ces contrats à terme sont donc négociables et le volume de transactions assure, beaucoup plus que dans le cas précédent, que les prix des contrats soient des prix d'équilibre. En fait, cela semble si vrai que certains intervenants sur le marché de gré à gré viennent se couvrir sur le marché organisé, qui apparaît comme le « marché de gros » par rapport au « marché de détail » que symbolise encore le marché de gré à gré.

Dans l'impossibilité de tout traiter, étant donné l'objet limité de cet ouvrage, on délaissera le marché des *futures* de taux de change pour se concentrer sur celui des *futures* de taux d'intérêt. Ce choix est aussi dicté par le très grand succès remporté par l'*Eurex*. Sur ce marché, deux contrats principaux fonctionnent, le premier sert à se prémunir contre le risque de taux à court terme (à trois mois, *l'Euribor*), et le second (le contrat *FGBL*) a pour fonction de permettre aux intervenants de s'assurer contre les variations intempestives du taux à long terme. De façon plus que succincte, nous allons rappeler les caractéristiques de ce contrat à long terme. Il est constitué par une obligation notionnelle, c'est-à-dire n'ayant pas d'existence réelle, dotée d'un taux de coupon de *6 %* et remboursable *in fine*. L'obligation a toujours *10* ans à vivre, le contrat étant coté au pied du coupon, en pourcentage du pair, pour un montant nominal de *100 000 €*.

Supposons le cas d'un détenteur d'obligations (banques, caisses de retraite, compagnie d'assurance, entreprise) libellées à taux fixe, de caractéristiques similaires à l'obligation notionnelle cotée sur l'*Eurex*. Cet investisseur craint la hausse des taux, car elle fera baisser la valeur de ses obligations. Actuellement sur le marché au comptant, le taux d'emprunt à dix ans pour un organisme de standing équivalent est proche de *6 %*. Le prix actuel du contrat notionnel long terme à trois mois est de *100*. Ce que craint l'investisseur, c'est que les taux s'élèvent et que la valeur de sa ligne obligataire ne continue de chuter. Il peut alors s'assurer notamment contre la hausse des taux, en vendant des contrats de *futures*. En effet, le prix des contrats variant en sens inverse des taux d'intérêt, lorsque les taux d'intérêt augmentent, le prix des contrats baisse. On peut donc les racheter juste avant l'échéance à un prix plus faible, et ainsi réaliser un profit sur les marchés à terme qui compense la perte enregistrée sur le marché au comptant. À l'inverse, la couverture contre la baisse des taux nécessite l'achat de contrats puisque les prix de ceux-ci sont censés augmenter. Après avoir présenté les principes généraux de couverture, nous exposerons la méthode de calcul du nombre de contrats précis sur lequel doit porter la transaction, si le marché à terme ne se comporte pas de façon similaire au marché au comptant.

1°). Le principe général de la couverture par contrats de *futures*

Au niveau le plus général, supposons que l'investisseur détienne x titres similaires, dont il anticipe la baisse de valeur future. Pour se couvrir, il va vendre x contrats de *futures* représentant le même titre. Il rachètera les contrats vendus pour clôturer sa position sur le marché des *futures*. Les notations suivantes vont être utilisées :

H : indique l'horizon de couverture ;

P_0, F_0: représentent le cours comptant de l'obligation et le cours du contrat du *future* le jour de la prise de position ;

P_H, F_H: sont les cours comptant de l'obligation, le cours du *future* le jour de clôture de l'opération.

Le gain ou la perte de la position non couverte est égale à l'expression suivante :

$$G = x(P_H - P_0)$$

Par contre, le gain ou la perte d'une position couverte est équivalent à :

$$G' = x(P_H - P_0) + x(F_0 - F_H)$$

Cette égalité prévaut du fait de la vente de x contrats au début de la période de couverture et de leur rachat en fin de période.

2°). La couverture parfaite

Bien évidemment, la couverture sera parfaite si l'on obtient l'égalité qui suit :

$$(P_H - P_0) = (F_H - F_0)$$

En réécrivant l'expression G' qui représente le gain ou la perte d'une position couverte, il vient pour une couverture parfaite :

$$G' = x(F_0 - P_0) - x(F_H - P_H) = 0$$

La couverture est « parfaite » au sens où dès le démarrage de l'opération de couverture, le résultat qui va en ressortir est acquis et certain. Cela ne veut nullement dire que la couverture est optimale, ce qui pourrait signifier que l'on aurait profité de tout mouvement de cours en l'utilisant à notre avantage. On a simplement réduit le risque à néant dès le début de l'opération. De plus ici, il n'y a aucun risque de base.

On peut remarquer que $(F_0 - P_0)$ représente la base prévalant le jour où l'on a initié la couverture et $(F_H - P_H)$ celle prévalant lors de la clôture. On en déduit donc que pour que la couverture soit vraiment parfaite, il est nécessaire que :

$$G' = x(Base_0 - Base_H) = 0$$

C'est-à-dire qu'il est indispensable que la base soit constante dans le temps. En réalité la valeur de la base se modifie au cours du temps puisque les prix au comptant et à terme évoluent différemment. Dans une version « moins étroite », la couverture reste parfaite, si le résultat de l'opération est acquis d'avance, quelle que soit l'évolution des taux. Dans ce cas, il est possible que l'on ait à décaisser le montant de la base, qui représente alors le coût de l'assurance.

Application

Supposons qu'une entreprise publique ou une banque veuillent émettre dans trois mois, des obligations à taux fixe remboursables *in fine* pour *un milliard €*, de dix ans d'échéance et de 6 % de taux de coupon. Faisons l'hypothèse qu'à l'époque considérée, le taux requis par le marché sur une telle émission soit de *6 %*. Ce qui est craint, c'est que le niveau général des taux augmente durant les trois mois qui précèdent la date d'émission. Si, à cette époque-là, les taux ont augmenté et sont devenus égaux à *7 %*, l'entreprise publique ou la banque subiront une perte d'opportunité. Le contrat *FGBL* ayant un nominal de *100 000 €*, il faudra vendre *10 000* contrats sur l'*Eurex*. Si on vend des contrats *FGBL* au prix de *100* soit un taux implicite de *6 %*, on les rachètera au prix de *92,9764* soit *(929,764/1000)*100*.

Année	Flux de trésorerie	Flux actualisé*
1	60	56,074766
2	60	52,406323
3	60	48,977872
4	60	45,773712
5	60	42,779170
6	60	39,980533
7	60	37,364984
8	60	34,920546
9	60	32,636024
10	1060	538,850249
Total		**929,764185**

* **coefficients d'actualisation** $1/(1+0,07)^i$

Le bénéfice réalisé sur le marché des contrats de *futures* est donc de : *100 – 92,9764185 = 7,0235815* par contrat. Si l'émission est de *1 milliard €*, le gain pour un contrat est de *: 7,0235815*x*1000 = 7 023,58 €.* Pour *10 000* contrats, il vient *70 235 815 €.* Ce bénéfice permettra de couvrir la perte d'opportunité subie sur le marché au comptant par l'émetteur. En effet, si la hausse des taux intervient, il faudra verser des coupons de *7 %* au lieu de *6 %*, et donc payer *70 millions €* au lieu de *60 millions €* chaque année aux détenteurs d'obligations.

Année	Supplément de coût	Flux actualisé*
1	10	9,345794
2	10	8,734387
3	10	8,162978

4	10	7,628952
5	10	7,129862
6	10	6,663422
7	10	6,227497
8	10	5,820091
9	10	5,439337
10	10	5,083492
Total		**70,235815**

* **coefficients d'actualisation** $1/(1+0,07)^i$

En replaçant à *7 %*, les *70 235 815 €* gagnés sur le marché de contrats de *futures*, l'entreprise émettrice devrait financer le supplément de coût occasionné par la hausse des taux. Tout se passe en fait comme si son emprunt lui coûtait *6 %*.

Parfois les opérations de couverture sont sujettes au risque de corrélation (l'outil de couverture se comportant un peu différemment de l'actif sous-jacent), la position optimale à prendre au niveau du marché à terme ne doit pas alors être exactement similaire à celle détenue sur le marché au comptant, pour obtenir une couverture maximale. L'intervenant possédant une position longue au comptant doit donc initier une position courte sur le marché à terme, en vendant cette fois-ci y contrats de telle sorte que :

$$G' = x(P_H - P_0) + y(F_0 - F_H) = 0$$

D'où : $x(P_H - P_0) = y(F_H - F_0)$, et

$$y = x\frac{(P_H - P_0)}{(F_H - F_0)}$$

On peut aussi recourir à l'outil duration en matière de couverture, car les variations de prix des contrats de taux en dépendent.

3°). Stratégies de couverture basées sur la duration

Supposons que l'on ait à couvrir une position longue sur un actif sujet au risque de taux d'intérêt. Si l'on appelle F le prix du contrat de *future* correspondant, D_F la duration de son actif sous-jacent, B et D_B le prix et la duration de l'actif ou du portefeuille à couvrir, et que la variation du taux actuariel de rendement est égale à Δk pour toutes les maturités (variations parallèles des taux d'intérêt), alors il est approximativement vérifié que :

$$\Delta B = -BD_B \Delta k$$

Et aussi que:

$$\Delta F = -FD_F \Delta k$$

De ce fait, le nombre de contrats requis pour assurer la couverture de cette position s'écrit sous la forme suivante:

$$N = \frac{BD_B}{FD_F}$$

Ceci représente le ratio de couverture fonction des durations respectives du portefeuille à couvrir, et du contrat de *future* retenu ou de l'obligation du gisement la moins chère à livrer[61]. L'objectif poursuivi est de rendre nulle la duration du portefeuille couvert.

Application

Supposons qu'un gérant de portefeuille ayant investi *20 millions* € dans des obligations d'État souhaite couvrir sa position sur les trois mois qui viennent, du fait de « turbulences » anticipées sur le marché. Il va vendre des contrats à la période t, qui tous ont un nominal de *100 000*€ et, supposons-le, valent *97 326*€. Si la duration du portefeuille dans trois mois est *8,6* ans et celle de l'obligation la moins chère du gisement de *9,55* années, alors il vient:

$$\frac{20000000}{97326} \times \frac{8,6}{9,55} = 185,053$$, c'est-à-dire *185* contrats.

Les banques et autres institutions financières se protègent du risque de taux en tentant de faire en sorte que la duration de leurs actifs soit égale à la duration de leurs passifs. Il s'agit en fait de « fermer » la position et donc d'avoir une exposition nulle aux variations de taux d'intérêt quand celles-ci interviennent de façon parallèle sur toutes les échéances. Cependant dans la réalité, certains taux évoluent parfois en sens inverse des autres ! L'approche de la couverture à l'aide de l'outil duration ne constitue donc qu'une première approche de ce problème complexe qu'est *l'asset / liability management*.

---

[61] Comme l'obligation notionnelle « n'existe pas », il faut trouver sur le marché une obligation comparable si on souhaite être livré à l'échéance du contrat de *future*. Dans ce cas, le vendeur de contrat de *future* a le choix de livrer l'obligation la moins chère à acheter parmi les titres comparables sur le marché (gisement).

4°). Le coût de la couverture

Considérons une opération classique de couverture. Pour la mettre en place, il faut combiner une position au comptant et à terme mais de sens contraire, sur le même instrument financier, et ceci jusqu'à l'échéance du contrat à terme. On peut cependant, dans certains cas, gagner la base, dans d'autres la perdre, ce qui peut s'apparenter au coût d'une assurance.

Par ailleurs, il faut noter que l'on ne peut pas se couvrir tout le temps, car alors cela reviendrait pour l'entreprise ou l'institution financière concernées, à ne se rémunérer qu'au taux sans risque. Il serait alors tout aussi pertinent de placer directement son argent à ce taux sur le marché. Pour s'en convaincre, nous allons utiliser l'exemple suivant : supposons un détenteur d'obligations qui souhaite, pendant une période $\left[0, T\right]$, se couvrir. Initialement, sa position non couverte lui fournirait la rentabilité suivante :

$$\frac{B_T + CC - B_0}{B_0} = rT$$

Le rendement r est incertain car l'évolution des prix de B est aléatoire. Par contre, s'il se couvre en supposant que le contrat à terme est la réplique exacte de l'outil à couvrir, il vient si l'on vend des contrats à terme à l'époque 0 :

$$\frac{B_T + CC - B_0 + F_0 - F_T}{B_0} = \frac{CC + Base_0}{B_0}$$

Ceci est vrai, car à l'échéance du contrat à terme $B_T = F_T$ et que la base est égale à $Base_0 = F_0 - B_0$. Comme la base s'écrit $Base_0 = \left[B_0 r_c - 100k\right]T$, et que CC est égal à $100kT$, avec k le taux de coupon annuel de l'obligation, on obtient :

$$\frac{CC + Base_0}{B_0} = \frac{B_0 r_c T}{B_0} = r_C T$$

En pratique le résultat obtenu est un peu différent, car l'obligation couverte ne fait pas l'objet d'un contrat de *future*.

5°). L'existence de risques résiduels

Un certain nombre de risques viennent dans la réalité empêcher que la couverture soit vraiment parfaite. Au-delà du risque de corrélation, on est souvent confronté au risque de base. En effet, si l'horizon de l'opérateur ne coïncide pas avec l'échéance du contrat à terme, l'intervenant ne sait pas quelle valeur aura la base à la fin de l'horizon de placement. Si on sait qu'à l'échéance du contrat à terme la base est nulle $Base_T = F_T - P_T = 0$, avant l'échéance, des fluctuations importantes de la base peuvent être enregistrées. La décroissance de la base n'est pas linéaire vis-à-vis de l'écoulement du temps. Il existe par ailleurs un risque de trésorerie lié au fait que tous les jours, les contrats de *futures* font l'objet d'appel de marges, ou sont crédités de la différence des cours successifs. Enfin, le calcul du ratio de couverture est effectué à l'aide de données passées (analyse de régression) ou par l'intermédiaire de l'outil duration (ce qui implique un déplacement parallèle de la courbe des taux), et cela introduit un risque d'estimation. Notons que le nombre calculé est rarement un nombre entier.

Au total, ces nouveaux instruments, s'ils sont bien maîtrisés peuvent mener à une meilleure compétitivité des entreprises. La tentation est pourtant forte pour certains, de vouloir spéculer par leur intermédiaire. En effet ne se couvrir qu'à *50 %*, c'est en fait déjà commencer à spéculer. Si aucune opération au comptant ne doit être couverte et que l'on intervient sur les marchés à terme uniquement au gré de ses anticipations, on entre alors complètement dans l'univers de la spéculation. Notons, cependant, que la présence de spéculateurs est indispensable à la bonne liquidité des marchés à terme. Il ne faut donc pas décourager ce type d'intervenants pour que d'autres puissent s'assurer. Cette volonté d'assurance se retrouve également au niveau de la gestion de portefeuille.

§ 3. – la couverture des autres risques et les procédures de contrôle interne

Depuis le krach boursier de 1987, les intervenants sur les marchés « actions » ont pris l'habitude de modifier leurs expositions au risque de prix, en fonction de leurs anticipations. Il faut reconnaître que les marchés à terme d'indices boursiers facilitent grandement le travail des gérants, en ne les obligeant pas à vendre une partie de leurs positions, ou à rééquilibrer leurs portefeuilles sur le marché au comptant. Par ailleurs, le commerce mondial s'étant fortement développé ces trente dernières années, la couverture du risque de change reste une préoccupation importante des industriels, et des produits dérivés dits de première et seconde générations offerts par les banques sont aujourd'hui très utilisés. Cependant, l'achat ou parfois la vente de ces produits dérivés, nécessite au sein des entreprises ou autres organisations, que soit mise en place une procédure stricte de contrôle interne des décisions pour éviter tout risque de dérapage, la couverture n'étant pas forcément très éloignée d'une certaine forme de prise de position spéculative.

A. – la couverture à l'aide de contrats de *futures* d'indices boursiers

Plusieurs types d'indices boursiers existent. Le *Dow Jones Industrial Average* est basé sur un portefeuille comportant *30* valeurs et les pondérations qui interviennent entre elles sont fonction de leur prix respectif. Le *Chicago Board of Trade* commercialise deux contrats de *futures* sur cet indice. L'indice *Standard & Poor's 500* pondère l'importance de chacun de ces *500* titres par l'importance de leur capitalisation boursière. Le *Chicago Mercantile Exchange* négocie deux contrats de *futures* sur cet indice. L'un possède une valeur nominale égale à *\$250* fois l'indice, l'autre à *\$50* fois. Toutes les opérations sur ces contrats de *futures* se soldent par règlement d'une soulte et non par livraison de l'actif sous-jacent. Ces contrats sont assujettis à la règle du *mark to market*.

Les contrats de *futures* sur indices boursiers peuvent être utilisés pour couvrir un portefeuille d'actions bien diversifié. Si l'on définit par P_E la valeur d'un portefeuille d'actions, par F_I la valeur d'un contrat de *future* sur indice boursier, et si le portefeuille est bien représenté par l'indice support du contrat à terme, alors le nombre de contrats de *futures* qui doit être vendu est égal à $N = \frac{P_E}{F_I}$. Au cas où le portefeuille vaut *5,75 millions de \$*, où le contrat de *future* vaut 1150, (On multiplie *50* fois le prix coté de ce contrat pour obtenir sa valeur nominale, on obtient *\$57 500*), il faut vendre *100* contrats pour couvrir le portefeuille.

Lorsque le portefeuille n'est pas une exacte réplique de la composition de l'indice, on peut utiliser le coefficient β donné par le modèle d'équilibre des actifs financiers (*Medaf*) pour déterminer le ratio approprié de couverture. Un portefeuille ayant un coefficient β de *1,5*, est donc *1,5* fois plus sensible aux fluctuations du marché qu'un actif caractérisé par un β égal à l'unité. Il est donc nécessaire d'utiliser une fois et demie plus de contrats pour couvrir cette position. De manière générale, on obtient alors : $N = \frac{P_E}{F_I} \beta$. Bien entendu, cette formule suppose que l'horizon de couverture corresponde à l'échéance d'un contrat de *future*.

La couverture du portefeuille d'actions par la vente de contrats de *futures* a pour effet de faire gagner temporairement à ce portefeuille le taux d'intérêt sans risque. On peut donc se demander s'il ne serait pas plus simple de vendre le portefeuille et de placer le produit résultant au taux sans risque. Le problème posé par cette stratégie réside dans les coûts de transaction qui seraient prélevés à la vente, puis lors du rachat des actions. En outre, si les actions ont été méticuleusement choisies, le portefeuille peut « sur-performer » le contrat d'indice.

Dans l'exemple précédent, la couverture était totale, en ce sens que le coefficient β du portefeuille devenait nul. Mais de temps en temps, les contrats de *futures* sur indices boursiers peuvent être utilisés pour modifier l'exposition d'un portefeuille au risque de marché. On peut vouloir la renforcer ou l'amoindrir sans la supprimer totalement. Ainsi, on peut réduire le β du portefeuille à *0,75* en ne vendant que *50* contrats de *futures,* ou augmenter la valeur du β du portefeuille pendant une courte période, en le rendant égal à *3,* en achetant au contraire *100* contrats.

Vouloir couvrir une position longue sur une action particulière à l'aide de contrats de *futures* sur l'action n'est possible que lorsque ces contrats existent, c'est-à-dire assez rarement. En fait, le plus simple est de recourir à des contrats de *futures* d'indices boursiers et de vendre $N = \frac{P_E *}{F_I} \beta *$, $\beta *$, et $P_E *$ étant les valeurs du coefficient bêta, et la valeur de la position dans l'action particulière. Cependant cette couverture ne protège aucunement l'actionnaire contre le risque spécifique lié à l'action et ce dernier peut être important.

B. – les produits de change

Les trésoriers d'entreprise ont, en général, largement recours dans la gestion de leurs flux en devises au marché des produits dérivés, par le biais d'achat ou de vente à terme. Comme précédemment, le trésorier prend sur le marché à terme, une position inverse de sa position en devises. Un importateur français devant payer en dollar dans trois mois ses approvisionnements se couvre en achetant à terme des dollars. L'exportateur qui sait que dans un mois, il recevra des £ peut les vendre à terme dès aujourd'hui, s'il anticipe une baisse du cours de la £ par rapport à l'euro. Cette méthode offre l'avantage de la simplicité. Elle est de plus d'une mise en œuvre rapide. Enfin, l'assurance est totale, quelle que soit l'évolution des taux de change. Celui qui a été fixé le jour de l'achat ou de la vente à terme est celui qui fera la loi des parties, si on dénoue les positions à l'échéance des contrats à terme.

L'attrait fondamental des options de change se matérialise par l'asymétrie des rendements qu'elle procure. L'acheteur d'une option sait que son risque est limité à un montant convenu dès le départ, le montant de la prime. Par contre ses possibilités de gains sont très importantes. Évidemment, une option « en dehors » possède un pouvoir de couverture plus faible qu'une option « en dedans », mais elle est moins onéreuse à acquérir. En fait, au travers du prix d'exercice, le trésorier peut sélectionner le degré de couverture qui lui convient, ce qui n'est pas très éloigné d'une certaine spéculation.

Des produits de seconde génération commercialisés sur le marché de gré à gré, ont été bâtis à partir de là, par exemple les options « à prime zéro ». L'objectif premier de la formule est de ne rien faire débourser aux intervenants pour se couvrir. Le second objectif est de les intéresser à une évolution favorable des cours de la devise concernée, tout en leur garantissant un cours plancher, bien entendu légèrement inférieur au cours à terme prévalant lors de la décision de couverture. Le risque de parvenir à un résultat inférieur à celui obtenu par l'intermédiaire d'une simple couverture à terme est ici compensé par l'attrait que peut représenter la possibilité de bénéficier d'une évolution favorable de la devise.

Seul un marché de « gré à gré » est susceptible de fournir la souplesse nécessaire pour atteindre un tel ensemble d'objectifs. Il faut en effet, pour un exportateur européen, acheter une option de vente des *US$* qu'il va recevoir, dont le prix d'exercice soit tel qu'il existe une option d'achat à vendre dont le prix d'exercice calculé implique une prime équivalente à la précédente. En général, les prix d'exercice d'option d'achat et de vente annulant l'investissement initial sont répartis au-delà et en deçà du cours à terme. L'intérêt final de l'outil de couverture « prime zéro » est d'éliminer des deux côtés l'impact de fortes variations du support de l'option ici l'*US$*.

Application

Soit un exportateur américain qui recevra des € dans six mois. Le prix du marché actuel (*spot*) s'élève à *1,4us$* par €. Il choisit un prix d'exercice *K =1,38us$/€* pour vendre ses euros dans six mois. Les autres données sont les suivantes : $r = 1{,}5\%, r_f = 3\%, \sigma = 0{,}2$. La prime qu'il devra donc acquitter unitairement (achat d'une option de vente) est de *0,07264 us$/€*. Précisons que le taux de change à terme s'établit à la valeur suivante : $1,4 * \left[\frac{1,015}{1,03}\right]^{0,5} = 1,3897684 us\$/€$

Pour réduire à zéro son investissement (voir tableau 3.1), il devra donc vendre une option d'achat de prix d'exercice *K =1,40025us$/€* (valeur obtenue par calcul). Il obtient alors le profil de résultat suivant sachant qu'en tant qu'exportateur, il possède une position longue en € :

tableau 3.1.

les résultats à l'échéance

Cours du support	1,25	1,30	1,38	1,3897	1,40025	1,45
Achat de l'option de vente	0,05736	0,00736	-0,07264	-0,07264	-0,07264	-0,07264
Vente de l'option d'achat	0,07264	0,07264	0,07264	0,07264	0,07264	0,02289
Position longue en devises	-0,1397	-0,0897	-0,0097	0	0,01049	0,06024
Résultat de la stratégie	-0,0097	-0,0097	-0,0097	0	0,01049	0,01049

La figure 3.3 reproduit en traits pleins le profil des résultats des stratégies élémentaires et en « traits doubles » le résultat global de la stratégie.

figure 3.3.
profils de résultats

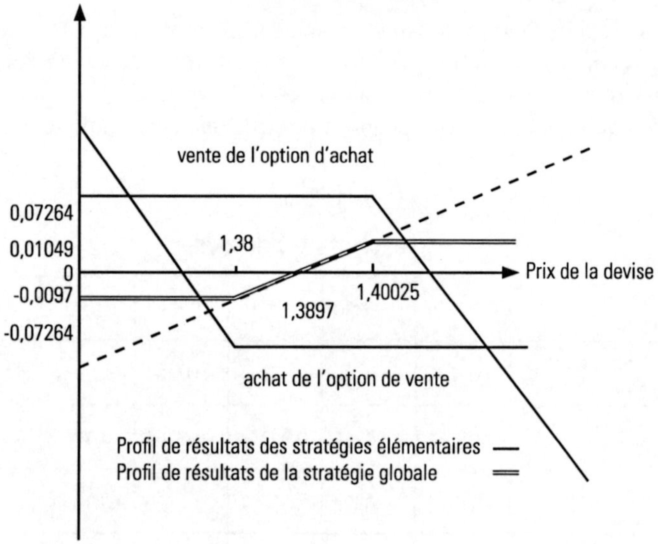

Elle montre bien la similitude de résultats qui existe entre cette stratégie complexe et une simple position longue détenue jusqu'à l'échéance et appréciée en fonction du cours à terme qui aurait pu être saisi au jour de la passation du contrat. Les « queues de distribution » de cette stratégie simpliste sont seulement modifiées par les positions prises sur le marché des options. En fait, la vente d'option permet de réduire le coût de l'opération, et même dans le cas présent de l'annuler, les prix d'exercice étant choisis de manière à ce que les primes payée et reçue se compensent exactement. On construit ainsi un « tunnel », c'est-à-dire une stratégie impliquant une limite basse et haute en termes de résultats. Des options européennes sur contrats de *futures* de devises sont également proposées et *31* contrats de ce type figurent sur le *CME*.

C. – les risques liés à l'utilisation de ces produits

Des enquêtes assez récentes semblaient montrer que les grandes entreprises françaises faisaient une utilisation très prudente des produits dérivés. En réalité, ces derniers seraient plus utilisés dans une optique de couverture ou d'assurance. De plus, ils seraient confinés à la couverture de risques bien identifiés. En fait, le réflexe des industriels semble être de protéger leurs marges. Les consignes données par les directions générales dans ce domaine, doivent être très claires, c'est le moyen d'éviter des écarts de comportement. L'autre moyen de limiter les risques est le *reporting* périodique (journalier) des positions, afin que le risque inhérent à certaines positions prises ne puisse échapper aux principaux responsables financiers. Enfin, les erreurs doivent être très rapidement identifiées et corrigées. Cependant, la superposition des situations n'est pas forcément salutaire. Vouloir vendre une option, pour diminuer le coût d'une prise de position est tentant, mais le risque inhérent à cette stratégie peut se révéler quasi-infini ou, tout au moins, très important. Les options exotiques étant plus sophistiquées et moins liquides que les options listées, il faut être encore plus prudent. Après avoir décrit la mesure de risque la plus utilisée par les professionnels, on abordera le problème des contrôles internes, et des procédures qui doivent en découler.

1°). Le concept de *Value at Risk*

Le concept de *VaR* a été introduit pour tenter d'évaluer, en un seul chiffre, le risque global associé à une institution financière ou à un portefeuille comprenant de nombreux actifs financiers. L'utilité de ce concept est de pouvoir répondre à une question du type suivant : « Quelle est la perte maximale réalisable avec un niveau de confiance égal à *99 %* dans les *N* prochains jours ? ». Quand *N* est égal à *10* jours et que le niveau de confiance est égal à *99 %*, on obtient un montant, qui, multiplié à l'aide d'un certain coefficient ($\lambda = 3$ au moins), nous renseigne sur le montant de capitaux propres qui doit être au minimum possédé par une institution financière, pour pouvoir exercer au sens des accords de Bâle II. En fait, le multiplicateur sera choisi en fonction d'une étude réalisée au cas par cas, *3* étant le chiffre le plus petit admissible.

La *VaR* implique l'existence de deux paramètres : l'horizon temporel *N* et le niveau de confiance attribué à la perte maximale réalisable. En général, on recourt à la formule suivante pour étendre à *T* jours les estimations réalisées des fonds propres nécessaires :

$K - requis(T - jours) = VaR - 1\,jour \times \lambda \times \sqrt{T}$, donc par exemple pour $T = 16\ jours$: $K - requis(T = 16\,jours) = VaRj \times 3 \times \sqrt{16} = 12$ fois la *VaR-1jour*, (avec $\lambda = 3$), comme montant de capital minimum.

Cependant, cette formule n'est valable que si les modifications de valeur du portefeuille intervenues pendant la période étudiée, possèdent une distribution normale. Sinon, il ne s'agit que d'une approximation.

L'utilisation de données historiques ne garantit pas ce qui peut survenir dans le futur, mais peut procurer une estimation de la *Var-99 %*. La première démarche est d'identifier les variables de marché susceptibles d'affecter la valeur du portefeuille à l'étude. Ce sont sans doute des variables telles que des taux d'intérêt, des prix d'actions, des taux de change, etc. Les données sont donc collectées par exemple sur les *1001* derniers jours, ce qui fournit *1000 scenarii* permettant d'imaginer ce qui peut se produire entre aujourd'hui et demain. À partir des *1000* expérimentations, on construit la distribution de probabilités d'occurrence des différents résultats. La dixième plus forte baisse de valeur obtenue constitue l'estimation de la *VaR-99 %*. Dans la mesure où l'on considère que ces simulations reflètent bien ce qui peut se produire le jour suivant, l'institution est certaine à 99 % qu'elle ne subira pas une perte supérieure au montant calculé. Chaque jour, la *VaR* doit être recalculée de « façon glissante ».

Cette mesure peut sembler simple d'utilisation et d'interprétation. Cependant, elle ne procure qu'une information limitée et incomplète sur le montant réel du risque encouru. En effet, elle se limite à être un quantile de la distribution des rentabilités associées à la position. Ainsi, deux positions dotées de la même *VaR* à *1 %* peuvent en réalité représenter des risques très divers, si la forme des queues de distributions de leurs séries de rentabilités n'est vraiment pas la même. Ainsi, la *VaR* constitue une mesure incomplète du risque subi, car elle n'apporte aucune information pertinente sur la forme de la queue de distribution au-delà du quantile retenu (*Var-99 %)*. On comprend alors que certains aient promu une mesure supplémentaire la « *TailVaR* » pour estimer la perte moyenne subie en cas de franchissement du seuil retenu par l'indicateur *VaR*. Cependant, certains chercheurs ont tenté de proposer une mesure alternative, *l'expected shortfall*. Il s'agit alors de calculer la perte attendue durant une période de *T-jours* durant laquelle, une situation catastrophique prévaut.

En plus de l'estimation de la *VaR*, des compléments sont nécessaires. Ainsi, on peut chercher à savoir ce que les portefeuilles d'actifs détenus par une institution auraient réalisé comme performance dans les conditions de marché les plus extrêmes constatées durant les vingt dernières années (*stress testing*). Il s'agit en fait de prendre en compte des événements de nature si exceptionnelle qu'ils sont considérés comme virtuellement impossibles par les lois statistiques supposées régir l'évolution du prix des actifs. Enfin, il apparaît également important de vérifier en grandeur nature (*back testing*) ce que les estimations de la *VaR* auraient donné comme résultat, si l'on avait testé le modèle sur des données passées. Quelle que soit la méthode utilisée pour calculer la *VaR*, ceci fournit des indications sur le fonctionnement effectif du modèle par rapport à la réalité vécue.

2°). L'indispensable mise en place de procédures de contrôle interne

Comme le dit Roncalli[62] (2009), « Il serait faux de croire que la gestion des risques, c'est avant tout des modèles mathématiques. La gestion des risques, c'est d'abord une organisation, un système d'organisation, des *reportings*, des règles de décision et un ensemble de procédures et de normes ». Jusqu'ici, les pertes ont en général été dues aux prises de position initiées par une seule personne, même dans des institutions financières renommées (*Barings*, 1995 ; *Société Générale*, 2008). Même si les transactions qui ont causé la perte, ou de grosses difficultés à certaines entreprises (*Metallgesellschaft*, *Sumitomo*) ou banques (*Lehman Brothers*), représentent une infime portion des montants d'opérations traitées sur ces marchés, cela vaut la peine de s'y intéresser et d'examiner dans quel contexte et gouvernance ces décisions ont été prises. La définition précise de limites de prises de risque apparaît déterminante. Mais ces recommandations doivent être doublées de procédures permettant de vérifier à tout moment l'exposition au risque de la position d'un *trader*, « d'une table » et de l'organisation dans son ensemble. Ceci est d'autant plus important que la frontière entre les opérations de couverture et celles liées à la spéculation est ténue. Par ailleurs, on ne peut pas considérer qu'un *trader* puisse anticiper systématiquement de manière correcte les fluctuations du marché. Même s'il gagne en outrepassant les limites fixées, il faut savoir faire prévaloir une « discipline de fer » car, en cas de pertes, cela aurait pu se transformer en catastrophe. En fait, personne ne doit être considéré comme intouchable et tout le monde doit observer, respecter les règles. Qu'il perçoive un bonus du fait de ses gains passés n'a rien de choquant pour un *trader*, mais il n'est pas de bonne politique d'augmenter les limites de ses prises de risque du fait de ses bonnes performances passées. Le passé n'est pas garant du futur. Par ailleurs, le calcul de la *VaR* et le résultat d'analyses de *stress testing* devraient venir compléter la panoplie d'outils de contrôle existants.

---

[62] T. Roncalli, *La gestion des risques financiers*, Economica, 2009, p. 17.

3°). La vérification effective des procédures de contrôle interne

Ainsi les personnes travaillant au niveau du *front office*, c'est-à-dire les *traders*, doivent-elles être contrôlées par les spécialistes du *middle office* qui auditeront les risques pris par les premiers, qui bénéficieront du travail des services de *back office* tenant la comptabilité des opérations passées. Ces fonctions doivent être assumées par des personnes totalement indépendantes les unes des autres.

Il est commun de distinguer trois types de risques : le risque de marché, le risque de crédit et le risque opérationnel. Le deuxième est le plus important pour une banque (faire face à un défaut de paiement), mais les deux autres sont non négligeables. Le risque de marché fait référence à la chute d'un indice boursier, alors que l'on est en position longue sur les actifs sous-jacents de ce dernier, et le risque opérationnel, par exemple, à une erreur d'interprétation concernant un ordre passé par un client. Souvent, on s'expose aussi à un « risque de modèle ». En effet, la valorisation d'outils sophistiqués peut amener à mal apprécier l'impact de certaines variables. Mais, et la récente crise financière le prouve, il faut aussi prendre en compte le risque de liquidité pouvant exister sur les différents marchés. Or, on valorise souvent des instruments peu liquides comme s'ils étaient cotés sur des marchés réglementés et profonds. En fait, lorsqu'un « choc » affecte les marchés financiers, il se produit souvent un mouvement qualifié *flight to quality*, c'est-à-dire que les opérateurs recherchent des produits de très bonne qualité et très liquides. Dans ce cas, les produits non liquides sont loin de se vendre à leur prix théorique et l'écart se creuse par rapport à des produits standards très liquides.

Certaines institutions financières comme les *Savings and Loans* aux États-Unis, ont été mises en difficultés pour avoir financé des prêts à long terme avec des dépôts à court terme. La montée des taux d'intérêt à court terme a posé problème. En outre, le manque de transparence peut provoquer une perte de confiance comme en 2007, ce qui induit un manque de liquidités sur le marché. Quand on détient des produits structurés dont on ne connaît que la notation et non l'actif sous-jacent, une défiance générale peut s'instaurer. Cela conduit à une augmentation des *credit spreads*.

Au niveau des entreprises, les leçons à tirer des différents échecs intervenus sont les suivantes : bien comprendre le fonctionnement des produits dérivés sur lesquels elles vont prendre position, se cantonner à couvrir certaines positions pour protéger ses marges, mais ne pas se laisser aller à la tentation de spéculer, enfin, ne pas vouloir faire du service trésorerie un centre de profit de l'entreprise à tout prix, car ceci implique une prise de risque très élevée.

Au total, recommander la suppression totale de l'utilisation des actifs dérivés dans les entreprises semble inapproprié, car ce sont des outils efficaces de gestion du risque. Cependant, ils doivent être plutôt utilisés à des fins de couverture et non de spéculation. Des règles précises doivent être définies par les directions générales à ce propos (limites d'intervention, etc.). L'importance et la fréquence des contrôles opérés par des personnes indépendantes sont certainement d'autres éléments clés du succès de l'utilisation de ces produits.

Si les entreprises ont besoin de produits dérivés de façon ponctuelle dans le cadre de leurs activités industrielles et commerciales habituelles (couverture contre le risque taux d'intérêt ou de change, etc.), les gestionnaires de portefeuilles (*SICAV, FCP*) en ont, eux, l'utilisation quasi journalière, puisqu'au gré de leurs anticipations, ils vont souhaiter dynamiser le rendement de leurs fonds, ou pendant une courte période, le couvrir contre les évolutions défavorables du marché dans son ensemble. Bien sûr, l'assurance de portefeuille systématise ces procédures.

section II
la gestion quantitative et l'assurance de portefeuille

La gestion indicielle implique que le gestionnaire de portefeuille duplique l'indice de marché (en France le *Cac 40* pour les actions). Le gestionnaire ne fait aucun pari et les coûts de transactions sont en général faibles. La performance pour l'investisseur est donc en général proche de celle réalisée par le marché aux frais de gestion près.

La gestion dynamique consiste, au contraire, à avoir des anticipations précises et à tenter des paris en investissant de façon sélective (*asset allocation*). Tout repose en fait sur l'aptitude du gérant à faire mieux que le marché. Or, il est difficile de pouvoir prétendre le battre systématiquement... Beaucoup se sont donc tournés vers l'assurance de portefeuille qui ne nécessite aucune aptitude spéciale de la part du gérant, si ce n'est de la rigueur. Son principe de base consiste à répartir les fonds de ce dernier entre un actif risqué et un autre non risqué. Dès que l'actif risqué enregistre de bonnes performances, on augmente la proportion des fonds que l'on y consacre, au détriment de l'actif sans risque. Par contre, en cas de baisse inopinée du titre risqué, on accroît la part investie dans l'actif sans risque. On bénéficie ainsi de la hausse du titre risqué si elle se produit et on assure, en cas de baisse, un résultat plancher dû à la réallocation des fonds vers l'actif sans risque. Les techniques les plus utilisées pour mettre en œuvre cette stratégie sont en général les outils optionnels (options d'achat et de vente).

Au niveau le plus élémentaire, il est possible d'assurer un portefeuille soit en achetant des options cotées sur le marché, soit en dupliquant ces options d'achat ou de vente par l'intermédiaire d'une prise de position sur le titre de base, ainsi que sur l'actif sans risque. Les implications de ces deux possibilités ne sont pourtant pas identiques, les coûts de transaction et les contraintes (choix limité ou non de prix d'exercice, de dates d'échéance…) étant très différents.

§ 1. – l'assurance de portefeuille au niveau d'actions

À l'aide du modèle binomial popularisé par *Cox, Ross et Rubinstein (1979)*, on peut aisément illustrer l'approche dite d'assurance de portefeuille. La mécanique de base se présente ainsi. Il est strictement équivalent d'acheter le titre de base S et de le couvrir par l'achat d'un *put* ($S + P$) ou de placer une partie de ses fonds au taux d'intérêt sans risque, tout en achetant une option d'achat ($C + K / r^{*3}$) avec $n = 3$. On peut raisonner sur l'exemple suivant sur trois périodes :

$S = K = 40, u = 1,1, d = \frac{1}{u} = 0,0909, r^* = 1,05 = 1 +$ *taux sans risque période*

Les treillis binomiaux de l'évolution de la valeur de l'action et celui des deux options d'achat de vente correspondantes sont les suivants :

A. – l'assurance de portefeuille à l'aide d'options cotées

Il s'agit à la fin des trois périodes binomiales de garantir le capital investi ou presque, et de fournir en cas de hausse de l'actif risqué, un rendement positif. L'arborescence de l'évolution de la position est présentée ci-après :

			$u^3S = 53,4$
		$u^2S = 48,4$	
	$uS = 44$		$u^2dS = 44$
$S = 40$		$udS = 40$	
	$dS = 36,36$		$ud^2S = 36,36$
		$d^2S = 33,057$	
			$d^3S = 30,052$
			$C_{uuu} = 13,24$
		$C_{uu} = 10,305$ (1)	
	$C_u = 7,945$ (0,892)		$C_{uud} = 4$
$C = 6,078$ (0, 7815)*		$C_{ud} = 2,812$ (0.5238)	
	$C_d = 1,9765$ (0,405)		$C_{udd} = 0$
		$C_{dd} = 0$ (0)	
			$C_{ddd} = 0$
période 0	période 1	période 2	période 3

* chiffre entre parenthèses : coefficient *delta* de l'option

Si les options sont cotées à leur prix d'équilibre, la valeur plancher du portefeuille assuré, ici 40, est garantie en fin de période

			$P_{uuu} = 0$
		$P_{uu} = 0$ (0)	
	$P_u = 0,226$ (-0,108)		$P_{uud} = 0$
$P = 0,631$ (-0,2184)		$P_{ud} = 0,907$ (-0,4761)	
	$P_d = 1,894$ (-0.5949)		$P_{udd} = 3,636$
		$P_{dd} = 5,037$ (-1)	
			$P_{ddd} = 9,947$
période 0	période 1	période 2	période 3

Les figures ci-dessous reproduisent le treillis binomial retraçant les performances des deux portefeuilles à travers les différentes périodes. Le coût de l'assurance peut se mesurer en ce qui concerne le premier portefeuille ($S + P$). Si on avait investi *40,63€* dans l'action à la période 0, on aurait pu acheter *1,01575* action, au lieu de n'en acheter qu'une, plus une option de vente. On obtient donc, dans le cas le plus favorable (S = 53,24), que *98,44 %* de ce que l'on aurait pu gagner. Ces *1,56 %* symbolisent donc ce que l'on accepte de perdre en retour positif pour assurer une valeur plancher au portefeuille, ici *40€*.

$u^3S + P_{uuu} = 53,24$

$u^2S + P_{uu} = 48,4$
(48,4 + 0)

$uS + P_u = 44,226$
(44 + 0,22)

$u^2dS + P_{uud} = 44 + 0 = 44$

$S + P = 40,631$
(40 + 0,63)*

$udS + P_{ud} = 40,90$
(40 + 0,90)

$dS + P_d = 38,25$
(36.36 +1.89)

$ud^2S + P_{udd} = 36,36 + 3,64 = 40$

$d^2S + P_{dd} = 38,08$
(33,05 + 5,03)

$d^3S + P_{ddd} = 30,05 + 9,95 = 40$

période 0 | période 1 | période 2 | période 3

* entre parenthèses, le prix de l'action et le prix de l'option, qui déterminent la valeur du portefeuille.

Initialement : $A = K / r^{*3} = 34,55$

$Ar^{*3} + C_{uuu} = 40 + 13,24 = 53,24$

$Ar^{*2} + C_{uu} = 48,4$
(38,09 + 10,30)

$Ar^{*} + C_u = 44,22$
(36,28 + 7,94)

$Ar^{*3} + C_{uud} = 40 + 4 = 44$

$A + C = 40,63$
(34,552 + 6,078)*

$Ar^{*2} + C_{ud} = 40,90$
(38,09 + 2,81)

$Ar^{*} + C_d = 38,25$
(36,28 + 1,97)

$Ar^{*3} + C_{udd} = 40 + 0 = 40$

$Ar^{*2} + C_{dd} = 38,09$
(38,09 + 0)

$Ar^{*3} + C_{ddd} = 40 + 0 = 40$

période 0 | période 1 | période 2 | période 3

* entre parenthèses, le prix de l'action puis de l'option.

Le succès des fonds à capital garanti a été considérable. Le développement du marché des options sur des échéances plus longues et sur des prix d'exercice plus diversifiés, a encouragé un recours encore accru à cette technique. De plus, la duplication d'options reste toujours possible, même si elle implique des révisions périodiques de la composition du portefeuille.

B. – l'assurance de portefeuille à l'aide d'options dupliquées

Il est également possible de raisonner en termes de portefeuille équivalent pour évaluer l'option. Dans ce cas, on constate qu'au début de la première période, le portefeuille équivalent à une option d'achat comprend :

- une position « longue » sur l'actif risqué (Δ actions)
- une position « courte » sur l'actif sans risque A correspondant à un emprunt

En effet, en se reportant à l'analyse développée au chapitre deux, il vient :

$$\Delta S + A \begin{cases} u\Delta S + r^* A \\ d\Delta S + r^* A \end{cases}$$

D'où $u\Delta S + r^* A = C_u$ et $d\Delta S + r^* A = C_d$

Donc

$$A = \frac{C_u - u\Delta S}{r^*}$$

Et donc en remplaçant A par sa valeur dans l'autre équation, il vient :

$$d\Delta S + C_u - u\Delta S = C_d$$

On en déduit $C_u - C_d = u\Delta S - d\Delta S$ et $\Delta = \dfrac{C_u - C_d}{S(u-d)}$

De la même manière $A = \dfrac{uC_d - dC_u}{(u-d)r^*}$

Ceci revient à dire que l'on peut dupliquer une option d'achat, en prenant position sur des actions et en finançant partiellement cette position par emprunt.

$$C = \Delta S + A$$

$$C = \frac{C_u - C_d}{u - d} + \frac{uC_d - dC_u}{(u-d)r^*}$$

En réarrangeant les termes $C = \frac{1}{r^*}[\frac{r^* C_u - r^* C_d + uC_d - dC_u}{u-d}]$

D'où

$$C = \frac{1}{r^*}[C_u \frac{r^* - d}{u-d} + C_d \frac{u - r^*}{u-d}]$$

$$C = \frac{1}{r^*}[pC_u + (1-p)C_d]$$

Avec $p = \frac{(r^* - d)}{u-d}$ et $1 - p = \frac{(u - r^*)}{u-d}$

Au total la duplication d'action est coûteuse en termes de réajustements de positions. On suppose ici en outre, l'absence de coûts de transaction.

– De façon similaire, on peut vouloir aussi dupliquer un *put* en prenant position sur l'actif sans risque et sur le titre de base *S*. Cette fois-ci, il faudra que :

$$\Delta' S + A' \quad \begin{cases} u\Delta' S + r^* A' \\ d\Delta' S + r^* A' \end{cases}$$

D'où $u\Delta' S + r^* A' = P_u$ et $d\Delta' S + r^* A' = P_d$

De la même manière que pour l'option d'achat, on déduit des égalités qui précédent que :

$$\Delta' = \frac{P_u - P_d}{S(u-d)} \quad \text{et} \quad A' = \frac{uP_d - dP_u}{(u-d)r^*}$$

Pour une option de vente, le coefficient Δ' est compris entre -1 et zéro, et *B'* est positif. Ceci signifie que pour dupliquer une option de vente, il faut vendre Δ' titre et placer un peu plus que le produit de la vente au taux sans risque (différence : le prix de l'option de vente). La relation existant entre le coefficient *delta* d'un *call* et d'un *put* de mêmes caractéristiques est la suivante : Δ'*put* = Δ *call* -1.

La duplication se justifie quand il est difficile voire impossible de trouver sur le marché les prix d'exercice ou les échéances qui conviennent.

Application

Dans le cas à l'étude, il vient :

S+P' : action plus duplication d'option de vente

On achète donc l'action (*S = 40*) et on duplique l'option de vente en prenant une position longue sur l'actif sans risque (*A = 9,37*) et une position courte sur l'action (*S = -8,74*), ce qui simule l'investissement de *0,63* réalisé pour l'achat de l'option de vente (*9,37 – 8,74)*. En fait on vend *H'* actions, soit *0,2184* titre. Il peut sembler bizarre d'acheter ou de vendre des fractions d'actions, mais en multipliant tous les chiffres par 10^3, on peut raisonner sur des nombres entiers. À chaque période binomiale, la structure du portefeuille est révisée en fonction de la valeur prise par l'action. Plus le prix de l'action augmente et plus le portefeuille en comprend une part importante, voire la totalité, et plus le prix de l'action diminue, plus on investit dans l'actif sans risque. Il n'y a que dans les situations intermédiaires que l'on note la présence, à l'échéance de la stratégie (période trois), à la fois de l'actif risqué et de l'actif sans risque.

			$S = 53,24$ $A = 0$ $Total = 53,24$
		$S = 48,4$ $S = 0$ $A = 0$ $Total = 48,4$	
	$S = 44$ $S = -4,75$ $A = 4,97$ $Total = 44,22$		$S = 23,05$ $A = 20,95$ $Total = 44,00$
$S = 40$ * { $S = -8,74$; $A = 9,37$ } $Total = 40,63$		$S = 40$ $S = -21,63$ $A = 23,52$ $Total = 40,90$	
	$S = 36,36$ $S = -21,63$ $A = 23,52$ $Total = 38,25$		$A = 40,00$ $S = 0$ $Total = 40,00$
		$S = 33,05$ $S = -33,05$ $A = 38,08$ $Total = 38,08$	
			$A = 40$ $S = 0$ $Total = 40,00$

* $A = 9,37$, $S = -8,74$: duplication de l'option de vente : *0,63*

A+C' : actif sans risque plus duplication d'option d'achat

Dans ce cas, pour simuler l'achat de l'option d'achat, on achète *H* titres de base (0,*7815*x*40 = 31,26)* que l'on finance partiellement par une position courte sur le titre sans risque, c'est-à-dire en empruntant *25,19€*. La mise initiale correspond donc à la valeur de l'option d'achat (*31,26 – 25,19 = 6,07*). Le reste est investi au taux sans risque (*40,63 – 6,07 = 34,56*). Les réajustements de portefeuille s'opèrent sur le seul signal d'un changement de valeur du coefficient *delta*. À mesure que ce dernier tend vers l'unité, on achète de plus en plus d'actions et on délaisse l'actif sans risque.

			$S = 53,24$ $A = 0$ $Total = 53,24$
		$S = 48,4$ $A = -38,1$ $A = 38,1$ $Total = 48,40$	
	$A = 36,29$ $S = 39,24$ $A = -31,31$ $Total = 44,22$		$S = 23,05$ $A = 20,95$ $Total = 44,00$
$A = 34,56$ $* \begin{cases} S = 31,26 \\ A = -25,19 \end{cases}$ $Total = 40,63$		$S = 20,94$ $A = -18,14$ $A = 38,10$ $Total = 40,90$	
	$A = 36,29$ $S = 14,72$ $A = -12,76$ $Total = 38,25$		$A = 40$ $S = 0$ $Total = 40,00$
		$A = 38,08$ $S = 0$ $Total = 38,08$	
			$A = 40$ $S = 0$ $Total = 40,00$

* $S = 31,26$, $A = -25,19$ duplication de l'option d'achat *6,07*

On peut également recourir aux options sur indice ou aux *futures* d'indice, si le portefeuille à assurer est bien diversifié. En ce qui concerne notre exemple, le prix à l'époque *0* d'un *future* sur l'action *S* venant à l'échéance à l'époque *1*, est égal à $40 \times (1,05)^1 = 42$ €. On peut assurer un portefeuille en plaçant tout l'argent disponible au taux sans risque et en achetant *H* (*delta*) contrats de *futures*. On peut également tout investir en action et vendre *H futures*. Les deux stratégies sont équivalentes. À la fin de chaque période, la position détenue en contrats de *futures* est dénouée.

Tout ceci suppose que l'on soit capable de bien évaluer la volatilité. Si on sous-estime la volatilité, on achète moins d'assurance que de nécessaire pour atteindre une valeur plancher donnée, si on la surestime, on en achète trop et on laisse s'échapper des gains potentiels. Ceci est donc source de coûts. Selon *Rendelman et O'Brien* (1990)[63], le premier effet dû à la mauvaise appréciation de la volatilité est d'acheter des *puts* à un prix trop élevé. Le second par voie de conséquence, est l'allocation non optimale de portefeuille, puisque l'on achète l'actif risqué (l'action) pour un montant un peu moins élevé que ce qui aurait été nécessaire. En généralisant, on peut dire que ces techniques d'assurance de portefeuille (fonds à valeur minimale garantie) sont entachées de l'incertitude liée à la « vraie » valeur de la volatilité, non nécessairement révélée par les prix actuels. Pour tenter de s'affranchir de ces limitations d'autres techniques ont été créées.

C. - le recours à des méthodes simplifiées

Plusieurs méthodes simplifiées dérivées de la théorie des options ont été imaginées. Elles ne nécessitent pas de prévisions concernant l'actif risqué et reproduisent grossièrement le profil de résultats asymétriques inhérents à l'utilisation d'options. Cependant, leurs performances sont parfois tributaires de la trajectoire des cours suivie par l'actif risqué pendant la période d'étude. La méthode *CPPI* (*Constant Proportion Portfolio Insurance*) mise au point par *Black et Jones* (1987), en est un bon exemple. La technique de base est la suivante. Constatant la valeur d'un portefeuille à un moment donné du temps, on se fixe une « valeur plancher » qui ne doit pas être franchie. Ce plancher augmente au cours du temps au rythme du taux d'intérêt sans risque de la période. La valeur plancher étant inférieure à la valeur actuelle du portefeuille, on en déduit la valeur du « coussin (*cushion*) ». Celui-ci constitue la marge de manœuvre du gestionnaire. En multipliant le coussin par un coefficient supérieur ou égal à l'unité, on obtient « l'exposition » du portefeuille, c'est-à-dire le montant d'argent investi dans l'actif

---

[63] R. Rendelman, T. O'Brien, "The effects of volatility misestimation on option replication portfolio insurance", *Financial Analysts Journal*, mai-juin 1990, p. 61-70.

risqué (ici, l'action). Par différence, la somme à investir dans l'actif sans risque est obtenue. Dès que la valeur de l'actif risqué fluctue, l'investisseur ajuste sa position, en modifiant la part des actifs investie dans l'action ou dans le titre sans risque de façon à ce que la proportion de l'exposition au coussin soit une constante : le multiple. Une fois encore, la valeur du « *floor* ou plancher » est ajustée en fonction du passage du temps et du taux sans risque.

De façon claire, plus le multiple est élevé et plus le portefeuille bénéficie de la hausse des actions. Par ailleurs, si le multiple est important, le portefeuille voit sa valeur diminuer très vite en cas de baisse de prix des actions et atteindre rapidement sa valeur plancher. Dès que le coussin atteint une valeur nulle, le portefeuille se comporte comme s'il était immunisé. Il n'existe pas de possibilité de profiter d'une hausse éventuelle subséquente du marché des actions (à moins de revoir le plancher à la baisse). Tout l'argent est investi dans l'actif sans risque.

On présente ci après, les treillis binomiaux de deux stratégies impliquant un investissement de *40,63€,* et un plancher garanti de *40€* en fin de période *3,* soit un plancher initial de $40/(1,05)^3 = 34,553$ €. Le multiple retenu dans le premier est égal à l'unité et, dans le second cas, égal à cinq.

À titre de comparaison, on peut considérer le placement au taux sans risque de l'intégralité du portefeuille et, ceci, pendant trois périodes. Ce placement rapporte *47,03 €*. On constate que dans le cas où le multiple est égal à l'unité, l'assurance lui fait dépasser le plancher garanti, mais, en contrepartie, l'assurance prise supprime beaucoup d'opportunités de rendements positifs. Dans le cas où le multiple est égal à cinq, on retrouve presque le comportement des portefeuilles assurés à l'aide d'options d'achat ou de vente à parité. Cependant, il n'est souhaitable de modifier la composition du portefeuille, que si les valeurs du coussin ou de l'exposition ont enregistré des variations significatives (par exemple plus ou moins *5 %*). Signalons que, dans certains cas limites, on peut être obligé d'emprunter pour appliquer la méthode.

Exposition : une fois le coussin

			$Ar^{*3} = 40$ $S = 8,08$ $Ar^{*3} + S = 48,08$
		$Ar^{*2} = 38,094$ $S = 7,353$ $Ar^{*2} + S = 45,447$	
	$Ar^{*} = 36,28$ $S = 6,68$ $Ar^{*} + S = 42,96$		$Ar^{*3} = 40$ $S = 6,68$ $Ar^{*3} + S = 46,68$
$A = 34.553$ $S = 6,077$ $A + S = 40,63$		$Ar^{*2} = 38,094$ $S = 6,077$ $Ar^{*2} + S = 44,171$	
	$Ar^{*} = 36,28$ $S = 5,52$ $Ar^{*} + S = 41,80$		$Ar^{*3} = 40$ $S = 5,52$ $Ar^{*3} + S = 45,52$
		$Ar^{*2} = 38,094$ $S = 5,021$ $Ar^{*2} + S = 43,115$	
			$Ar^{*3} = 40$ $S = 4,56$ $Ar^{*3} + S = 44,56$

Le tableau 3.2 compare les profils de résultats obtenus à l'aide d'options et par l'intermédiaire de la méthode *CPPI*. On peut bien sûr assurer le portefeuille pour une valeur supérieure (par exemple *44€*) à sa valeur initiale (tableau 3.3), mais inférieure ou égale à sa valeur présente capitalisée au taux sans risque.

tableau 3.2

profil de résultats obtenus à l'aide de la méthode *CPPI*

Exposition	S = 53,24	S = 44	S = 36,36	S = 30,05
Une fois le coussin	48,08	46,68	45,52	44,56
Deux fois le coussin	49,23	46,16	43,72	43,28
Trois fois le coussin	50,50	45,49	42,86	41,49
Quatre fois le coussin	51,85	44,61	41,71	40,68
Cinq fois le coussin	53,34	43,34	40,93	40,24
Coût de l'option *0,63* et *K = 40*	53,24	44	40	40

Légende : investissement de départ *40,63€* dans tous les cas, valeur assurée *40€,* rapport d'un investissement au taux sans risque pendant trois périodes : $40,63 \times (1,05)^3 = 47,03$ €.

tableau 3.3

profil de résultats pour un capital assuré de *44€*

Exposition	S = 53,24	S = 44	S = 36,36	S = 30,05
Une fois le coussin	47,5	46,89	46,39	45,97
Cinq fois le coussin	49,74	45,52	44,39	44,09
Coût de l'option *1,22 €*, K = 44*	52,45	43,40	43,40	43,40

* budget de départ de 40,63 dans tous les cas.

De manière plus précise, dans le premier scénario, dès que l'on a déterminé la somme à investir *40,63€,* et le niveau initial du plancher, on obtient le montant du coussin ou de la marge de manœuvre : *40,63-34,553 = 6,077.* Le montant du plancher est incrémenté à chaque période en tenant compte du taux d'intérêt qui prévaut (*5 %*) d'où *34,55*x*1,05 = 36,28.* L'investissement en action évolue au gré des paramètres retenus pour *u et d.* Ainsi, *6,68 = 6,077*x*1,1*, et *5,52 = 6,077*x*0,90909.* Le second scénario ouvre plus l'éventail des différentes possibilités et mérite quelques commentaires.

On présente ci-dessous les résultats obtenus pour une stratégie où le multiple est égal à cinq. Cette fois-ci, pour un plancher garanti de *40* à la fin de la période *3*, on va se laisser beaucoup plus de chances de saisir les hausses du titre de base, si elles interviennent. On investit donc en actions, à la période zéro, *5* fois le coussin soit *(6,077*x*5 = 30,38).*

À la période *1*, en cas de hausse de l'action, le portefeuille ainsi constitué vaut *30,38*x*1,1* +*10,25*x*1,05* = *44,18*. Sa composition est alors revue. Puisque le seuil plancher devient égal à *36,28*, l'investissement en actions devient donc égal à *(44,18 -36,28)*x*5* = *39,5* et, par différence, la somme à consacrer à l'actif sans risque n'est que de : *44,18* – *39,5* = *4,68*. Si l'on souhaite que la stratégie s'autofinance intégralement, le résultat sera un peu plus faible que celui annoncé, puisque l'on ne fera pas jouer l'effet levier (emprunt pour financer l'achat d'un actif risqué). Cependant la méthode *CPPI* est caractérisée par le fait qu'à l'inverse des stratégies basées sur l'utilisation des options, on n'est pas obligé de se fixer une date d'échéance. Ceci constitue sans doute un avantage non négligeable, car lors de la réinitialisation d'une nouvelle stratégie utilisant à nouveau des options, des réajustements assez violents peuvent être nécessaires au niveau du portefeuille. L'inconvénient de *CPPI* est de produire des résultats quelque peu conditionnels à la trajectoire suivie par la valeur de l'actif sous-jacent risqué. Pour que le plancher ne soit pas atteint, il faut que se produise une situation extrême, un ou des « sauts » drastiques et instantanés du cours de l'action vers le bas, empêchant le gestionnaire d'adapter à temps sa position.

D'autres méthodes ont été proposées, notamment la méthode *TIPP* (*Time Invariance Portfolio Protection)* par *Perold et Sharpe* (1988)[64]. Cette dernière s'inspire de la méthode *CPPI*, mais la valeur du plancher n'est pas calculée de la même manière. En effet, dans l'optique de la méthode *CPPI*, la valeur plancher assurée est fonction de la valeur initiale du portefeuille. Quelle que soit l'évolution ultérieure de ce dernier, on calcule le *floor* en fonction de ce montant. Or, il se peut qu'après une période de hausse importante de l'actif risqué, on souhaite protéger l'acquis, et non uniquement la valeur du portefeuille de départ. Par ailleurs, en cas de baisse non négligeable de valeur de l'actif risqué, la méthode *CPPI* conduit à immuniser le portefeuille en recommandant l'investissement de tous les fonds disponibles dans l'actif sans risque. Si ceci permet d'atteindre sans problème la valeur minimum requise en fin de période, cela prive l'opérateur de pouvoir bénéficier de toute hausse future concernant l'actif risqué.

---

64 A. F. Perold, W.F. Sharpe, "Dynamic strategies for asset allocation", *Financial Analyst Journal*, janv-fev. 1988, p. 16 – 27.

Exposition : cinq fois le coussin

			$A = -3,14(emprunt)$ $S = 56,48$ $A + S = 53,34$
		$A = -2,99(emprunt)$ $S = 51,35$ $A + S = 48,36$	
	$A = 4,68$ $S = 39,5$ $A + S = 44,18$		$A = 28,53$ $S = 15,01$ $A + S = 43,54$
$A = 10,25$ $S = 30,38$ $A + S = 40,63$		$A = 27,17$ $S = 13,65$ $A + S = 40,82$	
	$A = 27,89$ $S = 10,48$ $A + S = 38,37$		$A = 36,96$ $S = 3,97$ $A + S = 40,93$
		$A = 35,20$ $S = 3,61$ $A + S = 38,81$	
			$A = 36,96$ $S = 3,28$ $A + S = 40,24$

La méthode *TIPP* est conçue pour apporter des correctifs à ce type de pratique. La règle proposée est alors de choisir non plus une valeur plancher minimale, mais un plancher « mobile » qui se traduit par un pourcentage fixe de la valeur du portefeuille. Si ce dernier voit sa valeur augmenter, on recalculera un nouveau plancher qui viendra se substituer à l'ancien. Mais en cas de baisse ultérieure de la valeur du portefeuille, on tiendra compte pour allouer les fonds de la valeur la plus élevée précédemment atteinte par le portefeuille. Cette procédure assure que la valeur de ce dernier ne puisse jamais devenir inférieure au pourcentage plancher que multiplie la plus forte valeur atteinte par le portefeuille au cours de sa période de gestion. Par ailleurs, elle donne de meilleurs résultats que la méthode *CPPI* si les cours de l'actif risqué augmentent très fortement, puis baissent significativement ou l'inverse. Cette méthode est donc, quant à ses résultats, très dépendante de la trajectoire suivie par les cours de l'actif risqué durant la période d'assurance.

Au total, si les méthodes d'assurance de portefeuille sont théoriquement assez bien maîtrisées, leurs mises en œuvre se heurtent à des difficultés pratiques (discontinuités des cours, instabilité de la volatilité des actifs risqués, variation de taux d'intérêt, sous ou surcotation de *futures*, non-complétude du marché,...). Cependant le succès des fonds garantis est tel, que beaucoup essaient tant bien que mal de les utiliser de la meilleure façon possible.

§ 2. - l'assurance de portefeuille appliquée au cas obligataire

Les fortes fluctuations de taux d'intérêt ont amené beaucoup de responsables financiers à réfléchir au bien fondé des techniques d'assurance de portefeuille. Fondamentalement, ces dernières consistent à allouer, de façon dynamique les fonds à disposition, entre un actif risqué et un autre réputé sans risque. Dès que l'actif dit risqué enregistre de bonnes performances, on augmente la proportion des fonds que l'on y consacre au détriment des fonds placés dans l'actif sans risque. On profite ainsi de la hausse des cours et donc des bonnes performances enregistrées par l'actif risqué. Par contre, en cas de baisse inopinée des cours de ce dernier, on effectue des ventes, et l'on accroît la part des capitaux investis dans l'actif sans risque.

Il est possible d'assurer un portefeuille obligataire, soit en achetant des options, soit en les dupliquant, ce qui est beaucoup plus délicat, puisqu'il faut, dans cette hypothèse, constamment revoir la composition de son portefeuille. On peut recourir au modèle binomial de la structure des taux pour illustrer les possibilités existantes, en cas d'achat d'options de vente, mais également d'options d'achat.

A. - l'évaluation d'obligations et d'options[65]

Soit une obligation ayant cinq à vivre versant un coupon égal à *9 %* de sa valeur nominale de *1000* unités monétaires, et remboursable *in fine*. Les conditions qui prévalent sur le marché répondent aux spécifications qui suivent : $\pi = 0{,}5$, $\delta = 0{,}985$, et une courbe des taux plate (9 %) donc ($B(1) = 0{,}917431$, $B(2) = 0{,}841675$, $B(3) = 0{,}772183\ldots$ $B(8) = 0{,}501868$). La valeur de l'obligation étant repérée juste au moment du détachement de son coupon, possède une valeur égale à son nominal de *1000€*. Un intervenant peut vouloir protéger cette obligation sur un horizon de trois ans, à l'aide d'une option de vente européenne sachant que la volatilité des taux envisagée n'est pas négligeable dans

[65] P. Navatte, *Éléments de gestion obligataire*, Sirey, 1992, p. 221.

l'exemple considéré. Le graphe représentatif de l'évolution du prix de l'obligation sur les trois années est présenté ci-dessous, ainsi que celui de l'option de vente ayant pour prix d'exercice *1000 €*.

			1043,769
		1041,903	
	1026,679		1013,938
Obligation (prix) 1000		999,3876	
	973,323		984,977
		958,610	
			956,859
période 0	période 1	période 2	période 3

Le calcul du prix de l'obligation nous oblige à considérer cinq flux, avec leur fonction d'actualisation lors de la période *0* (voir chapitre deux) :
$1000 = B(1) \times 90 + B(2) \times 90 + B(3) \times 90 + B(4) \times 90 + B(5) \times 1090$

Lors de la période *1*, la valeur de *1026,679* est obtenue en actualisant seulement quatre flux, et ainsi de suite jusqu'à la période trois où seuls deux flux sont actualisés. Ainsi la valeur de *1043,769* est obtenue comme suit :

$$1043,769 = B_3^3(1) \times 90 + B_3^3(2) \times 1090 = 0,93822679 \times 90 + 0,880118 \times 1090$$

avec

$$B_3^3(1) = \left[B(4) / B(3)\right] \times G(3) = 0,93822679$$

$$B_3^3(2) = \left[B(5) / B(3)\right] \times \frac{G(4) \times G(3) \times G(2)}{G(2) \times G(1)}$$

$$= \frac{0,64993138}{0,7721183} \times \frac{1,030218073 \times 1,022666574}{1,007556675} = 0,880118218$$

$$1013,938 = B_2^3(1) \times 90 + B_2^3(2) \times 1090$$

$$= 0,924153396 \times 90 + 0,853912698 \times 1090$$

avec

$$B_2^3(1) = B_3^3(1) \times \delta = \left[B(4) / B(3)\right] \times G(3) \times \delta = 0,992415339$$

$$B_2^3(2) = B_3^3(2) \times \delta^2 = \left[B(5) / B(3)\right] \times \frac{G(4) \times G(3) \times G(2)}{G(2) \times G(1)} \times \delta^2 = 0,853912698$$

et

$$984,777 = B_1^3(1) \times 90 + B_1^3(2) \times 1090 = 0,91029109 \times 90 + 0,8301354 \times 1090$$

Le calcul de l'option de vente s'effectue comme suit :

			0
		0	
	3,184681		0
P = 8,387		6,8905	
	15,09962		15,0231
		26,277	
			43,1403
période 0	période 1	période 2	période 3

Le calcul du prix de l'option de vente s'effectue en période *3* en repérant la valeur intrinsèque de l'option, puis en appliquant itérativement la formule précédente.

Si l'on tient compte de l'évolution des fonctions perturbatrices des taux :

$$G(1) = \frac{1}{0,5 + 0,5 \times 0,985} = 1,007556675 \ ;$$

$$G(2) = \frac{1}{0,5 + 0,5 \times 0,985^2} = 1,015112487$$

$$G(3) = \frac{1}{0,5 + 0,5 \times 0,985^3} = 1,022666574 \ ;$$

$$G(4) = \frac{1}{0,5 + 0,5 \times 0,985^4} = 1,030218073$$

On peut donc construire le treillis binomial des taux comme suit :

$B_1^1(1) = [B(2) / B(1)] \times G(1) = 0,9243638,$

$B_2^2(1) = [B(3) / B(2)] \times G(2) = 0,93129538,$

$B_1^2(1) = [B(3) / B(2)] \times G(2) \times \delta = 0,91732595$

$B_0^2(1) = [B(3) / B(2)] \times G(2) \times \delta^2 = 0,90356606$, etc. pour obtenir :

			0,93822679
		0,93129538	
	0,92436381		0,92415339
B(1) = 0,9174311		0,91732595	
	0,91049836		0,91029109
		0,90356606	
			0,89663672
période 0	période 1	période 2	période 3

Il vient alors quant au calcul de l'option de vente par exemple :

$P(2,0) = 26,277 = 0,90356\left[0,5 \times 15,0231 + 0,5 \times 43,1403\right]$

B. – l'assurance de portefeuille obligataire à l'aide d'options de vente

Sa mise en œuvre peut s'effectuer d'abord à l'aide de l'achat d'une option de vente pour couvrir l'achat de l'actif sous-jacent. On constate, là encore, que l'assurance de portefeuille implique un coût. En effet, si l'on avait investi *1008,38* € dans l'obligation à la période *0*, on aurait pu acheter plus d'une obligation et, dans le cas favorable, obtenir non pas *1043,789€*, mais *1052,505€*. On n'obtient ici que *99,17 %* de ce que l'on aurait pu gagner. Ce léger manque à gagner symbolise ce que l'on accepte d'abandonner en termes de retour positif, pour assurer la réalisation d'une valeur plancher au portefeuille, dans notre cas, *1000€*.

			1043,769
		1041,983	
	1029,8636		1013,938
Oblig+P =1008,387		1006,278	
	988,4225		1000
		984,887	
			1000
période 0	période 1	période 2	période 3

Le choix du prix d'exercice de l'option de vente est déterminant. Ainsi, dans la mesure où l'on souhaite garantir la valeur de *1010€* au portefeuille (toujours au pied du coupon) à la fin de la période trois, il faut acheter une obligation plus onéreuse, ce qui ampute d'autant plus les possibilités de retours positifs du portefeuille global. A la limite, on ne peut garantir plus que le cours à terme de l'obligation, si le portefeuille de départ ne dépasse pas en valeur le prix de l'actif considéré. Il faudra alors se priver de toute espérance de gain supérieure.

C. – l'assurance de portefeuille obligataire *via* des options d'achat

L'assurance de portefeuille peut aussi s'effectuer à l'aide du recours à des options d'achat. Du fait de la relation de parité qui existe entre deux options d'achat et de vente européennes présentant les mêmes caractéristiques, il est équivalent d'acheter l'obligation et de couvrir sa valeur par l'intermédiaire de l'achat d'un *put,* ou de placer l'argent au taux sans risque, tout en achetant une option d'achat sur l'obligation. On considère les mêmes données concernant les taux que précédemment, mais cette fois-ci une obligation sans coupon. Les options auront un prix d'exercice de *840 €* à la période trois. On obtient alors pour l'obligation à zéro coupon, le diagramme d'évolution suivant :

période 0	période 1	période 2	période 3
			880,117
		807,447	
	729,833		853,912
Oblig = 649,931		771,654	
	687,0185		828,487
		737,448	
			803,818

$B(5) = 0,649931$ À partir de la structure de taux connue, on peut calculer le treillis d'évolution des prix de l'obligation sans coupon jusqu'en $n = 3$:

– À la première période les calculs s'organisent comme suit :

$$729,833 = B_1^1(4) \times 1000 = \left[\frac{B(5)}{B(1)}\right] \times G(4)$$

$$687,0185 = B_0^1(4) = B_1^1(4) \times 1000 \times \delta^4$$

– À la deuxième période, on obtient par exemple :

$$807,447 = B_2^2(3) \times 1000 = \left[\frac{B(5)}{B(2)}\right] \times \frac{G(4) \times G(3)}{G(1)}$$

$$771,654 = B_1^2(3) = B_2^2(3) \times 1000 \times \delta^3$$

À la période trois, il vient :

$$880,117 = B_3^3(2) \times 1000 = \left[\frac{B(5)}{B(3)}\right] \times \frac{G(4) \times G(3) \times G(2)}{G(2) \times G(1)}$$

$$853,912 = B_2^3(2) = B_3^3(2) \times 1000 \times \delta^2$$

$$828,487 = B_1^3(2) = B_2^3(2) \times 1000 \times \delta^2$$

$$803,818 = B_0^3(2) = B_1^3(2) \times 1000 \times \delta^2$$

Puis, on peut en déduire la valeur de l'option d'achat et celle de l'option de vente correspondante, par itérations successives :

			40,117
		25,158	
	14,5771		13,921
C = 8,0193		6,3809	
	2,0949		0
		0	
			0
période 0	période 1	période 2	période 3

En appliquant la formule ci-après

$C(n,i) = B_i^n(1) \times [\pi C(n+1,i+1) + (1-\pi)C(n+1,i)]$

Il vient :

– À la deuxième période par exemple, on a :

$$25,158 = C(2,2) = B_2^2(1) \times [\pi C(3,3) + (1-\pi)C(3,2)]$$
$$= 0,931295\left[0,5 \times 40,117 + 0,5 \times 13,921\right]$$

– À la première période, il vient :

$$14,5771 = C(1,1) = B_1^1(1) \times [\pi C(2,2) + (1-\pi)C(2,1)]$$
$$= 0,924638\left[0,5 \times 25,158 + 0,5 \times 6,3809\right]$$

$$2,0949 = C(1,0) = B_0^1(1) \times [\pi C(2,1) + (1-\pi)C(2,0)]$$
$$= 0,910498\left[0,5 \times 6,3809 + 0,5 \times 0\right]$$

– À la période initiale, on obtient :

et

$$8,013 = C(0,0) = B(1) \times [\pi C(1,1) + (1-\pi)C(1,0)]$$
$$= 0,917431\left[0,5 \times 14,577 + 0,5 \times 2,0949\right]$$

Pour l'option de vente, le treillis binomial prend la forme suivante

			0
		0	
	2,4406		0
P = 6,722		5,280	
	2,2135		11,513
		21,547	
			36,181
période 0	période 1	période 2	période 3

On peut alors mettre en place l'assurance de portefeuille concernant un actif obligataire, ce qui est fait ci-dessous de deux manières différentes.

Treillis binomiaux des portefeuilles assurés

			880,117
		807,447	
	732,2736		853,912
Oblig+P = 656,653		776,9348	
	699,2319		840
		758,995	
			840
période 0	période 1	période 2	période 3

L'équivalence entre les deux stratégies d'assurance de portefeuille est illustrée. Il est en effet possible de placer la quasi-intégralité des fonds à disposition dans l'actif sans risque et d'acheter l'option d'achat pour obtenir des profils de résultats comparables à ceux donnés par la méthode classique (achat de l'obligation et d'une option de vente). Notons que les sommes à investir dans l'actif sans risque sont fonction des différents taux qui prévalent dans l'arbre binomial à un, deux et trois ans, selon la période où l'on se situe.

Ainsi par exemple, les *717,696€* qui doivent être placés à la période *1* pour que l'on soit sûr d'obtenir *840 €* dans deux ans, sont déterminés à l'aide du taux à deux ans, qui est pratiqué dans ce scénario-là :

$$\frac{B(3)}{B(1)} = \frac{0,772183}{0,91743} = 0,8411681, \quad \frac{1}{0,5 + 0,5 \times 0,985^2} - 1,015112,$$

$$\frac{1}{0,8411681 \times 1,015112} = 1,170411, \quad \frac{840}{1,170411} = 717,696 \text{ €}$$

			40,117 840 Tot = 880,117
		25,158 782,289 Tot = 807,447	
	14,577 717,696 Tot = 732,273		13,912 840 Tot = 853,912
C = 8,019 A = 648,634 Tot = 656,653		6,381 770,553 Tot = 776,934	
	2,905 696,326 Tot = 699,231		0 840 Tot = 840
		0 758,995 Tot = 758,995	
			0 840 Tot =840

On peut bien sûr tenter de dupliquer les options d'achat en achetant *H,* ou delta obligations, l'achat étant en majeure partie financé par un emprunt, cependant ceci est générateur de coûts de transaction. L'achat d'options ne doit cependant pas s'effectuer à un prix trop élevé. Or, leur prix est fonction de la volatilité anticipée des taux d'intérêt. Si donc on surestime leur volatilité, on achète trop d'assurance et on laisse s'échapper une partie des gains potentiels. Pour s'affranchir de ce problème, certains ont proposé le recours à des méthodes dites simplifiées. Mais au-delà de ces aspects, l'arrivée sur le marché des options exotiques a suscité un nouvel intérêt de la part de l'ensemble des intervenants.

§ 3. – l'utilisation des options exotiques en matière de gestion

Les actifs financiers telles que les options européennes ou américaines décrites jusqu'ici sont dénommés *plain vanilla.* Ils sont activement traités sur les marchés à terme organisés. Par contre, les actifs dits exotiques sont négociés sur le marché dit « de gré à gré », ou *over the counter.* Il s'agit alors de produits non standards créés par des ingénieurs financiers pour les besoins de leur clientèle. Ils peuvent correspondre à des besoins de couverture particuliers, à des projets de spéculation dus à des anticipations futures précises ou, encore, être attrayants du fait de raisons juridiques ou fiscales par exemple. La marge financière prise par les vendeurs sur ces produits est beaucoup plus importante que dans le cas de contrats classiques.

Pour illustrer l'intérêt de ces instruments[66], prenons l'exemple suivant : considérons le cas d'une entreprise pétrolière qui commercialise sur le marché des barils de pétrole, mais qui, pour financer ses activités, s'est fortement endettée. Ce que craint réellement cette entreprise, c'est la baisse du prix du pétrole, combinée à une augmentation des taux d'intérêt. Dans cette hypothèse, le risque de défaut de la firme s'accroît en effet sensiblement. Si l'on en reste à l'utilisation d'outils classiques véhiculés par les marchés à terme, il faudrait que l'entreprise, dans le but de se protéger contre la hausse des taux d'intérêt, achète un *cap* relativement à l'évolution des taux d'intérêt, puis, de manière simultanée, achète un *floor* sur le prix du pétrole pour se prémunir contre la chute de son cours. Cependant, cette double protection va coûter cher à l'entreprise qui ne désire vraiment en bénéficier que dans des cas d'espèce bien spécifiés. La seule hausse des taux d'intérêt n'inquiète pas vraiment l'entreprise dans la mesure où ses recettes, issues de la vente de produits pétroliers au prix fort, resteraient élevées. La baisse de ses ressources, concomitante à une baisse des taux, n'est pas non plus « dramatique ». Seule la chute de ses ressources, combinée à l'élévation des taux d'intérêt, constitue un réel danger, si son endettement est fort. Un contrat spécifique, dit « exotique », va donc être bâti pour répondre à ce besoin spécifique. Il s'agit d'un *cap* sur taux d'intérêt doté d'une barrière « externe »[67] placée sur le prix du baril de pétrole. Le *cap* disparaît alors, si le prix limite fixé contractuellement du baril de pétrole est franchi « à la hausse ». Ce produit va donc coûter moins cher à l'entreprise.

Du point de vue de la gestion de portefeuille et de la diversification internationale, beaucoup de gérants hésitent encore à investir physiquement à l'étranger et, surtout, dans les pays émergents, en raison des coûts de transaction. Par ailleurs, il faut noter que, parfois, ils ne

---

[66] P. Navatte, « Options exotiques : évaluation d'un nouvel outil », *Revue Française de Gestion*, n° 109, 1996, p. 38 – 44.

[67] Une barrière est dite « externe » si elle ne fait pas référence à l'actif sous-jacent du contrat principal (ici les taux d'intérêt), mais à un autre actif sous-jacent.

disposent pas du *back office* nécessaire pour gérer le risque de change et les problèmes liés aux paiements internationaux. Ils sont donc intéressés par un investissement à l'étranger sous la forme de l'achat d'un indice boursier particulier (*ETF*, *Tracker*,...). Cependant pour profiter pleinement des effets positifs de la diversification internationale, il faudrait acheter des options sur de multiples indices étrangers (*Nikkei, Dow-Jones, Ftse100, Cac40, Dax,...*), d'où un coût non négligeable. Les options exotiques permettent de résoudre ces différents problèmes. En effet, les options *rainbow* fournissent à l'investisseur la possibilité d'obtenir le meilleur rendement de plusieurs indices boursiers (par exemple le *Cac40, le Dax et le Ftse100 : A three colour option*). Ainsi un fonds commun de placement en actions peut-il mettre en œuvre la technique de l'assurance de portefeuille au niveau international en achetant un *call* sur indices boursiers étrangers et investir le reste des fonds disponibles dans l'actif sans risque domestique. En réalisant ces opérations, le gérant de portefeuille ne fait que dupliquer le comportement d'un portefeuille d'actions étrangères assurées à l'aide d'options de vente. En fait, l'option exotique de type *rainbow* lui octroie un rendement indexé sur *n* indices boursiers étrangers, alors qu'il n'a acheté qu'un seul actif. Les options *quanto* résolvent, elles, le problème posé par la gestion du risque de change. Elles permettent, par exemple à un investisseur américain, d'indexer la performance de son fonds (partiellement ou totalement) sur l'évolution de l'indice *Nikkei*, les fonds lui étant directement versés en dollars à l'échéance, dans la mesure où l'option finit « dans la monnaie ». Le taux de change de référence est fixé lors de l'achat du contrat d'option. Ainsi, les options exotiques fournissent-elles des services supplémentaires aux investisseurs.

Pour mieux comprendre ce qu'est une option exotique, il faut se rappeler ce qu'est un contrat classique. Une option conventionnelle confère le droit d'acheter ou de vendre, c'est-à-dire d'ouvrir une position sur un actif sous-jacent, à un prix ferme à une date fixée. Une option exotique ne se conforme pas à la définition donnée, d'au moins un point de vue, par exemple vis-à-vis du temps, du prix de l'actif sous-jacent ou du prix d'exercice. Ainsi, l'option peut ne commencer à vivre que de manière décalée dans le temps et le flux terminal associé à l'option peut-il être déconnecté de la formule classique et égal à un montant fixé préalablement, ou fonction des cours relevés de l'actif sous-jacent durant la période de vie de l'option. Cependant, tous les calculs d'évaluation qui suivent, reposent sur l'hypothèse que la distribution de probabilités des prix d'actifs sous-jacents est log-normale. On suppose que S est coté de manière continue. En fait, toutes les hypothèses du modèle de *Black – Scholes – Merton* sont reprises ici. Les options exotiques sont, pour la plupart d'entre elles, de type européen. Elles présentent deux types d'avantages par rapport aux options classiques.

- D'abord certaines permettent au gestionnaire de ne couvrir uniquement que les risques spécifiques qui le préoccupent et sont donc moins chères. On n'achète plus une couverture globale contre un quelconque type de risque, mais une option « sur mesure » parfaitement adaptée au problème de l'entreprise.
- Ensuite, d'autres contrats d'options, en offrant de nouvelles possibilités, élargissent le spectre des résultats possibles, mais en général sont plus onéreux.

On traitera succinctement des différents types de contrats existants, l'imagination des financiers étant « débordante », on n'aura aucune volonté d'exhaustivité, seuls quelques contrats étant cités. Les options décrites seront de type européen (pour simplifier) et l'on opérera une distinction entre les options exotiques *path dependent* et celles qui sont à considérer comme *path independent*. Cette distinction est fondamentale, car dans le premier cas, le flux de trésorerie terminal associé à l'option dépend de toutes les valeurs intermédiaires prises par l'actif sous-jacent pendant la durée de vie de l'option, alors que, dans l'autre cas, seule compte la valeur à l'échéance de l'actif sous-jacent par rapport au prix d'exercice fixé, pour déterminer le flux de trésorerie.

A. – les options *path independent*

L'explosion de la demande concernant ces produits dérivés dits de « deuxième génération » a commencé dès le début des années 1990. Les directions financières étant soucieuses de ne pas investir trop d'argent dans l'achat de primes d'options, plusieurs contrats à prix réduit ont été imaginés. Cependant, comme le disent les opérateurs sur les marchés, *there is no free lunch.* Donc, on en a juste pour le prix payé, sans plus.

– On peut citer, pour illustrer cette première catégorie d'options, des contrats du type suivant : les contrats *forward start options* qui sont achetés avant que leur période de vie effective ne commence vraiment[68]. En fait, l'investisseur peut décider d'acheter une telle option

---

[68] Les *deferred payment options* appartiennent également à cette catégorie d'outils. Ces contrats furent bâtis pour reporter certaines obligations fiscales d'un exercice à l'autre.

pour bénéficier de ce qu'il perçoit, aujourd'hui, comme un avantage en termes de prix (volatilité faible), sachant que dans le futur, il aura besoin de toute façon de l'option.

– On peut mettre dans la seconde catégorie des contrats à prix plus élevés, mais offrant des possibilités nouvelles par rapport aux contrats classiques. Certains contrats de type *binary options* peuvent être très onéreux, puisque leur détenteur est susceptible de recevoir une forte somme égale à L, si le prix de l'actif sous-jacent à l'échéance est compris entre deux bornes $\left[x_1, x_2\right]$, et rien autrement.

Mais un autre champ d'expérimentation est ouvert grâce à l'utilisation d'actifs sous-jacents non classiques. On fait alors référence aux options ayant en général plusieurs actifs supports, c'est-à-dire aux contrats écrits sur le minimum ou le maximum de plusieurs titres, sur des écarts de taux, aux options sur plusieurs indices boursiers étrangers protégées du risque de change, etc.

1°). Les options de type *forward-start*

Ce sont des contrats conclus à la période t dont la période de vie commencera à une date future connue T_1, et dont le prix d'exercice sera alors fixé « à la monnaie » à une valeur S_1, l'option vivant jusqu'en T_2. Les contrats de *stock-options* s'apparentent à ce type d'instrument. Dans le cadre du modèle de *Black-Scholes-Merton*, la valeur de l'option *forward start* est aisée à trouver, car il s'agit d'une fonction homogène de degré un du prix de l'actif sous-jacent et du prix d'exercice, c'est-à-dire qu'en T_1, $C(S_{T_1}, S_{T_1}, T_2 - T_1) = S_{T_1} C(1, 1, T_2 - T_1)$. S'il existe un versement continu de dividende q, il vient comme formule d'évaluation : $q^{-(T_2 - T_1)} S_{T_1} C(1, 1, T_2 - T_1)$.

– De façon générale, considérons un actif valant le prix S_0 aujourd'hui, et S_1 en T_1, sa durée de vie finissant en T_2. La valeur de cette option à la monnaie sur un actif donné S, à la date T_1 est proportionnelle au prix de l'actif $C\dfrac{S_1}{S_0}$, avec C le prix d'une option d'achat à l'époque t de prix d'exercice à la monnaie et de durée de vie $T_2 - T_1$. Puisque $E[S_1] = S_0 e^{(r-q)T_1}$, la valeur de l'option *forward-start* s'écrit Ce^{-qT_1}, et si $q = 0$ (pas de versement de dividende), le prix d'une telle option est exactement le même que celui évalué par le modèle de *B-S-M*, d'une option classique, de même durée de vie.

Ainsi, la valeur en *t*, d'une option *forward start* s'apparente-t-elle, pour $K = S_t$, à celle fournie par le modèle de *B-S-M*, avec les caractéristiques suivantes :

$$C(S_t, S_t, T_2 - T_1) = S_t[N(d_1) - e^{-r(T_2 - T_1)}N(d_2)]$$

Avec $d_1 = \left(\frac{r}{\sigma} + \frac{\sigma}{2}\right)\sqrt{T_2 - T_1}$

Et $d_2 = \left(\frac{r}{\sigma} - \frac{\sigma}{2}\right)\sqrt{T_2 - T_1}$

Il faut noter que la durée de vie appropriée de l'option est $T_2 - T_1$. Le tableau 3.4 fournit une illustration de ces formules.

tableau 3.4
évaluation d'options européennes de type *Forward-Start*

*Calls**	T_1 = 0,25			T_1 = 0,50		
(Vol : 0,150)	T_2 = 0,75	T_2 = 1	T_2 = 1,25	T_2 = 1	T_2 = 1,25	T_2 = 1,50
0,95**	3,142	3,601	4,005	3,119	3,575	3,976
1,00	1,936	2,431	2,859	1,922	2,413	2,838
1,05	1,087	1,547	1,958	1,079	1,536	1,944
(Vol :0,200)						
0,95	3,604	4,174	4,667	3,577	4,144	4,632
1,00	2,479	3,086	3,604	2,462	3,063	3,577
1,05	1,625	2,214	2,726	1,613	2,198	2,706
(Vol :0,250)						
0,95	4,092	4,774	5,355	4,062	4,739	5,316
1,00	3,024	3,742	4,351	3,001	3,715	4,319
1,05	2,172	2,884	3,495	2,156	2,863	3,469

Légende :

* *S = 40, r = 0,06, q* (tx de dividende) = *0,03*, T_1 : période de grâce, T_2 : date d'échéance de l'option incluant la période de grâce.

** prix d'exercice *K* en pourcentage de *S*.

On constate que plus la période de grâce est longue, plus la valeur de l'option est réduite pour une durée globale considérée. Ceci peut inciter certains opérateurs à saisir les opportunités et à acheter des contrats à effet différé, lorsque les options sont bon marché. En effet, cela peut plus que compenser le fait qu'il faille les payer tôt, pour les utiliser tardivement.

2°). Les options de type binaire

Ce type de contrat convient à des opérateurs qui disposent de fortes et solides anticipations sur la valeur de l'actif sous-jacent à l'échéance. Ces outils sont donc recherchés par exemple, à des fins de spéculation. Ils impliquent l'existence de flux de trésorerie terminaux de nature discontinue. Un des exemples les plus caractéristiques est l'option *cash or nothing*. Ce type de contrat ne paie rien si le prix de l'actif, à l'échéance de l'option, se trouve être inférieur au prix d'exercice, mais paie un montant fixe égal à M si l'option finit dans la monnaie. Dans un univers neutre au risque, la probabilité qu'un actif à l'échéance se situe au-dessus du prix d'exercice est représentée par $N(d_2)$. Ainsi la valeur d'un tel contrat est-elle égale à $Me^{-rT}N(d_2)$. Pour l'option de vente, il vient $Me^{-rT}N(-d_2)$. « *L'asset or nothing call* » ne paie rien à l'échéance ou la valeur de l'actif sous-jacent, si l'option est dans la monnaie. On obtient alors une formule d'évaluation du type $S_0e^{-qT}N(d_1)$. Pour le *put*, il vient $S_0e^{-qT}N(-d_1)$.

Une option européenne d'achat classique ou *plain vanilla* est équivalente à une position longue sur un *call asset or nothing* et une position courte sur le même actif dont cependant le flux terminal associé serait égal au prix d'exercice.

L'option à premium contingent[69] est un contrat qui, à l'échéance, en plus du flux terminal normal, implique un flux supplémentaire en fonction du prix atteint par l'actif sous-jacent. Pour une option d'achat, il vient :

$$C_T = Max(S_T - K, 0) + \sum_{i=1}^{n} 1(b_i, b_{i+1})X_i$$

Où C_T désigne le flux terminal associé à l'option à l'échéance ;

S_T, K indiquent le prix de l'actif de base à l'échéance et le prix d'exercice de l'option ;

X_i représente le flux financier associé à la réalisation de l'événement suivant, $b_i \le S_T \le b_{i+1}$

b_i, b_{i+1} sont les bornes qui définissent des segments ou une partition des valeurs envisageables de S_T.

69 P. Navatte, « L'évaluation d'options à premium contingent », *Banque et Marchés*, novembre-décembre 1994, p. 3 – 6.

1 est une fonction indicatrice qui prend la valeur *1* si $b_i \leq S_T \leq b_{i+1}$ et zéro autrement.

Admettons que le détenteur d'une telle option reçoive, en plus du flux terminal classique associé à une option européenne, une somme fixe de *4 €*, si, à l'échéance, le prix de l'actif sous-jacent est compris entre *100 %* et *105 %* du cours actuel du titre de base $S_t = 40$ €. Dans cette hypothèse de travail, on obtient $b_2 = 1,00S_T, b_3 = 1,05S_T, X_1 = 0, X_2 = 4, X_3 = 0$. Puisqu'une telle clause est indépendante du type d'option qui est adjointe, son évaluation n'est fonction que de ses propres caractéristiques. En fait, le flux terminal supplémentaire peut être reconstitué à l'aide de plusieurs options *cash-or-nothing puts*. De tels contrats paient un montant d'argent *X*, si, à l'échéance, le prix de l'actif sous-jacent se trouve être inférieur à une certaine borne et rien dans tous les autres cas. En acquérant une telle option avec un prix d'exercice b_{i+1} et en vendant une autre option de ce type avec un prix d'exercice égal à $b_i, avec, b_i < b_{i+1}$ toutes les deux ayant un flux égal à *X*, on obtient le *pay-off* désiré. Cette clause de « premium contingent » pouvant s'assimiler à un portefeuille de *cash-or-nothing puts*, sa valeur doit être égale à la somme des valeurs qui la composent. À ces options *cash-or-nothing puts* est associée l'équation de valorisation suivante :

$$W_t = e^{-r(T-t)} X_i N(d_i)$$

Avec $d_i = \dfrac{\ln(b_i / S_t) - (r - 0,5\sigma^2)(T-t)}{\sigma\sqrt{T-t}}$

r le taux d'intérêt sans risque

σ la volatilité de l'actif sous-jacent

On en conclut que la valeur globale d'une option complexe à premium contingent à l'instant *t* est égale à :

$$Cpc_t = C_t\left[K,(T-t)\right] + e^{-r(T-t)} \sum_{i=1}^{n} X_i\left[N(d_{i+1}) - N(d_i)\right]$$

Avec : Cpc_t la valeur de l'option à premium contingent

C_t : la valeur d'une option d'achat européenne classique

La seconde partie de l'équation précédente représente la valeur actuelle du flux terminal supplémentaire pondérée par sa probabilité de survenance. $\left[N(d_{i+1}) - N(d_i)\right]$ indique la probabilité que S_T finisse dans ce segment. Pour une option de vente complexe similaire, on obtient l'équation de valorisation suivante :

$$Ppc_t = P_t\left[K,(T-t)\right] + e^{-r(T-t)}\sum_{i=1}^{n} X_i\left[N(d_{i+1}) - N(d_i)\right]$$

En fait, l'équation qui gouverne la valeur d'une option d'achat à premium contingent s'écrit comme suit :

$$Cpc_t = C_t\left[K,(T-t)\right] + \beta_1 X_1 + \beta_2 X_2 + \ldots + \beta_n X_n$$

β_i, pour *i* allant de *1* à *n*, indique la valeur de la probabilité risque neutre multipliée par un coefficient d'actualisation associé à l'événement suivant : le prix de l'actif sous-jacent se trouve à l'échéance, dans le segment *i*.

Un certain nombre d'applications existent. On peut notamment les utiliser pour construire des options *money-back*, c'est-à-dire des contrats qui remboursent le premium initialement déboursé, si certaines conditions sont satisfaites, en plus du *pay-off* classique. Évidemment, pour éviter tout arbitrage rentable, ces options doivent être plus chères que les options classiques. En fait, ces options conviennent particulièrement à des investisseurs ayant des convictions bien arrêtées quant à la valeur de l'actif sous-jacent à l'échéance de l'option. Une option d'achat de type *money back* peut ainsi, en plus du flux terminal habituel, rembourser l'acheteur, si l'option finit « en dedans ». Cependant, si elle finit « en dehors », l'opérateur qui aura payé un prix beaucoup plus élevé au départ pour acquérir cette catégorie de contrat, ne percevra rien à l'échéance. Supposons le cas d'une option d'achat dont les caractéristiques suivent : ($S = 40$, $T - t = 0{,}5$ *an*, $\sigma = 0{,}20$, $K = 40$, $r = 0{,}05$). Le prix d'un *money-back call* s'écrit alors :

$$Cpc_t = C_t\left[40, 0{,}5\right] + e^{-r(T-t)} prob(S_T < 40) X_1 + e^{-r(T-t)} prob(S_T > 40) X_2$$

$$Cpc_t = 2{,}755 + 0{,}4465 X_1 + 0{,}5288 X_2$$

Dans cette équation, la constante représente le prix du *call* européen calculé selon la formule de *Black-Scholes-Merton* (1973). Si l'on choisit de compartimenter l'espace comme suit : $X_1 = 0, X_2 = C_t$ on obtient un *money back call* qui rembourse le premium, si l'option finit « en dedans ». Le prix de cette option est alors le suivant $Cpc_t = 2{,}755 + 0{,}5288 Cpc_t$

$$Cpc_t = \frac{2{,}755}{(1 - 0{,}5288)} = 5{,}848 \text{ €}$$

Dans le cas où l'on souhaite que l'option rembourse l'acheteur, si elle finit « hors de la monnaie », on obtient : $Cpc_t = 2{,}755 + 0{,}4465 Cpc_t$

$$Cpc_t = \frac{2,755}{(1-0,4465)} = 4,978\ €$$

Bien sûr, il n'est pas obligatoire de choisir des segments dont une borne est justement constituée par le prix d'exercice de l'option. Ainsi, le premium peut être remboursé uniquement lorsque S_T est compris entre *110 %* et *120 %* du prix actuel de l'option. Dans ce cas, on calcule le premium comme suit :

$$Cpc_t = C_t\left[40,0,5\right] + e^{-r(T-t)} prob(S_T < 44)X_1 + e^{-r(T-t)}$$

$$prob(44 \leq S_T < 48)X_2 + e^{-r(T-t)} prob(S_T \geq 48)X_3$$

$$Cpc_t = 2,755 + 0,6973X_1 + 0,1626X_2 + 0,1155X_3$$

Si $X_1 = 0, X_2 = 2,755, X_3 = 0$, le prix d'un tel contrat est égal à *2,755/(1-0,1626)*, c'est-à-dire *3,29 €*, soit *19,4 %* de plus qu'un *call* ordinaire.

B. – les options *path-dependent*[70]

Dans ce cas, toute la trajectoire des prix suivie par l'actif sous-jacent durant la vie de l'option importe. On se prémunit éventuellement, de ce fait, contre les effets d'un marché étroit et, à l'échéance, contre un risque possible de manipulation des cours. Quelques options ont des prix faibles, comme certains contrats à barrières qui permettent l'activation ou la désactivation de l'option, si un seuil est franchi à la hausse ou à la baisse par l'actif sous-jacent durant la période de vie de l'option. Par contre, les *options lookback calls* peuvent posséder un prix d'exercice égal à la plus faible des valeurs prises par l'actif support au cours de la durée de vie de l'option. Une telle option à l'échéance est donc toujours au moins à parité, ou « en dedans ». Sa valeur est donc supérieure à celle d'une option classique.

Comme le signale *Hudson* (1991)[71], les options de type *up and out put* sont très utilisées dans la pratique de la gestion de portefeuille. Elles sont moins chères que les options classiques et permettent de mettre en place une assurance de portefeuille à bas prix. Sur un autre plan, *Chesney* et *Gibson-Asner* (1994) ont utilisé les *down and out calls* pour modéliser les capitaux propres des entreprises endettées. Ils montrent que les actionnaires soucieux de ne pas voir les actifs de

[70] M. Rubinstein, P. Reiner, "Breaking down the barriers", *Risk*, vol. 4, n° 8, septembre 1991, p. 28-25.

[71] M. Hudson, "The value in going out", *Risk*, vol. 4, n° 3, mars 1991, p. 29-33.

l'entreprise diminuer en valeur en-dessous d'un certain seuil (existence de *covenants*) choisissent une politique d'investissement peu risquée. On le constate donc, ce nouveau type d'actif enrichit à la fois les possibilités existantes en matière de gestion de portefeuille et permet d'affiner la compréhension de certains comportements repérés en finance d'entreprise. Une autre application des options exotiques à la gestion des entreprises est introduite par les options sur moyenne de cours passés (cours de change ou de matières premières). Les prix d'exercice ou le cours de l'actif sous-jacent à l'échéance sont alors remplacés par cette moyenne.

1°). Les options à barrière standard

Ce sont des contrats dont le flux terminal dépend de ce qui s'est passé durant toute la durée de vie de l'option, au niveau de l'évolution du prix de l'actif sous-jacent. Comme ils sont beaucoup moins chers que certains autres contrats, ils sont attrayants. Cependant, certaines conditions doivent être satisfaites pour que l'option puisse être exercée et pas seulement lors de l'échéance. On peut les ranger dans deux catégories : les *knock-in* options et les *knock out* options[72]. Dans le premier cas, l'option devient « vivante » uniquement si le prix de l'actif de base franchit un certain seuil. Dans le second cas, l'option cesse d'exister et disparaît, si le niveau de la barrière est atteint ou dépassé.

Si l'on dénomme H la barrière, un *down-and-out call* cesse d'exister, si le prix de l'actif sous-jacent franchit le niveau H à la baisse. L'option correspondante est un *down-and-in call.*

– Si H est inférieur au niveau du prix d'exercice K, la valeur d'un *call down-and-in* s'écrit :

$$C_{DI} = S_0 (H / S_0)^{2\lambda} N(x) - Ke^{-rT} (H / S_0)^{2\lambda - 2} N(x - \sigma\sqrt{T})$$

$$\text{Avec } \lambda = \frac{r + \sigma^2 / 2}{\sigma^2}$$

$$\text{Et } x = \frac{Ln\left[H^2 / S_0 K\right]}{\sigma\sqrt{T}} + \lambda\sigma\sqrt{T}$$

On a l'égalité suivante $C_{BS} = C_{DO} + C_{DI}$ ce qui signifie que la valeur d'un *call* classique calculé par le modèle de *Black-Scholes-Merton* est égale à la somme des deux options correspondantes à barrière C_{DO}, C_{DI}.

[72] Pour plus de détails sur l'évaluation des options à barrière, se reporter à : F. Quittard-Pinon, *Mathématiques Financières*, 2002, Éditions EMS, p. 231.

– Si $H \geq K$, alors :

$$C_{DO} = S_0 N(x_1) - Ke^{-rT} N(x_1 - \sigma\sqrt{T}) - S_0 (H / S_0)^{2\lambda} N(x_2) + Ke^{-rT} (H / S_0)^{2\lambda-2} N(x_2 - \sigma\sqrt{T})$$

Avec $x_1 = \dfrac{Ln(S_0 / K)}{\sigma\sqrt{T}} + \lambda\sigma\sqrt{T}$

Et $x_2 = \dfrac{Ln(H / S_0)}{\sigma\sqrt{T}} + \lambda\sigma\sqrt{T}$

Avec $C_{BS} = C_{DO} + C_{DI}$

Un *call up-and-in* est une option qui naît dès lors que niveau de la barrière est franchie à la hausse. Quand H est inférieur à K, la valeur d'un C_{UO} est nulle et on obtient, comme suit, le prix d'un *call up-and-in* qui est égal à la valeur donnée par la formule de *B-S-M*, c'est-à-dire que : $C_{UI} = C$.

– Quand H est plus grand que K, on obtient :

$$C_{UI} = S_0 N(x_1) - Ke^{-rT} N(x_1 - \sigma\sqrt{T}) - S_0 (H / S_0)^{2\lambda} \left[N(-x) - N(-x_2)\right] +$$

$$Ke^{-rT} (H / S_0)^{2\lambda-2} \left[N(-x + \sigma\sqrt{T}) - N(-x_2 + \sigma\sqrt{T}\right]$$

Pour les options de vente, on peut raisonner de manière similaire. Un *up-and-out put* cesse d'exister quand le titre de base franchit la barrière à la hausse et un *up-and-in put*, au contraire, lui naît dans la même situation. On a encore $P_{do} + P_{di} = P_{BS}$

Les options à barrière peuvent avoir un comportement particulier si le prix de l'actif sous-jacent se trouve être près de la barrière. Dans cette hypothèse, quand la volatilité augmente, la barrière a plus de chances d'être franchie et la valeur de l'option diminue.

2°). Des cas d'options à barrière non standard[73]

On peut citer le cas des d'options d'achat à gains limités *capped calls*, ou celui des options à barrière souple, c'est-à-dire d'options qui n'apparaissent, ou ne meurent que graduellement (et non brutalement), ce qui les rend plus faciles à couvrir pour l'émetteur. Ainsi dans le cas d'un contrat d'option d'achat *down and in* à barrière souple, caractérisé par une limite haute $B_H = 90$ et une limite basse égale à $B_B = 80$, alors que le prix de l'actif sous-jacent est initialement égal à $S = 100$, on obtient les *scenarii* suivants :

---

[73] P. Navatte, « Analyse comparative de quelques contrats d'options à barrière non standard », *Banque et Marchés*, n° 26, janvier février 1997, p. 12 – 17.

– Si durant la période de vie de l'option, le cours du titre de base franchit la limite basse ($B_B = 80$), alors l'option « apparaît » dans son intégralité ;
– Si durant la même période, le cours coté S reste supérieur à la barrière haute $B_H = 90$, l'option n'est pas activée du tout ;
– Si le cours le plus faible enregistré durant la vie de l'option est de *85*, alors seulement *50 %* du contrat est activé.

La formule d'évaluation d'un tel contrat est fournie par *Hart et Ross (1994)*[74], et s'assimile à un calcul d'intégration du type suivant :

$$C_{dis} = \frac{1}{(B_H - B_B)} \int_{B_B}^{B_H} C_{di}(K > B) dB$$

Il est intéressant de noter sur le tableau 3.5 qu'en soustrayant de la valeur classique d'une option européenne *(B-S-M)*, celle d'une option à barrière souple de type *down and in*, on obtient le prix de l'option correspondante *down and out*. Le tableau 3.5 présente des évaluations d'options à barrière souple de différents types, qui sont beaucoup moins chères que les options européennes classiques.

tableau 3.5

comparaison de prix d'options d'achat à barrière simple et souple

Barrière souple	C_{dis}	C_{dos}
90 – 95	3,23	7,76
85 – 90	1,06	9,92
80 – 85	0,26	10,73
75 – 80	0,04	10,95
Barrière simple	C_{di}	C_{do}
95	5,01	5,98
90	1,84	9,15
85	0,51	10,48
80	0,10	10,89
75	0,01	10,98

Légende : $S = K = 100, \sigma = 0,2, r = 0,06, T = 1, q = 0$

74 I. Hart et M. Ross, "Striking Continuity", *Risk*, vol. 7, n°6, juin 1994, p. 51-56.

La valeur de l'option d'achat classique est de *10,99*, *Cdis* signifie option à barrière souple de type *down and in* et *Cdos* veut dire option à barrière souple de type *down and out.*

Bien entendu, dès que les bornes B_H, B_B sont décalées à la baisse, la valeur des *soft range down and out call options* augmente, alors que pour les contrats de type *down and in* c'est l'inverse. Si l'on compare le prix des options à barrière simple à celui des options à barrière continue, on constate, comme prévu, qu'un *call down and out* classique [80] est plus cher qu'un contrat à barrière souple *[80-85]*, mais moins cher qu'un autre contrat de niveau de barrière *[75 – 80]*.

Enfin, on peut également être en présence d'une barrière dite « externe », car l'actif sous-jacent à l'option n'est pas celui sur lequel est disposée la barrière. On peut, par exemple, vendre des options sur un certain panier d'actions, l'option devant disparaître si un certain taux de change s'apprécie de *x %* par rapport au dollar. *Heynen et Kat (1994)*[75] fournissent une solution analytique permettant d'évaluer de tels contrats. Ainsi, le nombre de contrats à barrière assez peu onéreux et « taillés sur mesure » ne cesse de s'accroître. Par exemple, les options « parisiennes » sont des options à barrière qui ne disparaissent ou ne naissent que si la barrière a été, par exemple, franchie pendant un certain laps de temps en continu (fenêtre) par l'actif sous-jacent, durant la période de vie de l'option. En fait, la richesse d'application de ce type d'outil est telle, qu'elle permet également de construire une grande variété de contrats de type « digital » et « corridor ».

En conclusion, toutes les équations qui ont été présentées sont basées sur l'hypothèse de transactions en continu sur l'actif sous-jacent. Si les cotations sont discontinues, la valeur des résultats peut en être altérée (surtout pour les options à barrière). L'architecte financier, on l'a vu, est en mesure de construire le contrat *ad hoc* pour son client, surtout si ce dernier possède de fermes anticipations sur l'évolution du prix du sous-jacent durant toute la durée de vie de l'option.

C. – les récentes extensions

Il existe une autre manière de développer le marché des options. En effet, plutôt que de créer et de proposer des produits de plus en plus complexes, on peut chercher à négocier des options portant sur de nouveaux actifs sous-jacents. Il s'agit, par exemple, de gérer de nouveaux risques comme « le risque climatique », ou celui lié au

---

[75] R. Heynen et H. Kat, "Crossing Barriers", *Risk*, vol. 7, n°6, juin 1994, p. 46-51.

prix de l'énergie par exemple. Cependant on fait face à de nouveaux problèmes d'évaluation.

Quand on passe d'un monde « neutre au risque » au monde réel, on peut utiliser les probabilités historiques, mais alors on n'a plus le droit d'actualiser les flux au taux sans risque. Cependant les volatilités des différentes variables, elles, restent les mêmes. En fait, les taux de rendement espérés décroissent lorsqu'à l'inverse, on passe du monde réel au monde « neutre au risque ». Pour qu'il n'y ait pas de différence, il faut que la variable à l'étude ait un risque systématique nul par rapport au marché financier, c'est-à-dire qu'il n'y ait aucune corrélation entre elle et les fluctuations du marché. Un point commun à ces nouveaux contrats est que leurs sous-jacents peuvent être considérés comme ayant un risque systématique nul, de telle sorte que l'on puisse utiliser les données historiques.

Le marché de gré à gré des dérivés climatiques a commencé en 1997 et, en 1999, le *CME* a commencé à négocier des contrats de *futures* et des options européennes sur ces contrats. Pour comprendre le fonctionnement de ces contrats, il faut détailler le contenu de deux variables: HDD (*Heating Degrees days: HDD = max (0,65 –* A) et CDD *Cooling Degrees Days: CDD = max(0, A – 65)). A* est la moyenne de la plus haute et de la plus basse température de la journée, le tout étant mesuré depuis une station agréée. Le chiffre de 65 correspond à 65° *Fahrenheit.* Si *A* vaut *50,* HDD[76] est égal à *15,* et CDD à *0.* On peut cumuler pendant un mois les chiffres obtenus et les comparer à un seuil (prix d'exercice), chaque degré valant un certain nombre de *$.* En général, il existe une limite haute au gain possible. Les données historiques sont précieuses et on peut estimer la moyenne des gains actualisés, au taux sans risque, pour calculer la valeur de la prime.

La gestion de portefeuille profite incontestablement de ces nouveaux produits financiers qui offrent de nouvelles perspectives en matière de dynamisation de performance et de diversification des risques. En matière de gestion d'entreprise, elles permettent de ne payer que pour la couverture des risques précis qui ont été identifiés, c'est-à-dire moins cher que pour des produits « génériques ». Ce sont des produits « sur-mesure » que les marchés réglementés n'offrent pas pour l'instant.

---

[76] J.C. Hull, *Options futures and others derivatives*, 7th edition, Pearson-Prentice hall, 2009, p. 582.

CONCLUSION

Les défis auxquels vont devoir faire face les marchés financiers dans les mois et les années qui viennent sont nombreux.

Le premier d'entre eux consiste, sans doute, à ramener la confiance parmi les épargnants parfois durement éprouvés par des pertes importantes (secteur immobilier, faillite de *Lehman Brothers*, affaire *Madoff*, etc.). Des autorités de tutelle des marchés telles que la *SEC* (*Security Exchange Commission*) ont perdu de leur prestige et de leur crédibilité aux yeux du public en laissant se développer la crise financière de 2008. Le sauvetage réalisé par les autorités monétaires et la relance budgétaire effectuée par les Etats ont pour conséquence l'accroissement important de la dette publique dans chaque pays[77] et donc la réduction des marges de manœuvre pour l'avenir. Cependant, comme l'a indiqué Christian Noyer[78] dès fin 2009, « les principales banques internationales ont annoncé des bénéfices trimestriels impressionnants. Il est frappant que ces résultats aient été réalisés seulement quelques mois après que certaines de ces mêmes institutions se soient retrouvées au bord de la faillite. Cela pourrait donner l'impression que le secteur financier a retrouvé son équilibre, et que la poursuite des réformes n'est plus nécessaire. Rien n'est plus faux. En effet, l'un des risques principaux

---

[77] Plusieurs pays Européens (le Portugal, l'Italie, la Grèce et l'Espagne dénommés PIGS par les *traders*) sont même dès aujourd'hui menacés dans leur équilibre financier, du fait d'un endettement public très élevé, de déficits courants importants en matière budgétaire, et d'échanges extérieurs. Ceci pèse par ailleurs sur le cours de l'euro, et influence le niveau de confiance des intervenants sur les marchés.

[78] Intervention de C. Noyer, Gouverneur de la Banque de France, *Forum Financier Paris-Europlace*, Singapour, le 26 octobre 2009.

pour la période à venir, est l'apparition d'un état d'esprit *business as usuel* de retour à la normale. Dès que les dangers immédiats se seront éloignés, les incitations à réformer pourraient s'affaiblir, et les résistances se renforcer. Il est indispensable que nous maintenions le rythme ».

De manière concomitante, le deuxième défi est constitué par la recomposition du monde des services financiers, qui est en route après cette crise sans précédent, mais stoppée dans certains de ces effets systémiques, par une mise à disposition très massive de liquidités à un prix quasiment nul, pour une large part. Les banques d'investissement vont sans doute céder pour partie la place aux banques généralistes de dépôts et les regroupements de banques vont proliférer (*Bank of America* reprend *Merril Lynch, …*). Des départements de banques sont également vendus et la restructuration va se poursuivre aussi en Europe (*BNP-Paribas et Fortis*). Mais la lutte concurrentielle continue aussi au niveau de l'innovation. En effet, la plupart des produits classés comme étant « exotiques », il y a une dizaine d'années, sont aujourd'hui considérés comme étant standards. L'innovation constitue donc une part essentielle de l'activité des marchés financiers. L'assurance contre le risque de défaut, les dérivés climatiques ou liés à l'énergie sont à considérer comme des avancées, qui comportent bien sûr leurs lots de succès ou de déception, mais qui témoignent de la vitalité de cette industrie et de l'évolution des besoins des investisseurs. L'engouement pour l'investissement socialement responsable et les fonds éthiques doit également être noté.

L'ingénierie financière inhérente aux *CDS*[79] a atteint des sommets en matière de gestion du risque de crédit. Les structures de *CDO* synthétiques se sont récemment imposées, car elles permettent de transférer tout ou partie du risque d'un portefeuille de crédit, sans qu'il y ait transfert physique des titres sous-jacents. De plus, la création d'indices standardisés de *CDS*, l'*iTraxx* pour l'Europe (2004) et *Cdx* pour l'Amérique du Nord ont contribué à l'extension de ce marché, tout comme la standardisation des clauses régissant les contrats de dérivés de crédit par l'*ISDA* (*International Swap and Derivatives Association*), bien que l'on se situe sur un marché de gré à gré. Les *CDO* synthétiques sont typiquement des produits de corrélation, leurs niveaux de risque étant pour une large part dépendants du risque de défaut joint des crédits inclus dans le portefeuille sous-jacent. D'autres risques, comme ceux

---

[79] A. Cousin, « Analyse du risque et couverture des tranches de *CDO* synthétiques », 2008, *Thèse*, Lyon 1.

liés à la qualité du montage ou à la performance de la gestion réalisée sur le portefeuille de référence sont également à prendre en compte. Les *CDO* à tranche unique ou dits *bespoke* ont permis une autre avancée. L'arrangeur la place auprès d'un investisseur unique, qui peut choisir la composition du portefeuille sous-jacent et sa taille. Ceci a conduit à un marché en 2008 qui se situait aux alentours de *soixante-quatre mille milliards d'us$*... !!! Que va devenir ce marché ? Quelles vont être les nouvelles réglementations mises en place ?

Le troisième défi est relatif à l'organisation des marchés eux-mêmes. Aujourd'hui, il faut noter en outre, que les bourses de valeurs traditionnelles sont de plus en plus concurrencées par les nouveaux systèmes privés d'échanges que sont les *Alternative Trading Systems* (*ATS*), tels que les *Electronic Communication Networks* (*ECNs*). L'importance de ces nouveaux entrants s'est considérablement accrue au cours des dernières années, entraînant un éclatement du flux d'ordres aussi bien aux Etats-Unis qu'en Europe et posant des questions au niveau de l'efficience globale des marchés. On peut en effet se demander dans quelle mesure ces changements sont bénéfiques aux investisseurs et quel rôle ils jouent sur le processus de formation des prix, ou sur le niveau de liquidité ou sur la volatilité des marchés. Cependant, les récentes études[80] ne suggèrent pas de dégradation globale de la qualité d'exécution obtenue sur ces marchés, les fourchettes effectives et réalisées restant stables (*Nasdaq*).

Dans la même veine, les progrès technologiques ont permis une évolution dans les stratégies de placement d'ordres. L'occurrence de plus en plus répétée d'ordres évanescents ou *fleeting orders* (valables quelques secondes seulement) interpelle le chercheur et modifie les analyses traditionnelles. On teste ainsi la profondeur instantanée du marché à la recherche de la meilleure exécution possible d'un ordre. Cette vision se situe en opposition à celle de la constitution « patiente » de la liquidité dans le carnet d'ordres, suite à l'accumulation d'ordres à cours limités, puisqu'en très peu de temps, ce type d'ordre a pour effet de la consommer, dès qu'elle apparaît suffisante. Si l'ordre est annulé quelques secondes plus tard, on peut, peut être, considérer qu'un signal est envoyé au marché signifiant qu'un opérateur est à la recherche d'une meilleure exécution que celle possible à cet instant là. Une autre hypothèse explicative de ce type de phénomène consisterait à penser

[80] K. Benhami, « Contributions à l'analyse d'un marché financier fragmenté : trois essais sur le Nasdaq », 2008, *Thèse*, Université de Toulouse 1.

que ces ordres véhiculeraient de l'information pour les teneurs de marchés qui, grâce à lui, pourraient ainsi modifier dans le sens adéquat, la fourchette de cours qu'ils proposent.

Un quatrième défi concernant les marchés financiers s'adresse également au chercheur. Il s'agit de savoir, si la représentation que l'on donne de l'évolution des cours et des rentabilités des actifs est satisfaisante. En effet, des auteurs comme Mandelbrot (1963) ou Fama (1965) ont, très tôt, proposé des représentations non gaussiennes des rentabilités d'actifs. Plusieurs autres études empiriques comme celle de Cont (2001)[81] ont en effet remis fondamentalement en cause l'hypothèse de normalité des rentabilités. Mandelbrot note ainsi que des phases de forte volatilité sont suivies de périodes de faible volatilité. Ce phénomène peut par exemple être modélisé par des dynamiques impliquant une volatilité « stochastique ». Il est aussi admis que la plupart des lois de rentabilités sont leptokurtiques et exhibent des asymétries avec des queues épaisses « étalées sur la gauche ». Cela signifie que plus de rentabilités extrêmes seront constatées, en particulier des rentabilités négatives, par rapport à ce que laisse prévoir une loi gaussienne. De telles lois de rentabilité impliquent aussi, que les trajectoires prises par les cours d'actifs financiers présentent des discontinuités, comme le montrent de récents travaux[82]. Les turbulences récentes sur les marchés financiers ont confirmé à plusieurs reprises, l'existence de ces ruptures ou sauts concernant les cours boursiers. Ainsi, le cours de l'assureur *AIG* (*American International Group*) a-t-il perdu 30 % au cours de clôture du vendredi 12 septembre 2008. Les sauts ne sont cependant pas toujours négatifs, puisqu'en réaction au plan de sauvetage massif annoncé par la Maison Blanche le 21 septembre 2008, on a constaté un rebond significatif des indices mondiaux, en particulier sur les places européennes, avec *9,27 %* de gain à *4324,87* points pour l'indice *Cac40*, et *8,84 %* à *5311,30* points pour le *Ftse100*. Il s'avère donc important de modéliser ces discontinuités et de tenir compte de ces sauts. Plusieurs modèles alternatifs ont alors été proposés depuis les travaux de Mandelbrot. Par exemple, des modélisations des prix d'actifs financiers ont pu faire intervenir des exponentielles de processus de

---

81 R. Cont, "Empirical properties of asset returns : Stylized facts and statistical issues", *Quantitative Finance*, 2001, 1, p. 223-236,

82 R. Randrianarivony, « Prise en compte des discontinuités de cours financiers en Assurance et en Finance », 2008, *Thèse*, Université de Lyon 1.

Levy et un article écrit par *Carr, Geman, Madan et Yor (2002)*[83] a introduit des processus purement discontinus, permettant de remplacer totalement la composante diffusive par des sauts de faible amplitude. Si on étudie les conséquences de la prise en compte de ces discontinuités sur l'évaluation d'actifs contingents, on constate alors qu'ils sont plus difficiles à valoriser, la présence de sauts rendant le marché incomplet.

Le cinquième défi comme le note la *BRI* (Banque des Règlements Internationaux) dans son *79e* rapport annuel est de construire un système financier plus sûr. En effet, le système d'intermédiation doit être capable en toute sécurité d'acheminer l'épargne vers les investisseurs, et de transférer le risque vers ceux qui sont aptes à l'assumer, et tout ceci à un coût faible. Malgré toutes les vertus des marchés, il apparaît désormais qu'un système financier devenu très complexe, parce que plus développé, doit maintenant être régi par un ensemble de règles plus complètes. De plus, les établissements vont devoir adapter leurs modèles internes aux nouvelles conditions de fonctionnement, ce qui impliquera sans doute la réintégration des entités hors bilan dans les bilans bancaires, une titrisation moins aisée, des conditions de financement moins faciles et un endettement moins élevé. Des effets de levier excessifs furent souvent à l'origine de crises importantes. Les établissements devraient en plus en revenir à une taille plus modeste, du fait de la réduction de leur endettement, d'où une rentabilité moins élevée à attendre pour les actionnaires. Les plans de sauvetage bancaire mis en place par les pouvoirs publics ne doivent pas exonérer les dirigeants des nécessaires ajustements (réallocation d'actifs). En favorisant le rachat par d'autres banques des établissements en difficulté, on peut craindre que n'apparaissent *in fine* des groupes financiers si complexes et gigantesques, qu'il sera très difficile d'appréhender leur exposition au risque. Il ne faudrait pas que les plans de sauvetage contribuent à recréer ces établissements *too big to fail* et à promouvoir paradoxalement une concentration excessive dans ce secteur, ce qui accroîtrait le risque systémique.

Bien sûr, limiter la taille des banques et leur complexité aura certainement des effets sur les économies d'échelle et de gamme. On peut donc s'attendre à ce que le système financier, dans cette hypothèse, devienne plus sûr et plus fiable, mais aussi un peu moins efficace. Il existe donc sans doute un compromis à trouver, entre sécurité et

---

[83] P. Carr, H. Geman, D. Madan, M. Yor, "The fine structure of asset returns : An empirical investigation", *Journal of Business*, 75 (2), 2002, p. 305-322.

efficacité. De plus, les banques sont parfois trop interdépendantes, du fait des relations multiples qu'elles négocient avec leurs partenaires. L'internationalisation des réseaux bancaires ajoute à la complexité.

Finalement, pour tenter d'assurer une certaine stabilité financière, il convient de surveiller un triptyque : les instruments financiers (actions, obligations, actifs dérivés, etc.), les marchés (notamment les marchés de gré à gré) et les organismes et établissements financiers comprenant les banques, les compagnies d'assurance, les fonds de pension et autres. Ces trois composantes peuvent inclure différents aspects de risque systémique. On ne pourra en aucun cas se contenter d'intervenir sur une seule de ces composantes. Il faudra aussi combler les vides laissés jusqu'ici au niveau du champ réglementaire. À ce propos, une manière de régler les problèmes suscités par les marchés de gré à gré est de faire intervenir une contrepartie centrale (diffusion de l'information à l'ensemble du marché et possibilité d'estimation des expositions individuelles), contrepartie exclusive pour les vendeurs et les acheteurs. La perception d'appels de marges rapprocherait encore l'organisation de ces marchés, de ceux qualifiés d'organisés ou de réglementés. Une plus forte exigence en fonds propres, combinée à un provisionnement « anticyclique », contraindrait en outre les établissements à renforcer leur niveau de sécurité même en période de prospérité, pour disposer des réserves nécessaires en période moins favorable. On le constate donc, l'agenda des années futures concernant le devenir et les évolutions de notre système financier est vraiment bien rempli !

BIBLIOGRAPHIE

F. Aftalion, *La nouvelle finance et la gestion de portefeuille*, 2008, Economica, 3e édition, Paris.

J. A. Appleby, D. Edelman, J. J. H. Miller, *Numerical Methods for Finance*, 2007, CRC Press, 293 p.

J. C. Augros, *Les options sur taux d'intérêt : Dynamique des taux et évaluation*, 1989, Economica.

J. C. Augros, P. Navatte, *Bourse : les options négociables*, 1987, Vuibert.

P. Bertrand, J.-L. Prigent, *Gestion de portefeuille : Analyse quantitative et gestion structurée*, 2006, Economica, Paris.

D. Brigo, F. Mercurio, *Interest rate Models : Theory and Practice*, 2007, 2nd ed., Springer Finance.

G. Charreaux, *Finance d'entreprise*, 2000, Éditions EMS, Coll. « Les essentiels de la gestion », deuxième édition.

L. Clewlow, C. Strickland, *Exotic Options : The State of The Art*, 1997, International Thomson Business Press.

J. Cox, M. Rubinstein, *Options Market*, 1985, Prentice Hall.

D. Duffie, K. Singleton, *Credit Risk : Pricing Measurement and Management*, 2003, Princeton Series in Finance.

C. Emonet-Fournier, L. Sayegh, Y. Simon, *Les marchés européens de Nyse Euronext*, 2009, Economica, 112 p.

P. François, *Les produits dérivés financiers : méthodes d'évaluation*, 2005, Dunod, Paris.

P. Fontaine, *Marchés des changes*, Coll. « Synthex », Pearson Education France, 2008, Paris.

H. Géman, *Commodities and Commodity Derivatives*, 2005, Wiley Finance.

C. Grumball, *Managing Interest Rate Risk*, 1987, Quorum Books, Connecticut.

J. Hamon, *Bourse et gestion de portefeuille*, Economica, 3e édition, 2008, Paris.

J.C. Hull, *Options, Futures and other Derivatives*, Pearson-Prentice Hall, Septième édition, 2009, New Jersey.

B. Jacquillat, B. Solnik, C. Pérignon, *Marchés Financiers, Gestion de portefeuille et des risques*, 5e édition, 2009, Dunod.

E. Le Saout, *Introduction aux Marchés Financiers*, 2006, Economica, Coll. « Techniques de Gestion ».

R. Kolb, *Futures Options and Swaps*, 2007, Blackwell, 5th ed.

P. Navatte, *Finance d'entreprise et théorie des options*, 1998, Economica, Paris.

P. Navatte, *Éléments de gestion obligataire*, 1992, Sirey, Coll. « Management des Organisations ».

S. K. Nawalkha, N. A. Beliaeva, G. M. Soto, *Dynamic Term Structure Modeling : The Fixed Income Valuation Course*, 2007, Wiley Finance.

R. Portait, P. Poncet, *Finance de marché : instruments de base, produits dérivés, portefeuilles et risques*, 2009, Dalloz, 2e Édition, Paris.

F. Quittard-Pinon, *Mathématiques Financières*, 2002, Éditions EMS, Coll. « Les Essentiels de la Gestion ».

P. Ritchken, *Derivative Markets : Theory, Strategy and Applications*, 1996, Harper Collins College Publishers.

T. Roncalli, *La gestion des risques financiers*, Economica, 2009, 2e Édition, Paris.

Y. Simon, D. Lautier, *Marchés dérivés de matières premières*, Economica, 2006, 3e Édition.

S. Sundaresan, *Fixed Income Markets and their Derivatives*, South-Western College Publishing, 1997, Ohio.

N. Wagner, *Credit Risk : Models, Derivatives, and Management*, 2008, Chapman & Hall/CRC Financial Mathematics Series.

Sites internet

http://www.amf-france.org (Autorité des marchés financiers)

http://www.aft.fr (Agence France Trésor)

http://www.banque-france.fr (Banque de France)

http://www.cesr-eu.org (The Committee of European Securities Regulators)

http://www.bis.org (Banque des Règlements Internationaux)

http://www.nyseeuronext.com (Nyse-Euronext)

http://www.world-exchanges.org (World Federation of Exchanges)

http://www.ecb.int (Banque centrale Européenne)

http://www.cmegroup.org (Chicago Mercantile Exchange Group)

http://www.standardandpoors.com (L'Agence de notation Standard and Poor's)

GLOSSAIRE

Accords de *Bâle II*: Il s'agit d'un dispositif prudentiel conçu en 2004 et mis en œuvre à partir de 2006, renforçant la réglementation précédemment existante au niveau bancaire. Il faut en effet apprécier au plus juste le risque de crédit et le risque de contrepartie pour éviter tout risque systémique. Le montant du crédit distribué n'est pas la seule variable à prendre en compte pour déterminer le niveau des fonds propres nécessaire, la qualité de l'emprunteur doit aussi être intégrée à l'analyse (système de notation interne à l'établissement à promouvoir). L'exigence de fonds propres fait en plus référence aux risques opérationnels et aux risques de marché. On en arrive au *ratio McDonough* où les fonds propres des banques doivent être supérieurs à *8 %* du montant total du portefeuille des risques identifiés dont la décomposition est la suivante: risques de crédits *85 %*, plus risques de marché *5 %*, plus risques opérationnels *10 %*.

Action: C'est un titre émis par les sociétés de capitaux qui confère à son détenteur la qualité d'associé. La richesse de l'investisseur est donc tributaire de la réussite ou de l'échec des opérations menées par ladite société. On en trouve de différente nature en dehors du cas classique: *ADPSDV* (action à dividende prioritaire sans droit de vote), *ABSA* (action à bon de souscription d'action), *ABSAR* (action à bon de souscription d'action remboursable)…

Adossement : Les organismes financiers de façon à ne pas subir les effets potentiellement défavorables des fluctuations des taux d'intérêt sont amenés parfois à adosser leurs ressources et leurs emplois. Dans cette hypothèse, si les ressources levées sur le marché sont rémunérées à taux fixe (taux variable), les emplois sous forme de prêts par exemple devront être libellés à taux fixe (taux variable) eux aussi et accordés pour une durée et un montant équivalents aux ressources précédemment évoquées. Bien sûr, le recours aux marchés à terme constitue une alternative à l'adossement.

***A.L.M (Asset Liability Management)* :** La gestion actif-passif a par exemple trouvé un champ d'application important au niveau de la couverture des bilans bancaires contre les effets potentiellement néfastes du risque de taux d'intérêt (*Savings and Loans* aux États-Unis). Chaque poste du bilan représente en effet une série de flux monétaires encaissés ou décaissés dans l'avenir. On peut donc calculer la valeur totale de ces flux et les durations des emplois, et des ressources, même si ce n'est pas toujours aisé. Le différentiel des durations peut donc être couvert à l'aide d'une position inverse prise sur les marchés à terme, avec toutes les limites inhérentes à la duration (variation parallèle supposée des taux). Lorsque la structure des emplois est parfaitement adossée à celle des ressources, la position globale de la banque est dite fermée ou « immunisée », cependant, c'est naturellement très rarement le cas. On distingue alors ce que l'on peut appeler la « macro-couverture » qui existe au niveau d'un établissement financier, de toutes les « micro-couvertures » concernant des opérations particulières.

A.M.F (Autorité des Marchés Financiers) : Créée par la loi *N° 2003-706* de sécurité financière du 1er août 2003, l'*AMF* est issue de la fusion de la *COB* (Commission des Opérations de Bourse), du Conseil des marchés financiers (*CMF*), et du conseil de discipline de la gestion financière (*CDGF*). L'objectif de ce rapprochement fut de renforcer l'efficacité, et la visibilité de la réglementation de la place financière française. L'*AMF* est un organisme public indépendant doté de la personnalité morale, ayant pour mission de veiller à la protection de l'épargne investie, à la bonne information des investisseurs, et au bon fonctionnement des marchés d'instruments financiers. Elle comprend un collège de seize membres, et une commission de sanction de douze membres, sans oublier les commissions spécialisées et consultatives.

Arbitrage : Une opération d'arbitrage « gagnante » procure à son initiateur un flux de trésorerie positif, sans aucune mise de fonds, ni risque. En pratique, cette opération apparaît souvent comme rapportant plus que le taux sans risque, alors qu'aucun risque n'a été pris. On déclenche un arbitrage lorsque le marché n'est pas en équilibre (sur-évaluation ou sous-évaluation du prix d'un contrat par rapport au prix d'un autre actif). Par contre, si le marché est en équilibre, aucun arbitrage gagnant n'est possible. On se trouve alors en *AOA*, c'est-à-dire un monde où on constate une Absence d'Opportunité d'Arbitrage, cadre d'analyse très souvent utilisé en matière d'évaluation d'actifs.

Assimilation : De façon à accroître la liquidité du marché secondaire, on a décidé de permettre « l'assimilation » de nouvelles émissions obligataires, à d'anciennes « lignes ». On constitue ainsi des gisements importants, permettant aux intervenants étrangers d'investir massivement dans ces actifs. L'état français utilise ce système, lorsqu'il émet des *OAT* (Obligations Assimilables du Trésor).

Assurance de Portefeuille : C'est une technique de gestion de portefeuille qui permet de limiter l'impact de rentabilités négatives du marché, tout en laissant la possibilité à l'investisseur de bénéficier d'une bonne partie des hausses potentielles. Le prix à payer pour éviter de supporter les chutes de valeur de l'indice boursier (différence avec la gestion indicielle pure) est représenté par la partie des rendements positifs abandonnés, et par le coût des options de vente achetées. On peut ainsi investir dans une action particulière, ou un indice boursier quelconque, et protéger son investissement à l'aide d'un *put* sur l'action ou sur l'indice considérés. On peut aussi investir dans l'actif sans risque, et acheter une option d'achat sur indice boursier, en faisant attention au prix d'exercice retenu.

Augmentation de capital : Il en existe de plusieurs sortes. En général, le but de l'opération est d'apporter de nouveaux fonds propres aux entreprises pour leur permettre de financer leur développement. L'augmentation de capital en numéraire, par exemple, implique l'émission de nouvelles actions, en contrepartie d'espèces versées par les actionnaires. L'augmentation de capital peut également s'effectuer en contrepartie d'apports en nature, lors de cession d'actifs (fusions...). La firme paie alors les actifs reçus en émettant des actions, c'est-à-dire « en frappant » sa propre monnaie. Dans tous les cas, il faut faire attention aux conséquences de l'opération en termes de contrôle.

Base : C'est la différence entre le prix à terme, et le cours au comptant d'un même instrument financier (bien d'investissement). Elle est en général positive, du fait du coût de portage, mais parfois plus faible, si un coupon ou un dividende sont distribués durant la période de vie du contrat. Elle converge vers zéro à l'échéance du contrat à terme. On utilise également ce vocable sur les marchés de marchandises (biens de consommation), mais dans ce cas, la base est la différence entre le cours au comptant et le prix à terme. En effet, le coût de stockage et le *convenience yield,* rendent souvent le cours au comptant plus élevé que le cours à terme.

***Bid - ask spread* (la fourchette) :** C'est la différence relevée dans le carnet d'ordres, à un moment donné du temps, concernant un titre précis, entre le cours de vente le plus bas offert et le cours d'achat le plus haut accepté. Le *bid* se situe à la limite inférieure du carnet, et le *ask* constitue la limite supérieure, et ceci lorsque l'on raisonne du point de vue d'un intervenant, et non du teneur de marché ou du *market maker.* Les ordres passés au prix du marché, sont exécutés, en considérant les bornes de la fourchette.

Billets de Trésorerie : Ce sont des titres de créances négociables d'échéance allant d'un mois jusqu'à deux ans, émis par les entreprises pour financer des besoins d'exploitation qui peuvent être structurels. Au niveau international, on parle de *commercial paper.* Les banques, elles, émettent des certificats de dépôts.

***Cap, Floor, Collar* :** Ces contrats permettent, par exemple, une couverture contre le risque de taux. En cas de hausse des taux, le *cap* protège à court ou à long terme l'emprunteur à taux variable, tout en le laissant profiter d'une baisse éventuelle. Le *floor* est destiné à protéger le gérant de fonds qui place de l'argent, contre la baisse des taux de façon comparable. En combinant un emprunt à taux variable avec un achat de *cap* et une vente de *floor*, on peut obtenir un *collar*. Le coût de l'emprunt est alors limité à la hausse, et à la baisse des taux.

***CDO (Collateralized debt obligation)* :** Ce sigle symbolise en fait l'existence d'une structure de titrisation (*SPV Special Purpose Vehicle*) qui en contrepartie de créances achetées, va émettre sur le marché, des obligations (*CDO*) dont le service des intérêts et le remboursement, ne peut être assuré, que si les créances achetées ne font pas défaut.

Une telle structure regroupe à l'actif des titres représentatifs de plus d'une centaine d'actifs différents (*asset-backed securities* ou *ABS*), qui sont payés à l'aide de l'émission de *CDO* au passif. Ceci a permis aux banques de transférer le risque de crédit en excès de ce qu'elles souhaitaient, à des investisseurs. Les *CDO* ont souvent été répartis en plusieurs tranches, dont les tranches dites senior, mezzanine, puis *equity*, par ordre de risque et de rémunération croissants.

CDS (Credit Default Swap)**:** Les dérivés de crédit permettent à un banquier de se couvrir contre le risque de non-remboursement d'une créance qu'il possède sur un client, par exemple sur une entreprise. Il s'agit d'un contrat bilatéral prenant place sur les marchés de gré à gré. L'acheteur de protection verse une prime au démarrage de chaque période concernée par l'accord. En contrepartie, le vendeur du contrat s'oblige à compenser à l'échéance le manque subi en cas de non-paiement, ou de remboursement partiel. La définition de l'événement de crédit déclenchant la procédure d'intervention doit être très clairement spécifiée, pour éviter les contestations, la compensation étant prévue en espèces ou en nature (obligations). Les *CDS* dont les volumes de transaction avaient « explosé » ces dernières années, ont été considérés comme l'un des éléments ayant précipité la chute d'*AIG* (*American International Group*) en septembre 2008, *Lehman Brothers* ayant été l'un des tous premiers intervenants sur ces marchés...

Certificats : Comme les *warrants*, les certificats sont des valeurs mobilières émises par des banques, et cotées sur un marché, avec le plus souvent une échéance de fixée. Il n'existe *a priori* aucune garantie de retrouver le capital investi à l'échéance. Chaque certificat possède un actif sous-jacent (action, indice, obligation, etc.), mais pas de « valeur temps ». La liquidité du marché est assurée par l'émetteur. Chaque certificat correspond à un profil d'anticipation spécifique. Par exemple, un certificat *bonus* sur un sous-jacent *xyz* peut avoir les caractéristiques suivantes : durée *3* ans, valeur du sous-jacent à l'émission *100€*, borne basse *80€*, valeur d'émission du certificat *100€*, niveau du *bonus* *120€*. Le profil des résultats est le suivant à l'échéance *3* ans plus tard :

– Si le sous-jacent vaut plus que *120€*, par exemple *125€*, alors, le remboursement du certificat s'effectue au prix de *125€*.

– Si le sous-jacent vaut *90€ ou 110€* à l'échéance, alors que la borne à la baisse n'a jamais été franchie, on obtient un flux de *120€*, c'est-à-dire le *bonus*.

– Si le sous-jacent a franchi la borne basse à un moment donné, on ne bénéficie plus de l'assurance *bonus*, et on obtient la valeur du sous-jacent à l'échéance soit *90€* ou *110€*.

CESR (Committee of European Securities Regulators) **:** Ce comité fut créé le 6 juin 2001. Il s'agit d'un réseau européen de représentants d'organes nationaux de réglementation, qui a pour objectif de promouvoir la coordination des politiques publiques dans le domaine, de faire bénéficier la Commission Européenne de ses avis et recommandations techniques, et de s'assurer de la mise en place effective de la réglementation européenne dans tous les pays de l'Union. Il a pour but de favoriser une plus grande transparence des marchés, d'assurer la protection des investisseurs, et de renforcer l'efficience des marchés. Ses travaux s'effectuent par l'intermédiaire de la création de groupes de travail dédiés à l'étude d'un thème précis. Cela peut résulter, comme par exemple le 23 avril 2009, par la publication d'un texte voté par le Parlement, et destiné à agréer, et à « superviser » les sociétés de *rating* travaillant dans l'espace européen. L'évaluation des conséquences de la directive *MiFID* mise en place en 2007, a aussi été organisée par le *CESR*, et publiée le 10 juin 2009.

CME group (Chicago Mercantile Exchange group) **:** S'appuyant notamment sur l'héritage du *CME*, du *CBOT* (*Chicago Board of Trade*), et du *NYMEX* (*New-York Stock Exchange*), le *CME* group offre la gamme la plus étendue de produits à terme, et d'options au monde, le tout, dans des marchés réglementés fortement liquides. L'offre comprend des contrats à terme et des options sur indices boursiers, sur taux d'intérêt, sur devises, sur diverses sources d'énergies, sur des métaux et sur des denrées agricoles. Mais des innovations prennent sans arrêt place, par exemple dans le domaine climatique, et dans le secteur immobilier. Plus des trois quarts des transactions se font sous forme électronique, et passent par la plateforme de négociation *Globex*. *CME clearing* est la Chambre de compensation du *CME*. Les actions du *CME group* sont cotées au *NASDAQ*.

Complétude : Un marché financier est réputé complet, si la création de n'importe quel nouveau contrat n'apporte rien au marché, en ce sens que son profil de rendements peut être dupliqué, à l'aide d'un portefeuille d'actifs déjà existants. On peut aussi dire qu'un marché est complet, si tout flux futur peut être dupliqué par un portefeuille adéquat de titres à disposition.

Contrat à terme *(forward)* : C'est un actif financier qui permet sur des marchés de gré à gré, d'acheter (ou de vendre) tout de suite une « marchandise » ou un actif déterminé, et d'en prendre livraison (ou de livrer) à une date future fixée, en le payant (en étant payé) à cette date future au prix convenu initialement. Sur ces marchés dits de gré à gré, il existe un risque de contrepartie, puisqu'il n'y a qu'à l'échéance que l'on demande aux différentes parties de faire face à leurs obligations, sans vérifier dans l'intervalle la capacité des intervenants à honorer leurs signatures. Cependant, ce type de contrat ne donne pas lieu à dépôt de garantie, et n'est pas standardisé (montant, échéance).

Contrat de *future* : Les contrats de *futures* sont négociés sur les marchés à terme organisés. Ils permettent d'acheter (ou de vendre) des quantités spécifiées d'actifs sous-jacents, et d'en prendre livraison (ou de les livrer) à une date ultérieure convenue à l'avance. Le paiement ou la réception des fonds interviennent à ce moment-là. Les grandes différences avec les contrats de type *forward* négociés sur les marchés de gré à gré, sont les suivantes :

– la Chambre de compensation s'interpose entre acheteurs et vendeurs ;

– un dépôt de garantie est nécessaire ;

– chaque jour, on simule l'échéance des contrats, des appels de fonds (appels de marge) pouvant en résulter.

La valeur des contrats de *futures* et des contrats *forward* n'est équivalente que si les taux d'intérêt sont fixés de manière déterministe.

***Convenience Yield*:** Les utilisateurs d'un bien de consommation peuvent tirer un avantage spécifique de la détention physique de cet actif, plutôt que de l'acheter à terme. En effet, si le niveau des stocks mondiaux de cette denrée est au plus bas, la livraison peut être problématique, et le prix du contrat à terme peut être plus faible que prévu par l'intermédiaire du cours comptant, et du coût de portage. En fait, le *convenience yield* peut même rendre le prix à terme assez inférieur au cours comptant. Par contre, si aucun risque de rareté n'existe du fait de stocks, et des récoltes importantes par exemple, alors le *convenience yield* tendra vers zéro.

Copule: La modélisation du risque de défaut conjoint à plusieurs dettes à un moment donné du temps, par exemple, passe par cet outil. A l'aide de copules gaussiennes, on peut estimer la structure des dépendances existantes entre variables qui ne sont pas normalement distribuées. Elles permettent à la structure des corrélations d'être estimée séparément de leurs distributions marginales. Bien que les variables considérées ne puissent pas être considérées comme multivariées normales, suite à une transformation de chaque variable, on suppose que cela est vérifié, et que donc, il existe entre les différentes variables un coefficient de corrélation unique (ici de défaut). Cette technique a été largement utilisée pour valoriser les *CDO*.

Courbe des taux: C'est une représentation graphique de la structure par terme des taux d'intérêt. Elle est généralement bâtie à l'aide de prix d'obligations d'état qui incluent le risque de défaut le plus faible possible. Les taux qui y figurent sont des taux zéro coupon. En général la courbe des taux possède une allure croissante, mais on a pu observer des structures de taux décroissantes avec l'échéance, des structures « en bosse », etc. Plusieurs théories ont tenté d'expliquer les liens unissant les taux courts, et les taux longs: la théorie des anticipations parfaites, la théorie de la préférence pour la liquidité, la théorie de la segmentation des marchés financiers, et celle de l'habitat préféré, etc.

Couverture: Le *hedging* d'une position détenue au comptant, impose de prendre une position inverse sur le marché à terme. Ainsi un producteur de cacao (position longue) souhaite-t-il s'assurer d'un prix de vente futur de sa production. Pour ce faire, il doit vendre des contrats à terme de cacao (position courte), relativement aux échéances concernées. Si le contrat idoine existe, et si l'on va à l'échéance des contrats à terme, la couverture peut être parfaite. Elle n'est parfaite qu'au sens où, dès la mise en place de la couverture, le résultat final est acquis avec certitude. Cependant si on doit clôturer la position avant l'échéance du contrat, on fait face au « risque de base », et si le contrat approprié n'existe pas, on fait face au risque de « couverture croisée » : *Cross hedging risk.*

Au lieu de mettre en place une couverture « statique », c'est-à-dire uniquement dénouée à l'échéance de l'opération, on peut vouloir bénéficier d'une couverture « dynamique » qui tous les jours, et non seulement à l'échéance, nous assure d'une couverture efficace. Il faut cependant revoir périodiquement la position initialement prise, pour par exemple, se maintenir en position *delta neutre* (voir les paramètres grecs).

Directive *MIF (Marchés d'instruments financiers)* : Elle a été publiée au Journal Officiel de l'Union Européenne le 30 avril 2004, et appliquée après transposition dans les pays membres de l'*UE* en 2007. Elle a pour objet d'instaurer un cadre réglementaire global régissant l'exécution des transactions sur instruments financiers, quelles que soient les méthodes de négociation utilisées, et pour plusieurs types de marchés dont les marchés réglementés, et les *MTF* c'est-à-dire les systèmes multilatéraux de cotation. Cependant, les systèmes bilatéraux de négociation sont exclus de son champ (fin du monopole des bourses de valeurs, et concurrence accrue !). Les intermédiaires doivent s'assurer, que le client bénéficie du meilleur résultat possible.

Duration, Convexité : La duration en matière obligataire s'apparente à un délai de récupération sur capital investi. La duration d'une obligation à coupon zéro est donc égale à sa durée de vie, et celle d'une obligation à taux fixe distribuant des coupons, est un peu plus courte que sa période de vie. C'est donc une durée, qui divisée par l'unité plus le taux actuariel, donne une mesure de la sensibilité du prix de l'obligation suite à une légère variation du niveau des taux d'intérêt. La duration modifiée est donc un indicateur précieux du risque de taux d'intérêt, pour les gestionnaires de portefeuilles obligataires. Plus les taux augmentent (diminuent), et plus la valeur de l'obligation à taux fixe chute (s'accroît). La convexité permet de corriger les estimations de variations de prix fournies par la duration, en cas de fortes variations de taux (sauts).

Efficience : Un marché est réputé efficient, si toutes les informations pertinentes concernant les actifs cotés sont instantanément reflétées dans les cours. Sur un tel marché, l'achat d'un titre ne peut jamais immédiatement se traduire par l'occurrence d'une valeur nette présente positive pour l'investisseur. En effet, on achète et on vend au prix d'équilibre. Ce n'est qu'ultérieurement qu'un bénéfice peut être éventuellement dégagé de l'opération. On distingue trois formes d'efficience : faible, semi-forte, forte.

***EONIA (Euro OverNight Index Average)* :** C'est le taux directeur au jour le jour de la zone €. Il a remplacé le *TMP*. Il est établi tous les jours ouvrés et diffusé à *9H* en *J+1*. Il est calculé par la *FBE* (Fédération Bancaire Européenne) sur un large échantillon de transactions interbancaires, et depuis le 03/09/2007, il est publié avec trois décimales. Ainsi le 08/07/2009 il valait *0,362 %*.

***EURIBOR (Euro Interbank Offered Rate)* :** Il s'agit d'une série de taux d'intérêt à court terme de référence pour la zone €. Les différentes échéances couvertes vont de la semaine, au mois, jusqu'à l'année. L'*Euribor*, pour une échéance donnée, trois mois par exemple, est calculé chaque jour à *11H* à l'aide des transactions intervenues entre *57* banques établies en Europe qui se prêtent « en blanc », c'est-à-dire sans garantie de titres. Ce taux à trois mois sert de référence au marché des contrats à terme *Euribor* sur le *LIFFE* (*London International Financial Futures Exchange*).

***ETF (Exchange-Traded Fund)* :** Il s'agit de fonds également appelés *trackers* qui servent aux opérateurs qui investissent dans ces produits, à reproduire les performances d'un secteur particulier, ou de l'économie dans une région donnée du monde, voire encore d'un certain indice spécifique. On parle aussi de *FIC* (Fonds Indiciel Coté). Cet *ETF* est donc constitué des titres sous-jacents à l'indice de référence, et un simple achat ou une vente permettent d'entrer ou de sortir d'une position sans coût de transaction excessif. *Nyse-Arca* est une plate-forme qui commercialise *792 ETF* concernant des références américaines, et le volume de transactions entre décembre 2007 et décembre 2008 a augmenté de plus de *100 %*. *Nyse-Euronext* cote plus de *350 ETF* européens, dont les références sont des indices actions, ou des titres à revenu fixe, des matières premières, des devises étrangères, mais qui peuvent être des produits impliquant un effet levier (endettement) ou un effet inversé. Tous les gestionnaires de portefeuille, et de patrimoine sont intéressés par ces produits.

EUREX (EURopean EXchange) **:** C'est une bourse d'actifs dérivés d'origine Germano-Suisse spécialisée dans la négociation de contrats de *futures* du *Dow Jones Eurostoxx 50 (FESX)*, de l'indice actions *DAX (FDAX)* ainsi que des contrats de *futures* de taux et d'obligations *BOBL (FGBM)* et *Bund (FGBL)*. Elle est née de la fusion de la *DTB (Deutsche TerminBörse)*, et du *SOFFEX (Suiss Options and Financial Futures Exchange)*. Elle fut créée en 1998, et son contrat *Bund* (obligation d'état allemande comparable aux *OAT* françaises), est aujourd'hui au niveau européen, le contrat « phare » en matière de taux long (*10* ans).

Euro-crédit : C'est un crédit à moyen ou long terme accordé par un syndicat international de banques à une entreprise ou à un organisme public dans une monnaie qui est en général le dollar américain, mais qui peut être différente.

Euro-obligation : Il s'agit d'une obligation émise par une grande entreprise, ou une entité publique grâce à un syndicat international de banques, et placée dans d'autres pays que celui de l'émetteur. La monnaie de référence de l'emprunt peut être différente de celle de l'émetteur, et de celle des pays dans lesquels l'obligation est placée. Il existe des titres à taux fixe, des obligations associées à des *warrants*, et des titres à taux variable.

FGBL (Bund) **:** Ce contrat est coté à Francfort sur l'*EUREX*. C'est un contrat de *future* qui a pour actif sous-jacent, une obligation notionnelle (sans existence véritable) qui a toujours dix ans à vivre, et qui porte sur un nominal de *100 000€*. Le taux de coupon annuel est de *6 %*, et il est versé une fois par an. Les obligations du gisement, qui elles sont livrables, possèdent une durée de vie résiduelle comprise entre *8,5* et *10,5* ans, doivent verser un coupon annuel, et avoir été émises par l'état allemand. Plusieurs dizaines de millions de contrats de ce type sont négociés par mois, d'où une très forte liquidité.

FRA **:** Le *Future Rate Agreement* est le plus souvent un outil de couverture qui permet au trésorier de s'assurer d'un taux futur d'emprunt ou de placement à court terme. Ces instruments sont négociés sur les marchés de gré à gré. Cependant, ils peuvent également être utilisés dans un but spéculatif.

Hedge Funds **:** Ils se présentent comme une alternative à la gestion de portefeuille classique. L'objectif poursuivi par ces fonds, est la décorrélation de leurs performances vis-à-vis de la performance globale des différents marchés (actions, devises, matières premières, etc). Fin 2007, on en recensait près de *10 000*, ayant sous mandat de gestion plus de *1 500 milliards d'us$*. Précisons qu'ils ne sont pas assujettis aux mêmes règles que les fonds classiques, et ne sont pas ouverts à tous du fait de l'importance de l'apport initial uniquement accessible à de grands investisseurs, ou à des individus très fortunés. Apprécier le risque qu'ils véhiculent est du reste difficile, tant ils sont opaques. Les gérants de ces structures utilisent les ventes à découvert, l'arbitrage, massivement l'effet levier du à l'endettement, et le recours aux produits dérivés… Leurs stratégies incluent des arbitrages visant à tirer parti des déformations de la courbe des taux, des prises de positions lorsqu' interviennent des situations spéciales (fusions, difficultés d'entreprise *spin-off*), ou des investissements sur les marchés émergents, ou encore des stratégies (*long short equity*) consistant dans une région, ou un secteur d'activité donnés, à acheter certains titres, et à en vendre d'autres à découvert. Beaucoup de *hedge funds* ont succombé à la crise de 2007-2008, en partie du fait du manque de liquidités.

IFRS (International Financial Reporting Standards) **:** Ces normes internationales comptables sont ont été mises au point pour améliorer la qualité de l'information financière à destination des opérateurs sur les marchés, après un certain nombre d'affaires qui ont défrayé la chronique (*Enron*, etc). Elles ont été appliquées durant l'année 2005 pour garantir une meilleure transparence, et ont eu un impact variable sur les comptes, selon le secteur d'activité. La comptabilité doit encore plus qu'avant s'attacher à fournir une « image fidèle » de l'entreprise, et de son patrimoine, à travers le concept de « juste valeur ». En 2007, le principal utilisateur de ces normes demeure l'Union Européenne pour les comptes consolidés de sociétés cotées. Mais on note peu à peu au niveau mondial, une certaine convergence des principes, et des pratiques.

Inflation : Ce concept se traduit par une hausse généralisée des prix que l'on repère en général avec des indices de prix successifs. Si l'on déduit du taux d'intérêt nominal le niveau d'inflation anticipé, on approxime la valeur du taux d'intérêt réel.

Indice boursier: Il s'agit d'une mesure qui permet d'évaluer la performance d'un groupe de titres, ou d'un marché boursier. Des indices généraux ou sectoriels peuvent être calculés, et servir de référence (*Benchmark)* à toute gestion de portefeuille indicielle. On peut également calculer une *tracking error* par rapport à cette référence. Les indices peuvent aussi constituer l'actif sous-jacent d'actifs dérivés comme des contrats de *futures* ou d'options. Les plus connus sont le *DJIA* (*Dow Jones Industrial Average*), le *S&P500* (*Standard&Poor's 500*) aux Etats-Unis, le *NIKKEI* au Japon, le *CAC 40* en France, le *FTSE100* au Royaume-Uni, etc. Ils sont de plus en plus nombreux, et peuvent donner lieu à la création d'*ETF*.

***LIBOR (London Interbank Offered Rate)*:** Il s'agit d'une série entière de taux de référence à court terme prévalant dans les principales devises (*us$, £, yen, franc suisse,...*) sauf pour l'€ (*Euribor*). Les échéances varient du jour le jour, à une semaine, à un mois, jusqu'à *12* mois. La série de taux est publiée chaque jour à *11H*. Ce sont des taux moyens de prêts entre grandes banques établies à Londres, l'échantillon retenu étant assez stable dans le temps.

Liquidité: Ce concept se définit autour de trois dimensions: la profondeur, la résilience, et l'étroitesse. Cette dernière est mesurée par la différence entre le meilleur prix à l'achat, et à la vente. La profondeur fait référence, elle, à la capacité du marché à absorber les transactions de grande taille, et la résilience indique la rapidité du retour à la normale après une perturbation. Pour qu'un marché soit liquide, il faut qu'un gros volume de transactions y soit traité chaque jour. Pour cela, il est nécessaire que le *float* (nombre de titres potentiellement disponibles pour être échangés) soit important, et que des contreparties existent même pour des blocs importants de titres. C'est le rôle des teneurs de marché (*market-makers*), voire maintenant des *dark pools*.

Marché *(primaire, secondaire)*: Le marché primaire concerne l'émission de titres nouveaux (actions, obligations, titres hybrides...). Le marché secondaire est constitué par les transactions (échanges) de titres déjà émis. Les deux marchés doivent être dynamiques, pour que le marché dans son ensemble fonctionne « efficacement ».

Marking to the market **:** Il s'agit d'une méthode de comptabilisation des instruments financiers qui leur attribue à tout moment comme valeur, leur prix de marché. La comptabilisation en *fair value* fait partie des principes *GAAP* (*Generally Accepted Accounting Principles*) prévalant depuis les années 1990 aux Etats-Unis, dans le but de mieux informer l'investisseur, et de lui permettre de prendre de meilleures décisions. Mais une autre raison de son succès fut, dit-on, qu'il permit d'endiguer certaines fraudes, lorsque les prix de marché n'étaient pas directement observables. Finalement, certains prix de marché pouvaient tout de même aider à l'évaluation d'actifs non cotés, ou peu fréquemment. Cependant durant la crise récente de 2008, ce système a été sévèrement critiqué, car tous les *Mortgage-backed securities* dont le prix ne cessait de chuter, au fur et à mesure de l'illiquidité croissante des marchés, ont vu leur valeur constamment réestimée à la baisse dans les bilans, et ont précipité certains dans la spirale de la faillite, ou dans de grandes difficultés financières.

NYSE - EURONEXT **:** Le groupe Euronext a été constitué en 2000 du fait du regroupement entre les bourses de Paris, d'Amsterdam, Bruxelles, de Lisbonne et Porto ainsi que du *LIFFE* (*London International Financial Futures and Options Exchange*) en 2002. Le 1er juin 2006, *Euronext N.V* et *NYSE group* ont annoncé leur fusion. Le mercredi 4 avril 2007, l'action *Nyse-Euronext* a été cotée pour la première fois à Paris, et à *Wall Street*. Du fait de questions d'ordre réglementaire, il existe des filiales détenues à *100 %* dans chacun des pays. Près de *4 000* sociétés sont cotées sur les marchés du *Nyse-Euronext* dans six pays. On y négocie des actions, des titres à revenu fixe, des contrats de *futures* et des options sur indice, des *warrants* et des *ETF* (*Exchange-Traded Fund*). *Nyse-Euronext* fait partie de l'indice *S&P500*, et s'affirme comme le seul opérateur boursier appartenant à l'indice *S&P100*.

Obligation : C'est un actif financier qui donne en général, le droit à la perception de coupons (fixes ou variables) annuels, et au remboursement de la valeur nominale. A l'inverse de l'action, quels que soient les résultats de l'émetteur, la rémunération est fixée. Les paiements relatifs au service de la dette et à son remboursement, s'effectuent prioritairement par rapport aux actions. Il peut exister une prime d'émission, comme une prime de remboursement, si l'émission se fait à une valeur moindre que la valeur nominale sur laquelle sont calculés les coupons, et si la valeur de remboursement y est supérieure.

Il existe beaucoup de type d'obligations, citons par exemple : les obligations à taux fixe, à taux variable, indexées, à bon de souscription d'actions ou d'obligations (*OBSO*), convertibles (titres hybrides), assimilables, échangeables, prorogeables, à coupon zéro, renouvelables, remboursables en actions (*ORA*)... Suivent quelques précisions :

Obligation à coupon zéro : Cette obligation ne verse aucun coupon durant sa période de vie, mais un capital à l'échéance, dont le montant est fixé dès l'émission.

OBSO : Il s'agit d'une obligation ordinaire à laquelle est associé un bon permettant de souscrire à une date future déterminée, une obligation de mêmes caractéristiques que la première, à un prix fixé par avance.

OBSA : C'est une obligation classique à laquelle est attaché un bon de souscription d'action détachable. Au cas où il y a exercice du bon, le détenteur devient à la fois actionnaire et obligataire.

ORA : Cette obligation verse des coupons, mais est remboursable à l'échéance, soit en action, soit en certificat d'investissement (*ORCI*). Elle est en général utilisée dans des montages financiers complexes.

OCEANE : Il s'agit d'obligations convertibles échangeables en actions nouvelles ou à émettre. Ce contrat peut comporter des clauses particulières au bénéfice de l'investisseur, mais aussi de l'émetteur.

ORANE : Cette obligation est remboursable en actions nouvelles ou en numéraire, c'est-à-dire en espèces.

Le marché obligataire est beaucoup plus important, quantitativement parlant, que le marché des actions.

Obligation la moins chère à livrer : Au lieu d'inverser sa position pour la clôturer (*cash settlement)* sur un marché de contrats de *futures*, un acheteur peut vouloir aller à l'échéance du contrat, payer et se faire livrer pour *100 000€* de nominal d'obligations en contrepartie. Comme l'obligation livrable n'a pas exactement les mêmes caractéristiques que l'obligation notionnelle *(FGBL)*, il faut calculer un facteur de concordance pour relier les deux. Ce facteur que multiplie le dernier cours coté du notionnel, auquel on ajoute le montant des coupons courus, constitue le prix de livraison que devra acquitter l'acheteur au vendeur. Juste avant de livrer, le vendeur choisira parmi les obligations du gisement, celle qui est la moins chère. Il devra en fait payer, pour acheter ce qu'il va livrer, c'est à dire *100 000€* de nominal, le prix coté de l'obligation du gisement, plus le coupon couru. Il s'efforcera donc de minimiser la perte ou de maximiser le bénéfice obtenu du fait de la vente qu'il opère, et de l'achat effectué auparavant. Le gain ou la perte ne reposent pas sur le montant du coupon couru qui s'annule lors de cette opération, mais sur la différence entre le prix payé de l'obligation achetée (au pied du coupon), et le cours coté du notionnel que multiplie le facteur de concordance. Ce dernier est calculé en supposant l'existence d'une courbe des taux plate, et égale pour le contrat *FGBL à 6 %*.

OPA/OPE (Offre publique d'achat / Offre publique d'échange) : Il s'agit d'un moyen de prise de contrôle de sociétés qui peut être amical ou hostile. Dans ce dernier cas, une bataille boursière peut s'en suivre, le but étant de disposer de la moitié des actions plus une, pour pouvoir diriger la société. L'*AMF* a réglementé ce type d'opérations, ainsi que la directive européenne de 2004 (concernant notamment les mesures anti-*OPA*, etc).

OPCVM (Organisme de Placement Collectif en Valeurs Mobilières) : ils comprennent notamment les *SICAV* (Société d'investissement à capital variable) les *FCP* (Fonds communs de placement). Les premières citées possèdent la personnalité juridique. Les *OPCVM* correspondent à des portefeuilles de titres gérés par une banque, ou un organisme financier qui émet des parts qui sont vendues dans le public. Ils font l'objet d'une cotation, et sont réglementés par l'*AMF*. Ainsi, leurs cours cotés ne peuvent s'éloigner de plus de *1,5 %* de leur valeur liquidative. Ils font l'objet d'une réglementation européenne dénommée *UCITS 4*.

Option, *call*, *put*, option exotique : Ce contrat confère à son détenteur, le droit mais non l'obligation d'acheter ou de vendre (option d'achat *call* ou de vente *put*) une certaine quantité d'actif sous-jacent (devise, action, obligation,...) à une date future fixée, à un prix d'exercice convenu, en contrepartie du versement immédiat d'une prime. Notons qu'il existe des options sur actions, sur taux d'intérêt, sur obligations, sur contrats à terme, sur devises, sur indices boursiers...

Il existe aussi des options dites « exotiques », en ce sens que leur définition est plus complexe que celle des options classiques. Elles sont uniquement négociées sur les marchés de gré à gré. On trouve par exemple des options *path independent* qui déconnectent le flux terminal de ses déterminants classiques (options binaires), des options à démarrage différé (*forward start options*),... et des options *path dependent* qui lient l'existence ou la disparition de l'option, à des franchissements de seuils par l'actif sous-jacent tout au long de la durée de vie de l'option (options à barrière)...

Paramètres grecs : Ce sont des paramètres de gestion d'une position d'options avant son échéance. Les plus connus sont les coefficient *delta, gamma et thêta.* Le coefficient *delta* indique, pour une variation unitaire du prix de l'actif sous-jacent, la variation du prix de l'option qui en résulte. Le coefficient *gamma* représente la fluctuation du coefficient *delta* inhérente à une variation unitaire du prix du sous-jacent. Le coefficient *thêta* symbolise lui l'effet du passage du temps sur le prix de l'option, si rien ne se modifie au niveau du prix de l'actif sous-jacent. Ces coefficients peuvent être considérés au niveau global d'un portefeuille, le coefficient résultant n'étant que la moyenne pondérée des coefficients individuels. Si on gère en *delta* neutre une position d'options, elle est insensible aux variations de l'actif sous-jacent.

Produits structurés *(Structured Products)* : Il s'agit de produits construits par des « architectes financiers » à partir d'actions ou d'indices, ou encore d'obligations, auxquels on adjoint des options, ou d'autres produits dérivés. Le *package* ainsi obtenu présente alors des caractéristiques de rentabilité et de risque bien particulières, souhaitées par certains clients, pour qui on les construit vraiment « sur mesure ». Les rémunérations des banques sont en général non négligeables sur ces produits complexes. On trouve des produits à capital garanti (En fait, un peu moins de *100 %*), à effet levier, et d'optimisation au regard d'une anticipation particulière.

Report *(déport)* : Une devise est en « report », quand son cours à terme est supérieur à son cours comptant. Dans le cas inverse, elle est dite en « déport ».

Risque de contrepartie : Ce risque existe sur un marché à terme de gré à gré. En effet, à l'échéance des contrats à terme, rien n'assure l'acheteur que le vendeur pourra livrer, ou le vendeur que l'acheteur pourra payer. Il existe un risque de défaillance qui n'a pas lieu d'être pris en considération sur un marché réglementé, puisque dans ce cas là, la Chambre de compensation se substitue à la partie défaillante.

Risque Systémique : Il s'agit d'un risque né d'un dysfonctionnement isolé, qui du fait d'interactions financières nombreuses, pourrait déclencher des conséquences très graves, voire mener à la destruction complète du système bancaire, et financier mondial. Ceci pourrait intervenir du fait d'engagements croisés, et de faillites en chaîne de différentes institutions piliers du système. En 2008, la crise des *subprimes* a provoqué un risque systémique qui n'a pu être enrayé, que grâce à l'action très volontaire et concertée des pouvoirs publics et des banques centrales, qui ont fourni les liquidités nécessaires aux marchés, renfloué certains organismes, tout en faisant chuter les taux d'intérêt.

SEBC (Système Européen de Banques Centrales) : Il est composé de la *BCE* (Banque Centrale Européenne), et d'un réseau de *27* Banques Centrales Nationales (*BCN*). Son but est de mettre en place une politique monétaire (surveillance des taux d'intérêt, et de la liquidité bancaire) préservant la stabilité des prix en Europe. Le *SEBC* détient en outre les réserves de changes des pays qui ont adhéré à l'euro. Un sous-système du *SEBC* est constitué par l'Eurosystème qui regroupe en 2009, les *16* banques centrales de la zone euro. *11* pays n'ont donc pas encore adhéré à l'euro dont : le Royaume-Uni, la Suède, le Danemark, la Pologne, la Roumanie, la Bulgarie, la Hongrie, la Lettonie, la Lituanie, l'Estonie, la République Tchèque.

SEPA *(Single Euro Payments Area)* : C'est un projet Européen qui a pour objectif de créer une gamme unique de moyens de paiement en euros (le virement, le prélèvement, le paiement par carte bancaire) commune à tous les pays de l'Union Européenne. A noter que le chèque n'est pas concerné par *SEPA*. Les entreprises, comme les individus, pourraient alors effectuer leurs paiements partout en Europe, aussi facilement que dans leur pays. Ce projet lancé en 2002, tarde cependant à se concrétiser.

Simulation de Monte-Carlo : Cette méthode numérique est souvent utilisée pour valoriser des actifs financiers complexes, par exemple des options. On peut simuler la valeur de l'actif sous-jacent, à l'aide de la distribution de probabilités risque neutre, à l'échéance d'une option, dans un grand nombre de cas de figure. Il est alors aisé d'estimer les flux terminaux, d'en calculer la moyenne, puis d'actualiser cette valeur au taux sans risque. Il faut en fait réaliser un grand nombre de tirages aléatoires (plus de *1000*) pour obtenir un résultat précis, et ceci peut être assez consommateur de temps. On obtient des écarts types relatifs aux estimations proposées, d'où le calcul possible d'un intervalle de confiance à *95 %* par exemple, pour apprécier le prix de l'actif considéré.

***Smile* et *Skew*:** Le *smile* de volatilités d'options se représente par une courbe de volatilités qui atteint son minimum lorsque l'option est à parité, et qui remonte des deux cotés de ce minimum, dès que l'option devient dans ou hors de la monnaie (options sur devises). Sur certains marchés comme celui des actions, la courbe des volatilités en fonction des prix d'exercice est décroissante. On parle alors de *skew*. En fait, pour expliquer tout cela, il faut noter que les rentabilités des actions ne sont pas tout à fait lognormales. Les queux de distribution sont plus épaisses que prévu (leptokurticité, ou kurtosis), et il peut exister dans les distributions, une certaine asymétrie (*skewness*).

On parle aussi de structure par terme des volatilités, ce qui combiné au « *smile ou au skew* » nous confronte à une « surface de volatilités » pour un même actif sous-jacent. Des interpolations peuvent alors être réalisées pour valoriser une option particulière, par exemple exotique.

***Solvency II* (Solvabilité II):** Parallèlement à ce qui se passe dans le monde bancaire, Solvabilité II représente l'avènement d'une réforme réglementaire (votée en avril 2009 au Parlement Européen) concernant le secteur des assurances, et de la réassurance. Il s'agit de mieux aligner le niveau de leurs fonds propres sur les besoins, et sur les exigences liés à leurs activités (définition d'un *MCR*: *Minimum Capital Requirement* et d'un *SCR* en cas de situation exceptionnelle: *Solvency Capital requirement)*. Ce dernier indicateur prenant en compte tous les risques, il devrait avoir la préférence du régulateur. Les risques doivent de plus, être évalués en interne, et un suivi mis en place. Certaines statistiques pourront par ailleurs être exigées par les autorités de contrôle (performance financière, sensibilité des résultats à la volatilité du marché, etc). La mise en application de cette réforme est prévue pour 2010/2012, lorsque chaque législation nationale aura opéré la transposition nécessaire. Notons pour finir, que la frontière entre banque et assurance, n'est plus aussi nette que par le passé.

Spéculation : C'est une attitude qui se traduit par une simple prise de position fondée sur une anticipation plus ou moins précise de l'évolution du cours, d'un ou plusieurs actifs. Pour être intéressante, l'anticipation ne doit pas être partagée par l'ensemble des acteurs du marché. Dans ce cas, l'opérateur prend par exemple position sur un seul marché, le marché à terme, à l'achat (anticipation à la hausse) ou à la vente (anticipation à la baisse). Cette opération est différente d'une opération de couverture, où l'on détient une position au comptant que l'on cherche à couvrir sur les marchés à terme. La différence entre spéculation et couverture est cependant ténue, car une couverture imparfaite ressemble à une certaine spéculation.

***Stock options* :** Il s'agit d'une forme de rémunération complémentaire versée aux dirigeants d'entreprise sous forme d'options d'achat du titre de leur entreprise, qui est en général coté en Bourse. L'accord préalable de l'assemblée générale des actionnaires est nécessaire. C'est le Conseil d'administration qui se voit déléguer la responsabilité de la mise en place effective du plan, et de ses caractéristiques (bénéficiaires, durée, montant, prix d'exercice, etc.). Les produits issus des *stock options* sont en France notamment passibles de l'impôt sur les plus-values, et ont fait l'objet de débats, et de réglementations récentes (impossibilité par exemple d'adopter un prix d'exercice plus bas que *80 %* de la moyenne des vingt derniers jours boursiers, lors de l'attribution des *calls*).

***Stress Testing* :** Il s'agit d'une série de tests (simulations) que l'on réalise au niveau des institutions bancaires pour s'assurer de leur robustesse en cas de situation très défavorable sur les marchés (variations très forte des taux d'intérêt, chute des prix d'un marché boursier, envolée des prix du pétrole, ou de matières premières), ou de crise. Ces analyses qui prennent place en situation de chocs externes, ou d'évènements extrêmes, permettent d'estimer le montant des pertes exceptionnelles, et de déterminer l'exposition, et les zones les plus sensibles d'un portefeuille donné. Tout ceci est parfaitement en phase avec les autres recommandations intervenues lors des accords de *Bâle II*.

***Swaps et Swaptions* :** L'opération de *swap* s'apparente à un échange de flux d'intérêts futurs. Un *swap* de taux permet de modifier son exposition au risque de taux, lorsque l'on a par exemple emprunté à taux fixe. En échangeant avec une contrepartie différente de celle qui a accordé le prêt, les charges financières liées à un certain montant notionnel d'argent, on peut alors, choisir de recevoir des flux d'intérêt à taux fixe, et payer à la contrepartie, le taux variable. Dans cette hypothèse, on peut profiter de la baisse ultérieure des taux, si elle se produit. Par contre, en cas de hausse, on renchérit le coût initial du crédit.

Il existe aussi des *swaps* de devises. Dans ce cas, l'échange peut ne pas concerner seulement les flux liés aux charges financières, mais également les montants sur lesquels ils sont adossés.

Syndication : Sur le marché international des capitaux, les euro-banques se regroupent souvent en un syndicat pour partager le risque inhérent à l'accord d'un euro-crédit dont le montant peut être très important (supérieur à *un milliard* €). Sur les marchés obligataires, lorsqu'une émission est décidée, un syndicat de placement est constitué pour répartir les titres dans le public, et un syndicat de garantie est créé, au cas où le placement des titres poserait problème.

Taux actuariel : La méthode utilisée pour valoriser les investissements est la Valeur Nette Présente (*VNP*). Après avoir identifié les flux de trésorerie (négatifs et positifs) générés par le projet ou l'actif, il faut les actualiser au taux adéquat, en tenant compte du risque, pour calculer la *VNP*. Le taux actuariel est celui qui rend la *VNP* nulle. On s'en sert sur les marchés comme d'un indicateur de rentabilité. Il a pourtant l'inconvénient de considérer la courbe des taux d'intérêt comme plate, et le taux de réinvestissement comme constant, ce qui est rarement le cas. Il est en général qualifié de « taux actuariel brut », car il ne tient pas compte des taux d'imposition pratiqués.

Titrisation : Elle consiste à céder des créances que l'on détient sur des tiers. Ces créances sont achetées par des fonds communs de créances. Aux États-Unis comme en Europe, cette technique dite de *securitization* a été utilisée pour que les banques qui ont financé des prêts au logement puissent se refinancer. La titrisation concourt à la « marchéisation » des actifs détenus en portefeuille, beaucoup d'autres créances pouvant en faire l'objet.

Transformation financière : Elle consiste pour les banques à emprunter des ressources sur le marché à court terme, ou à les réunir grâce à un réseau de collecte de fonds (réseaux d'agences), pour en re-prêter une fraction à long terme aux entreprises qui investissent.

Cette activité n'est pas sans comporter de risques (risque de taux, risque de défaut…).

***UCITS 4 (Undertakings for Collective Investment Schemes in Transferable Securities)*:** En matière de gestion de portefeuille, les fonds labellisés *UCITS* représentaient environ *5 700 milliards* € au 31 mars 2008, soit à peu près *77 %* des fonds domiciliés en Europe. Cette norme Européenne garantit un niveau d'information minimum aux intervenants, une politique d'investissement bien définie, et fournit un cadre juridique respectant les mêmes réglementations, quel que soit le pays d'accueil du fonds. Le label *UCITS 4* cherche, en outre, à promouvoir une rationalisation de l'offre de fonds, qui est trop foisonnante, et coûteuse en frais de gestion, parce que les fonds gérent des masses d'argent insuffisantes par rapport à leurs homologues américains. Il s'agit donc de faire fusionner les fonds entre eux pour augmenter leur taille, et diminuer leur nombre, puis de créer un réel passeport Européen pour qu'en *48H,* on puisse obtenir des autorités locales compétentes, l'autorisation (le visa) nécessaire pour commercialiser un fonds localisé et homologué dans le pays d'à coté. Enfin, l'information donnée aux investisseurs, le sera par le biais d'un document unique (le *KID*: *Key Investor Document*) commun à l'ensemble des pays concernés. L'entrée en vigueur de cette réforme est prévue pour 2011, au plus tard.

VaR (Value at Risk) **:** La « valeur en risque » sert à mesurer le risque de marché d'un portefeuille d'actifs financiers, lorsqu'il est soumis à des conditions extrêmes. C'est la perte qui ne devrait pas être dépassée au seuil de confiance de *99 %*, sur l'horizon temporel considéré. Le comité de *Bâle II* a recommandé son utilisation dans les banques, et dans d'autres institutions financières (les compagnies d'assurances ont *Solvency II*), et lié le résultat obtenu, au niveau des fonds propres à posséder, pour pouvoir exercer. Le pendant de cette mesure est constitué par *L'expected shortfall risk* qui évalue la perte supposée intervenir en moyenne en cas de scénario extrême.

Volatilité : Ce concept fait référence aux fluctuations plus ou moins erratiques que peut subir le prix d'un actif coté. Plus la volatilité est forte, et plus le risque est élevé. Précisons que la volatilité est un indicateur du risque global d'un actif, donc de son risque systématique et idiosynchratique (spécifique). On parle de volatilité « historique », quand on approxime la volatilité à l'aide de l'écart type des rentabilités de l'actif sous-jacent concerné, calculée sur données passées, et de volatilité « implicite » lorsque l'on extrait cette volatilité d'autres prix d'actifs constatés le jour même, où l'on effectue les calculs.

***Warrants (covered)*:** Émis par les banques qui possèdent le sous-jacent en portefeuille, ils sont représentatifs d'options d'achat ou de vente à long terme (jusqu'à deux ans environ), d'actions, ou d'obligations. Ils donnent le droit d'acquérir des actifs existants (et non à créer comme les bons de souscription) à un prix qui a été défini lors de l'émission. On parle de *call warrants* et de *put warrants*. Notons, que la vente d'options couvertes, est un moyen pour les banques d'augmenter la rentabilité de leurs portefeuilles d'actions, et d'obligations détenues.

TABLE DES MATIÈRES

Achevé d'imprimer par Dupli-print
N° d'imprimeur : 154169 - Dépôt légal : Juillet 2010
Imprimé en France